国家出版基金项目
NATIONAL PUBLICATION FOUNDATION

国家出版基金资助项目
国家“十三五”重点出版物出版规划项目

农地制度改革与流转研究丛书

丛书主编 洪名勇

农地制度与村庄发展研究

龚丽娟 洪名勇◎等著

中国财经出版传媒集团
中国财政经济出版社

图书在版编目（CIP）数据

农地制度与村庄发展研究 / 龚丽娟，洪名勇等著．-- 北京：中国财政经济出版社，2020.12

（农地制度改革与流转研究 / 洪名勇主编）

国家出版基金资助项目 “十三五”国家重点出版物出版规划项目

ISBN 978－7－5095－9726－2

Ⅰ.①农… Ⅱ.①龚… ②洪… Ⅲ.①农地制度－关系－农村经济－经济发展－研究－中国 Ⅳ.①F321.1②F323

中国版本图书馆 CIP 数据核字（2020）第 047909 号

责任编辑：段 钢　　责任印制：史大鹏

封面设计：卜建辰　　责任校对：胡永立

中国财政经济出版社 出版

URL：http：//www.cfeph.cn

E－mail：cfeph@cfeph.cn

社址：北京市海淀区阜成路甲 28 号　邮政编码：100142

营销中心电话：010－88191522

天猫网店：中国财政经济出版社旗舰店

网址：https：//zgczjjcbs.tmall.com

北京财经印刷厂印刷　各地新华书店经销

成品尺寸：170mm×240mm　16 开　12.5 印张　216 000 字

2020 年 12 月第 1 版　2020 年 12 月北京第 1 次印刷

定价：68.00 元

ISBN 978－7－5095－9726－2

（图书出现印装问题，本社负责调换，电话：010－88190548）

本社质量投诉电话：010－88190744

打击盗版举报热线：010－88191661　QQ：2242791300

国家出版基金资助项目
国家“十三五”重点出版物出版规划项目
农地制度改革与流转研究丛书
全国文化名家暨“四个一批”人才工程资助项目
贵州省社科基金资助项目（18GZLH01）
贵州大学创新团队资助项目（GDT2017001）

序

土地是财富之母、发展之基、民生之本，关系国计民生。土地问题不仅是关系我国现代化进程中的重大经济问题，而且也是一个社会问题、政治问题，关系到国家的兴衰成败。对于农业发展、农村发展和农民增收而言，土地不仅是财富的重要源泉，而且还为人们提供了生活、生产及行为活动的空间。从财富生产的视角来看，土地要素发挥作用的大小，不仅取决于土地禀赋的具体情况，而且还取决于土地要素与其他生产要素的配置效果与配置效率。而这种配置效果、配置效率的高低与土地制度安排密切相关，因为土地制度安排激励有关行为主体土地配置要素的投入，不同要素的投入将影响土地资源的产出结果与效率。正因为如此，对于农业发展、农村发展和农民增收来讲，土地制度是最为根本的制度安排。就中国土地制度对发展的影响而言，不同土地制度安排的绩效是不一样的。

新中国成立之初，由于封建土地制度的废除和农民土地产权制度的建立，农民将自己的资源及劳动力时间配置到生产活动之中，短期内使单位土地资源的产出大幅度增加，实现了中国农业快速增长。农民土地入股自愿、退社自由的制度安排，不仅给农民充分的资源配置权，而且农民还拥有用手投票权和用脚投票权，这给合作社经营主体足够的经营压力，使其在竞争中将更多的时间、精力投入到经营之中。结果，土地合作社超越了土地农民产权制度安排，推进了中国农业持续发展。在人民公社土地产权制度安排下，人民公社负责人的前途与经营无关，公社负责人完全没有经营、管理好公社的动力和压力。在人民公社土地产权制度安排下，中国农业生产停滞不前，不少地区农村面临生存危机。为了使生活于村庄之内的村民能够生存，安徽凤阳县小岗村的18位农民才会在知道自己面临非常严重的政治惩罚时，仍然以“托孤”的方式，冒险在土地承包责任书上按下鲜红手印，实行包产到户。正是这一“包”推进了农地产权制度创新，不仅赋予农民耕地要素、劳动时间、品种选择等进行灵活配置的权利以及对生产过程的控制权，而且还赋予农民生产剩余的财产索取权。这一制度安排激发了农民生产积极性，提高了土地资源配置的效率，解决了中国农民的吃饭问题，促进了农业生产发展和农村经济繁荣。

对于学习和研究经济学的人来讲，我们都知道，在一定条件下，土地、资本和劳动力投入都会呈现出边际报酬递增递减规律。与土地要素投入一样，如果其他条件不变，某一制度安排也有边际报酬递增递减规律。不可否认，以土地产权制度为核心的承包制在解决农民吃饭问题、减少贫困及促进农业农村发展中起了巨大作用。随着市场环境的变化和人们认知心理及观念等的变化，农地家庭承包制的边际报酬也由递增走向递减。因此，从20世纪80年代中期开始，国家选择贵州湄潭、江苏苏南、广东南海、北京顺义等地进行农地制度改革试点。在这些地区进行的农地制度改革试验取得了丰硕成果，不少成功经验得到国家认可并在全国推广。我们知道，中国制度改革走了一条渐进之路，农地制度改革也一样。针对农地制度运行中存在的具体问题，我国走了一条渐进改革之路。近年来，在农地“三权分置”政策之下，各地区结合本区域的实际情况，在推进农地流转方面做了许多工作。农地流转一方面促进农地由“资源”向“资产”、农村闲置“资金”向“资本”、农户身份由“农民”向“股民”的变化，推进农地制度安排的创新；另一方面，在农地制度改革与创新过程中出现一些新情况、新问题，需要学术界进行总结和研究。例如，农地流转空间规律性、农地“三权分置”的路径、农地流转与非就业的内在逻辑、农地流转与农民增收、农地抵押贷款、城乡土地制度分割带来的危害、农地流转过程对农民权益损害，等等。这些问题迫切需要我们进行理性反思与探讨。更何况从2013年以来中央一号文件均用相当的篇幅对农地制度改革与流转进行了阐述，习近平总书记在党的十九大报告中明确指出：“深化农村土地制度改革，完善承包地‘三权’分置制度。保持土地承包关系稳定并长久不变，第二轮土地承包到期后再延长30年”。可见，党和国家高度重视农地制度改革与创新。因此，对农地制度与流转问题进行深入、全面、系统研究是我们义不容辞的责任，正是基于这一认知，瞄准农地制度改革与流转中存在的重大现实与理论问题，我们组织有关学者、专家对此进行深入研究，形成了系列成果。这些成果以“农地制度改革与流转研究”丛书形式，由中国财政经济出版社出版发行，意义重大。本套丛书的出版不仅得到各位专家、学者的支持，而且还得到中国财政经济出版社的支持，没有他们的努力，丛书是不可能入选国家“十三五”重点出版物出版规划项目和国家出版基金资助项目的。在此，对他们的支持和努力表达最诚挚的感谢！

洪名勇

2019年12月

目　　录

第一章　农地制度与村庄发展：一个分析框架

村庄的发展是农村经济社会发展的基本细胞，村庄发展虽然在费孝通先生的《云南三村》《江村经济》之后有一些调查和探讨，但这些研究多数是从社会学的视角进行的，很少从经济学的视角进行分析。基于此，本章拟从制度经济学的视角，对村庄的发展进行理论分析，为后续的案例分析奠定相应基础。

第一节　农地制度与村庄发展：理论逻辑

一、什么是村庄

什么是村庄？按照《现代汉语词典》的解释，村庄、村落、村子的意思是相同的，是指人口聚居的地方，即农民聚居的地方①。村落的英文名称为Village，是与都市（City）相对应的一个概念，它们都是人类居住方式的一种类型。但村落与都市不一样，村落不仅与土地密切相关，而且村落人口规模低于都市，更重要的还在于，村落是以农业、林业、畜牧业、水产业等第一产业为主。都市人口规模远远大于村落，人口密度较大，主要以工业、商业、交通运输、公务、金融、服务业等第二产业和第三产业为主。对于生活在村落的人们而言，土地不仅是居住空间，而且还是一种生产要素，没有土地，居住在村落的人们就不能从事生产活动，也就没有办法生存。村落生活是人类一种历史悠久的生活方式，村落代表一种地理景观，并非仅指农家集合的聚落而已，它包括其周围一定范围的地理空间，至少是可以见到田园景观的地方，才能称为村落。也就是说，一方面以农家的居住聚落区所代表的，眼睛看得见的空间现象，可称为村落；另一方面由

① 中国社会科学院语言研究所词典编辑室．现代汉语词典（修订本）．商务印书馆，2000：217.

代表居民意志，以眼睛看不见的社会集团，也称为村落。这样，村落可以从两个方面进行理解：一是说明农村区域的单位区域，二是农村社会的单位集团[①]。村落是聚落的一种基本类型。在聚落形成之初，村落和聚落的含义是相通的。《史记·五帝本纪》中说："一年而所居成聚，二年成邑，三年成都。"《汉书·沟洫志》也说："或久无害，稍筑室宅，遂成聚落。"可见，聚落的本义是指人类居住的场所，相当于英文中的 Settlement 一词。后来扩展为人类聚居的场所。聚居人口增多，聚落形态发生变化，聚落因都市的出现而分为村落和都市，以及介于两者之间的集镇。村落成为农村聚落的简称，成为长期生活、聚居、繁衍在一个边缘清楚的固定地域的农业人群所组成的空间单元，是农村政治、经济、文化生活的宽广舞台[②]。在本书中，我们所讲的村庄主要指村落，即农村居民聚集居住的空间。这一空间以血缘、亲缘、宗缘、地缘等社会关系网络为基础，以人口、土地、农业、文化、村域为基本构成要素[③]，具有经济、政治、社会属性的功能，是农村居民生产、生活及文娱的基本活动场所。

二、村庄发展

发展的含义有一个演变的过程，不同时期，人们对发展的理解不一样（见表 1-1）。黑格尔认为，"发展"有两种含义：第一是潜能；第二是自为自在，亦即真在或实在。此定义源于生物学上的启示。最开始，生物学上的发展就是描述一个过程，即生物达到基因规定的完全释放了潜能的过程。这里的发展概念是中性的，"过程"是发展的中心。18~19 世纪，随着工业革命和达尔文《物种起源》的发表，科学家开始将发展赋予进化的含义，发展从"变化"这一含义转变为"向更高级、更完善状态变化前进的过程"。美国总统杜鲁门提出的"第四点计划"，即相对于落后，发展就意味着摆脱那种没有尊严的、称之为不发达的状态。发展就是要把经济增长作为社会发展的目标，工业化和技术化成为发展的内涵之一。在早期的发展经济学中，发展的核心含义是经济增长，如罗斯托将工业化和机械化作为发展的一部分。当发展思想扩展到现代化理论后，发展包含经济增长、政治现代化和社会现代化的过程。在依附理论中，发展的核心含义是整

---

① 陈芳惠．村落地理学．五南图书出版公司，1984：62.

② 刘沛林．古村落：和谐的人聚空间．上海三联书店，1997：1.

③ 李国珍，张应良．村庄衰落的诱因及其对农村经济发展的影响——基于重庆市 G 村的调查．西南大学学报（社会科学版），2015（6）.

个国家实力的积累以摆脱依附地位。随着替代发展思想的出现，发展的新含义主要集中在社会发展和社区发展方面上。而在20世纪80年代中期后，随着以人为中心的发展思想的兴起，发展的含义在于赋权。在UNDP《以人为中心的发展报告》中，发展的中心含义是“增加人们选择的机会”①，表1－1给出了发展的有关含义。

表1－1　不同历史时期的发展含义

时期	视角	含义
前工业化社会	生物学范畴	潜能发展为自由自在的过程
1750～1785年	自然法则	从简单到复杂的逐渐前进
19世纪50年代	殖民主义经济派	工业化，赶上潮流，掌握资源
20世纪40年代	发展经济理论	经济增长，工业化，技术化
20世纪50年代	现代化理论	经济增长，政治和社会的现代化
20世纪60年代	依附理论	国家积累
20世纪70年代	替代发展思想	社会发展和社区发展
20世纪80年代	人的发展	能力建设，增加人选择的范围
20世纪80年代	新自由主义	经济增长与结构改革
20世纪90年代	后发展主义	赋权

资料来源：李小云．普通发展学．社会科学文献出版社，2005：13。

综合来看，理解发展这一概念的内涵，需要注意以下几点：第一，发展是变化，而且是中性的变化，不仅包括由简单到复杂、由低级到高级的变化，也包含由完善到恶化、由稳定到动荡的变化；第二，发展是过程，既强调客观发生的变化过程，也强调根据变化不断地调整这一过程，而不是指向一个明确的目的；第三，发展是互动，文明的传播不是单向的，一个社会有自己的文化结构和历史传统，社会变迁与结构是不断互动的；第四，发展的核心动力来源于发展的主体，而不是外界的干预；第五，发展的关键是赋权，加拿大国际开发署1999年指出：“赋权是指人能支配自己的生活、制定自己的生活议程，获得技能，建立信心，解决问题，能够自立”（林志斌等，2001）；第六，发展与一个国家的发达程度直接相关，它不是泛指任何时间、任何地方的任何变化，而主要是指亚非、拉美发展中国家的政治、经济和文化等方面如何达到发达状态的；第七，发展并不是落后国家自然而然的变化状态，而是指改变自然而然的变化秩序，加大步伐，摆

① 李小云．普通发展学．社会科学文献出版社，2005：10－12.

脱落后，这是有组织、有目标的社会性努力，是社会动员起来的紧张状态[①]。

本书所讲的发展，从经济层面理解，主要是指经济发展。从一般意义上看，经济发展不仅意味着经济增长，而且还意味着经济结构的演进与优化。更为重要的是，在经济发展过程中，村庄的发展和变化不仅反映了农村经济发展的基本情况，而且村庄还是资源聚集的物理空间，同时也是村民生产、生活的物理空间。村庄发展不仅意味着以经济增长、经济结构优化为核心的经济发展，还意味着社会进步。在本书中，我们重点对村庄的经济发展进行分析。

三、农地制度

制度是一个众多科学对其进行了大量研究的概念，仅就制度经济学的研究来讲，不同时期、不同学者对制度的理解也不一样。

哈耶克对制度的理解和研究是从自发秩序入手的，在哈耶克看来，自发秩序不仅是理解市场社会是如何运行的基础和核心概念，而且自生自发秩序这个概念还具有广泛的适用范围，是所有社会理论的核心。哈耶克把秩序看成是社会成员相互作用的一种状态，这种状态依靠某种规则来形成和延续，社会秩序分成两类：一类是自生自发秩序，另一类是组织或者人造秩序。哈耶克认为自发秩序与人造秩序（组织）的差异主要表现为：自发秩序是在那些追求自己目的的个人之间自发生成的，这意味着任何个人都不知道他的行动和其他人的行动相结合会产生什么结果。哈耶克说："制度本质上便意味着个人的行动是由成功的预期所指导的，即人们不仅可以有效地使用他们的知识，而且还能够极有信心地预见到他们能从其他人那里获得的合作。"老制度主义经济学家凡勃伦认为，制度实质上就是社会或个人对某些关系或某些作用的一般思想习惯，今天的制度就是当前公认的某种生活方式，制度必须随着环境的变化而变化，是生存竞争和淘汰适应过程的结果。另一位代表人物康芒斯则认为，制度无非是集体行动控制个人行动。集体行动的范围很广，从无组织的习俗到有组织的运营机构。集体行动对个人的控制，是通过所有权关系来实施的。

在新制度经济学的发展过程中，有关制度研究工作大致分为两个分支：一支是侧重于对制度的比较静态均衡分析，如产权经济学、交易成本经济学，以企业治理结构为中心的委托—代理分析，以及以分析契约关系为中心的组织经济学

① 李小云．普通发展学．社会科学文献出版社，2005：13.

等；另一支是以诺斯、格雷夫、青木昌彦、肖特等为代表的侧重于制度的演化分析。诺斯等人在研究制度演化问题时倾向于采用嵌入历史的方法论个人主义，而且在构建各自的制度概念时都不同限度地使用了博弈论。

诺斯在《制度、制度变迁与经济绩效》这一著作中，将制度定义为：制度是一个社会的游戏规则，更规范地说，它们是为决定人们相互关系而人为设定的一些制约。制度构造了人们在政治、社会或经济方面发生交换的激励结构，制度变迁则决定了社会演进的方式，因此，它是理解历史变迁的关键。舒尔茨把制度定义为一种行为规则，这些规则涉及社会、政治及经济行为。例如，它们包括管束结婚与离婚的规则，支配政治权力的配置与使用宪法中所内含的规则，以及确立由市场或政府来分配资源与收入的规则。青木昌彦把制度定义为参与人主观博弈模型中显明和共同的因素，即关于博弈实际进行方式的共有信念①。通俗地讲，可以将制度定义为：制度是由当时在社会上通行或被社会所采纳的习惯、道德、法律（包括宪法和各种具体的法律）、规章（包括政府条例）等构成的一组约束个人社会行为进而调节人与人之间社会关系的规则。

农地制度是指在农地开发、利用及管理等过程中形成的一系列制度安排，包括内在农地制度和外在农地制度及实施机制。从农地制度起源的角度来对农地制度进行分类，则农地制度可以分为农地内在制度与外在制度。如果一种农地制度是通过演化的方式产生的，则这种农地制度就称为内在农地制度。而演化的过程就是人类经验的积累过程，在这一过程中，人们逐渐发现某些使他们避免冲突和更好合作的行为规则，该规则逐渐被越来越多的人所采用；当采用该规则的人超过一定的临界点时，这一规则就成为社会传统而被保持下来。所以农地内在制度是从人类经验中演化出来的，它体现了人类通过合作解决冲突的各种办法，包括农地习惯、农地惯例、农地习俗等。除了自发的内在农地制度外，另一种农地制度的产生方式不是自发形成的，而是理性设计的结果，由这种方式产生的农地制度称为外在农地制度。外在农地制度被清晰地制定在土地法律、法规和条例之中，并由一个诸如政府之类的权威机构来执行。从我国外在农地制度设计的实践来看，外在农地制度可能通过宪法、民法、土地管理法、农村土地承包法、农业法、草原法等法律和土地管理法实施条例，中央政府的政策、地方政府的政策等得以实现。农地制度实施机制，就是指农地制度在实施过程中，一系列具有功能结构的相关要素间的内在作用方式和相互联系。农地制度的实施过程，就是习

① 洪名勇．制度经济学．中国经济出版社，2012：93－96.

俗、习惯、伦理等内在农地制度与土地法律、法规等外在农地制度的联结、嵌入过程，在这一过程中，内在农地制度与外在农地制度既相互作用又相互影响，是一个农地制度的历时关联和共时关联过程①。

四、村庄发展的五大支柱

（一）土地

在经济学家看来，土地等是财富的第一源泉。“财富的源泉如果不是原始的，就是派生的。财富的原始源泉有两类：第一类包括地球上的土地和水，由此取得农产品、矿物和鱼类”②，这说明土地资源禀赋情况对于一个国家的财富生产来讲是必不可少的，而且对于村庄的发展来讲，是第一位的，没有土地，就谈不上发展。对于一定的村庄而言，土地资源的约束是非常明显的。正如约翰·穆勒所说：“有限的土地数量及其有限的生产力，是对生产增加的真正限制”③。由于受土地资源的约束，在这种情况之下，要增加农业生产产出，就只有增加劳动力投入。增加劳动力投入带来的产量“不会以同等程度提高；增加一倍劳动不会使产量也增加一倍；或者换一种说法，产量的每一增长要求对土地施加更高比例的劳动量”④，这就是边际报酬递减规律。在边际报酬递减规律作用下，土地对生产的限制，“不像一堵墙所起的阻碍作用那样，墙屹立于某个地点不动”。事实上，土地对生产的限制作用更像“一条弹性很大的橡皮筋，这条橡皮筋从未被绷得太紧，以致不能再拉长，然而在远未达到最后的极限以前，却会感觉到其压力，而且越靠近这一极限，压力愈大”⑤。一旦村庄农业发展达到一定阶段之后，就会出现“土地生产规律，即在给定的农业技术和知识状态下，靠增加劳动量，产量不会以同等程度提高；增加一倍劳动不会使产量也增加一倍；或者换一种说法，产量的每一增长要求对土地施加更高比例的劳动量”⑥。这说明，其他条件不变时，如果只考虑土地与劳动力配置情况，如果土地数量不变，逐渐增加劳动力的投入量，其每增加一单位劳动力投入带来的产出不是一成不变的，而是变化的。这种变化的一般规律开始是增加的，随着劳动力投入的不断增加，当每单位劳动力产出增加到一定阶段之后，每一单位劳动力获得的产出就开始下降，直至为

① 洪名勇．农地制度与农业经济发展．贵州大学出版社，2008：179－189.

② 乔治·拉姆赛．论财富的分配．商务印书馆，1984：9.

③ 约翰·穆勒．政治经济学原理（上卷）．商务印书馆，1997：201.

④⑤⑥ 约翰·穆勒．政治经济学原理（上卷）．商务印书馆，1997：202.

零。这一规律，经济学家将其称为土地边际报酬递增递减规律。图 1－1 是对土地边际报酬递增递减规律的一个形象说明，在 OA 投入阶段，随着劳动力要素投入的增加，不仅土地的总产出增加，而且边际产出也不断上升，生产处于边际报酬递增阶段；当劳动力要素投入超过 A 点，处于 AC 投入阶段时，虽然土地总产出在不断增加，但土地的边际产出不断下降，最后趋于零，这一阶段称为边际报酬递减阶段。对边际报酬递减规律，有很多的研究讨论；相反，对于边际报酬递增，介绍和研究相对要少得多。事实上，在农业生产领域，著名经济学家马歇尔早就注意到这一规律。他在著名的经济学著作《经济学原理》中就引用阿肯萨斯实验站的报告数据说明了土地边际报酬递增规律①。从表 1－2 提供的资料来看，土地边际报酬递增规律不仅是一种理论推断，在经济生活中也确定是存在的。

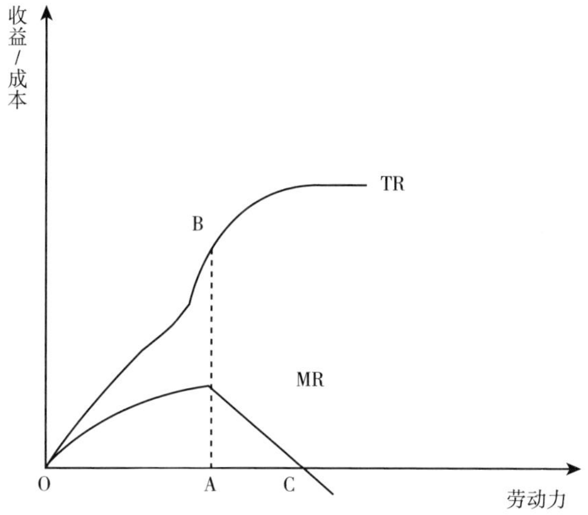

图 1－1　土地边际报酬递增递减规律

表 1－2　土地边际报酬递增

土地	耕　作	每英亩生产的英斗数
1	犁耕一次	16
2	犁耕一次和耙耕一次	$18^1/_2$
3	犁耕二次和耙耕一次	$21^2/_3$
4	犁耕二次和耙耕二次	$23^1/_4$

① 马歇尔．经济学原理（上卷）．商务印书馆，1994：173.

土地边际报酬递增递减规律说明，土地资源禀赋情况对农业生产的发展产生了影响。受制于土地报酬递减规律的影响，在一定时期内，如果其他条件不变，就要通过提高产出来促进村庄发展，而要达到这一目的只有扩大耕地利用数量。因此，村庄内部土地的利用规律是：首先被使用的是质量最好的土地，即一等土地，因为在相同的投入情况下，一等土地的收益率是最高的，如果一等土地能够满足村庄发展的需要，则人们不会扩大土地利用；当一等土地利用不能满足村庄发展需要时，二等土地就会被村庄使用，二等土地的收益率低于一等土地，但高于三等土地；如此，直至最劣等土地投入使用，如图 1－2 所示。正因为最差的土地也会投入使用，马克思在《资本论》第三卷第六篇“超额利润转化为地租”中，用专章即第四十四章“最坏耕地也有级差地租”对有关问题进行了研究。

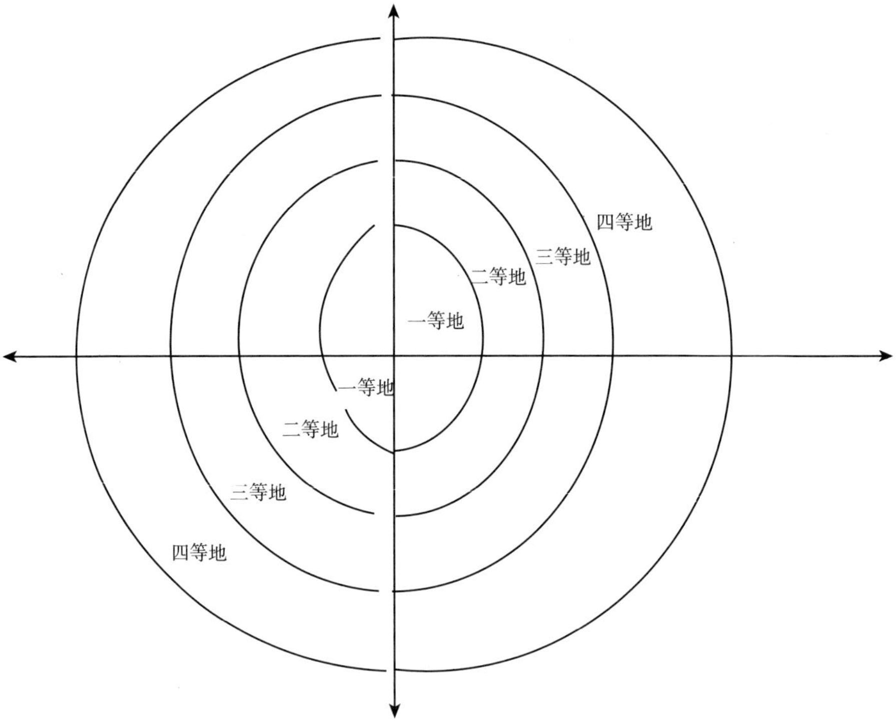

图 1－2　村庄土地利用顺序

土地对村庄发展的影响，除土地数量之外，另一个非常重要的因素就是土地质量。对于一个固定的村庄来讲，在一定时期内，土地数量是很难增加的，这时土地质量对于村庄发展来讲就至关重要。而土地的一个重要特性之一就是土地质量可以通过人类活动改变，从而使土地质量呈现为一种动态变化。

（二）劳动力

对于传统村庄来讲，要生产财富、积累财富，仅有土地是不够的，必须还有劳动力，有人类劳动。正如乔治·拉姆赛所指出的，“尽管土地极为肥沃，地底下蕴藏着丰富的矿藏，江河湖泽也盛产各种水生物，可是所有这一切都可能对于人类的生存和舒适毫无用处。因为这些财富的源泉先要通过一定的手段的作用才能造福于人类。这些手段便构成了第二类源泉，它包括所有通过合理的运动而结合在生产中的那些力量。这些力量或是无生命的，或是有生命的”。前者包括风、水流、水蒸气等，后者包括“有生命的是人，人的劳动是生产必不可少的因素”①。只有当土地与劳动力紧密结合在一起，劳动力在土地进行耕种、放畜等财富性生产活动，将生物的生命活动与人类生产劳动结合在一起，将生物的自然生产过程与人类的经济生产过程结合在一起，财富才会增加并不断积累。因此，除土地的质量和数量之外，劳动力的数量和质量就成为村庄发展的另一个重要因素。正如萨伊所言：“如果人类不以他的劳动促进、协助或完成自然的作用，人类就得不到这些东西的享受。大多数充当食物、衣服和住宅的东西，都属于这一类”②。因此，“人类只有通过各种劳动才能获得必需品的充裕的供给和其他物品的供给”③。在萨伊看来，人类的劳动是生产财富的重要条件，只有通过人类的劳动，才能获得我们所需要的物品。舒尔茨也认为，一些人之所以贫穷，一些人之所以富裕，不仅在于土地资源禀赋之间的差异，更在于劳动力的数量与质量，尤其是劳动力质量的不同。对此，舒尔茨写道：“土地本身并不是使人贫穷的主要因素，人的能力和素质则是决定贫富的关键”④。劳动力的数量和质量不仅对于一个国家和地区的经济发展至关重要，而且对于村庄的发展同样如此。在现实生活中，我们可以看到，一些村庄之所以繁荣，不仅取决于土地等自然要素丰富，而且还有适度规模的劳动力数量和高质量的劳动力；一些村庄之所以萎缩，除恶劣的自然条件之外，更重要的是劳动力的大量外出，导致劳动力数量不足和质量低下。更为严重的是，由于大量人口及劳动力的长期外出或者迁移，村庄不仅萎缩，而且还有不少村庄消失。据《中国新闻周刊》报道，2003～2012年，中国自然村由360万个下降至270万个，10年间消失了90万个，这意味着每天有近百个村庄消失。不管是在发达地区，还是在落后地区，村庄大量消失已经成

---

① 乔治·拉姆赛．论财富的分配．商务印书馆，1984：9.

②③ 萨伊．政治经济学概论：财富的生产、分配和消费．商务印书馆，1982：61.

④ 西奥多·舒尔茨．对人进行投资——人口质量经济学．首都经济贸易大学出版社，2002：8.

为一种普遍现象，只是程度不同而已。近年来，国家虽然在进行大规模的新农村建设，从理论上讲，新农村建设大大改善了农村的居住环境、生活环境和生产环境，对农民的吸引力应该上升。但问题在于，经过新农村建设后，具有良好基础设施的村庄还是没有留住村民。这种状况10多年前就已经出现，有记者对云南、安徽等地的调查也发现，很多热闹的村庄已经名存实亡，不少很好的楼房也弃之不住了。云南省有个彝族自然村，该村的很多村民在县城购房居住。安徽农村一些老人也为生活方便而希望在城市安度晚年，郑州附近的有些村庄也因城市化而消亡，甘肃省也有很多村庄早就人去屋空，一个30多户的村庄只剩下5户，一个20多户的村庄现在一个人都没有，也有的村庄户数少了一半；由于在农村没有挣钱的机会，西安一些地方的村庄也在消失中；在贵州省安顺市，大量村民外迁导致村庄消失；山西每年有200多个村消失。据不完全统计，海南从建省至2012年，岛上被拆迁、改造、消失的自然村庄约2 000个，主要原因是村上大部分年轻人去了城市；陕西省横山县有一个村庄现在只剩下两个人；河北保定蔡树庵村原有800人，如今只剩下80多人，而且主要是老人，年轻人和孩子基本上搬到县城或在镇上居住①。

除劳动力的数量之外，在影响村庄经济发展要素中，经济学家注意到，劳动力或者人口质量的作用越来越大。在舒尔茨看来，不仅人的能力和素质是决定贫富的关键，提高人口质量的投资能够极大地有助于经济繁荣和增加穷人的福利，而且我们应该加大人力资本投资，提高人口质量和劳动力质量。对此，舒尔茨写道："人力资本有助于提高劳动生产率，也有助于提高人们的企业家才能，这种才能在农业和非农业生产中，在家庭生产中，在学生们分配自己受教育的时间和其他资源时，以及在向较好的职业机遇和生活地点迁移的过程中，都具有很高的价值"②。正因为人力资本及劳动力质量对于农业经济增长、对于村庄发展的重要性，党和政府才花大力气发展教育，以提升整个农业从业人员质量。从表1-3提供的资料看，不管是全国数据，还是东部、中部或者是西部数据，2016年与2006年相比，农业劳动力质量均有较大幅度的提升，这对于促进农业现代化，对于推进村庄发展，实施乡村振兴均具有重要意义。

① 聂洪辉．村庄自然消失、重组与新生代农民工返乡置业．福建行政学院学报，2016（2）.

② 西奥多·舒尔茨．对人进行投资——人口质量经济学．首都经济贸易大学出版社，2002：13.

表 1-3 农业从业人员学历结构

文化程度	全国		东部		中部		西部	
	第二次	第三次	第二次	第三次	第二次	第三次	第二次	第三次
文盲	9.5	3.6	7.7	3.4	8.9	3.7	12.8	5.2
小学	41.1	30.6	38.5	28.8	37.0	26.9	47.0	35.7
初中	45.1	55.4	48.8	56.5	49.2	56.8	36.7	48.6
高中	4.1	8.9	4.8	9.9	4.7	11.2	3.3	8.4
大专及以上	0.2	1.5	0.2	1.3	0.2	1.4	0.2	2.1

资料来源：国家统计局第二次全国农业普查主要数据公报和第三次全国农业普查主要数据公报。

（三）资本

如果说在传统社会中决定村庄发展的主要支柱是土地与劳动力的话，那么在现代社会中，除土地与劳动力之外，另一个重要因素就是资本。什么是资本？在马克思看来，资本是能够带来剩余价值的价值。在皮尔斯主编的《现代经济学辞典》中，则将资本定义为："由经济体系生产的一种生产要素的名称。资本货物是已生产出来的货物，可以作为要素投入用于下一步的生产，因此，资本可与土地和劳动相区别，后者一般不视作由经济体系自身产生"①。罗尔雪在论述财富生产的要素之一时，也对资本进行了定义，罗尔雪说："资本是指为维持享乐或为扩大生产的目的而准备的产品的贮藏"，并且，"随着时间的推移，资本将彼此分开的自然和劳动结合在一起，使它们共同发挥作用"②。正因为资本对于经济发展如此之重要，马克思才写下了经典巨著《资本论》，对资本运行规律进行了深刻、系统的分析，使之成为经济学的不朽著作。乔治·拉姆赛不仅对资本进行了定义，而且明确指出资本是财富的源泉，对此，他写道："用来进行新的生产的财富叫作'资本'。因此，资本也是财富的源泉，但它并不是财富的原始源泉"③。财富与资本之间的关系是比较复杂的，在《荷马史诗》中，认为财富就是土地和畜群。史诗描绘当时英雄们表明自己富有和威力时，总是提到他们拥有丰沃的田园、大量的农具和家畜。这表明在贵族眼里，财富就是占有土地和畜群。古希腊思想家色诺芬认为，财富就是具有使用价值的东西。但他认为，并不是具有使用价值的东西都是财富，只有那些直接对所有者有使用价值的东西才是

① 戴维·皮尔斯．现代经济学辞典．北京航空航天大学出版社，1992：66.

② 威廉·罗尔雪．历史方法的国民经济学讲义大纲．商务印书馆，1981：18.

③ 乔治·拉姆赛．论财富的分配．商务印书馆，1984：9-10.

财富。亚里士多德认为，真正的财富就是生活上的必需品，对家庭和国家有用的东西。重商主义开始从资本的视角探讨财富问题，它从商业资本的运动出发，认为只有金银才是财富，金银即货币是财富的唯一形态，而一切经济活动的目的就是攫取金银。亚当·斯密认为，国民财富就是一个国家所生产的商品总量。西斯蒙第认为，财富不过是人类得到物质福利的手段。财富之所以为财富，即在于它满足人们的需要。如果财富不能满足这种愿望或需要，那么不论它是通过怎样的劳动创造的，都不能算为财富。西斯蒙第由此得出的结论是："只有增加了国民享受，国民财富才算增加"①。萨伊认为，财富就是具有效用的物品。萨伊把物品满足人类需要的内在力量叫作效用，他认为创造具有任何有效用的物品就等于创造财富。萨伊认为，生产就是通过各种要素协同活动使自然界本来就有的各种物质适宜于用来满足人们的需要。"创造具有任何效用的物品，就等于创造财富。这是因为物品的效用就是物品价值的基础，而物品的价值就是由财富所构成的"②。马克思认为，在资本主义社会中，商品是占统治地位的社会财富，货币是物质财富的一般代表，是财富的社会形式。"不论财富的社会形式如何，使用价值总是构成财富的物质内容"③。"在质的方面，或按形式来说，货币是无限的，也就是说，是物质财富的一般代表，因为它能直接转化成任何商品"④。一方面，资本是一种有用物，或者说是一种财富；另一方面，资本，不论是产业资本还是流通资本，不论是固定资本还是流动资本，不论是不变资本还是可变资本，一句话，一切资本都是生产和流通的必要条件，因而成为财富的源泉之一⑤。

在舒尔茨看来，资本是一个具有两重性的概念，并且当我们用两重性来解释作为一种动态过程的经济增长问题时，一般来说，所得出的结论并不一致。用资本的两重意义来解释经济增长之所以必定会产生矛盾，是因为对成本的阐述会涉及投资受损的问题。例如，一旦某个农民投资于马拉的机械，那么这种机械对于使用拖拉机来说就几乎没有什么价值了。另一个原因与这种资本所提供的服务趋势的价值的贬损有关，这种价值的贬损会随着增长周期的不断变动而发生变化。但是，更糟糕的仍是那种在涉及基本的资本理论和各种增长模式的资本聚集问题时所做出的假设，即认为资本是同质的。事实上，不仅在农业生产中，而且在所

---

① 西斯蒙第．政治经济学新原理．商务印书馆，1977：45.

② 萨伊．政治经济学概论．商务印书馆，1963：59.

③ 马克思．资本论第一卷．人民出版社，1975：48.

④ 马克思．资本论第一卷．人民出版社，1975：153.

⑤ 杨圣明．论资本的二重性问题．学术探索，2005（4）.

有其他生产活动中，每一种资本形式都具有其特定的性能，它可能表现为一座建筑物、一台拖拉机、一种特殊类型的化学肥料、一眼水井，以及许多其他的各种形式[①]。对于贫穷落后、急需要发展的村庄而言，亨利·乔治对资本的深刻洞见是值得我们深思的。亨利·乔治说："资本不同于直接用于满足欲望的财富，而'是用于获得更多财富的财富'，因此，'资本增加劳动生产财富的力量'[②]，使劳动能以更有效的方式进行，使劳动可以分工，使劳动可利用自然生殖能力，从而促进财富的增长"。

对于村庄发展来讲，相对于劳动力和土地这两种生产要素，资本更为稀缺。换言之，资本成为制约村庄发展的重要因素。笔者在思考资本对于村庄发展的作用性时，随手翻阅了一下萨伊的《政治经济学概论》，萨伊写道："每一笔的储蓄或每一次增加的资本，不但给储蓄者本人打下下年收入一定利润的基础，而且给所有由于这笔新增加的资本而有机会贡献劳动力的人打下这种基础。正是由于这个原因，远近驰名的亚当·斯密把一生中只有一次扩大他的生产资本的俭约的人，比作创立济贫院收容一生自食其力的工人的慈善家；另外，他把侵蚀自己资本的浪子比作乱花慈善机构基金的无赖的管事，他不但使现在要靠它为生的人流离失所，并且使将来需要依赖它为生的人也流离失所"[③]。对于今天的村庄发展而言，萨伊的话的确非常有道理。在城乡二元经济及其制度安排下，不仅村庄自己积累的、用于再生产的资本少得可怜，而且对于村庄发展而言仅靠自己的积累，缩小与城镇之间发展的差距也非常困难。不仅如此，即使在村庄自己积累的资本中，有相当大的一部分也无法留在村庄。例如，村庄积累的资本可能由于教育制度、医疗制度及储蓄机制等，将村庄不多的资金吸走，这些制度安排像一台抽水机一样，将村庄资本或者自己积累的财富源源不断地抽至城镇，从而促进了城镇的快速发展，让村庄失去发展的资本基础。

（四）知识

舒尔茨在《改造传统农业》这一著名的农业经济专著中反复强调一种观点，在传统农业中，不仅农民是非常理性的，而且这些理性的农业已经将各种生产要素的潜力较大地发挥出来。改造传统农业、提高农业生产效率、促进传统农业向现代农业的转变，必须引入新的生产要素。尤其是应该向人投资、提升劳动力的

---

① 西奥多·舒尔茨．对人进行投资——人口质量经济学．首都经济贸易大学出版社，2002：12－13.

② 亨利·乔治．进步与贫困．商务印书馆，2010：78.

③ 萨伊．政治经济学概论．商务印书馆，1982：119.

劳动技能，增加劳动力的人力资本积累，只有这样，才能使农业生产效率跨上另一个新的台阶。对此，舒尔茨说："改进穷人的福利的关键性生产因素不是空间、能源和耕地，而是提高人口质量，提高知识水平"①。不仅如此，舒尔茨还就如何增加知识、提高人口质量进行了论述，"对儿童的关怀照顾；在家务及职业工作方面的经验；通过学校教育获得知识相关技能；以及其他在健康和教育方面的投资，都可以提高人口质量"②。在舒尔茨看来，对人口质量的投资尤其是教育能够让人获得更多的知识，而知识对于战胜自然具有不可替代的作用。许多低收入国家的农民为了提高产量在尽其所能地拼命奋争，而太阳、地球、季风的运动，以及各种横扫地球表面的破坏性灾难，却对他们的命运毫不关心；农民们的庄稼也常常处于被各种害虫侵害并毁灭掉的危险当中。在大自然的手中，"操纵着成千上万种与这些农民的辛勤劳作相敌对的力量，但是，知识和人的能力却能够征服自然"③。也就是说，知识提供人类战胜自然的能力。而教育和读书却能够增加人们的知识，正因为这样，舒尔茨才反复强调教育在增加人力资本、提高人口质量方面的重要作用。以学校教育为例，舒尔茨写道："学校教育不是一种纯消费行为。恰恰相反，社会和个人为接受教育所付出的各项成本，都是为了获得一种存在于人体之内的，可提供未来收益的生产性资本。这些收益包括：未来的工资收入、未来的自我雇佣和家务活动能力，以及未来在消费方面的满足感。学校教育作为一项投资，显然增加了低收入国家的储蓄量"。因此，"教育对获取应付与经济现代化相关联的不平衡状态的能力，具有普遍的促进作用"④。

（五）制度

对村庄的发展来讲，有了生产财富的基本要素和资源仅仅是第一步，还必须有人类劳动。马克思认为，劳动力的劳动是创造经济财富的唯一源泉。他说："商品的价值由生产商品所耗费的劳动量来决定，……或生产使用价值的社会必要劳动时间，决定该使用价值的价值量"⑤。这一命题有两层重要的含义：它指出商品的价格是随着它所包含的劳动时间的不同而变化的，更重要的是，劳动者

---

① 西奥多·舒尔茨．对人进行投资——人口质量经济学．首都经济贸易大学出版社，2002：4.
② 西奥多·舒尔茨．对人进行投资——人口质量经济学．首都经济贸易大学出版社，2002：8.
③ 西奥多·舒尔茨．对人进行投资——人口质量经济学．首都经济贸易大学出版社，2002：20.
④ 西奥多·舒尔茨．对人进行投资——人口质量经济学．首都经济贸易大学出版社，2002：36.
⑤ 马克思．资本论第一卷．人民出版社，1972：52.

应享有全部的国民产品，因为只有他们创造经济财富。由于人与其他生产要素不一样，人既是财富的生产者，同时又是财富的消耗者。要生产财富，首先人得有工作意愿，其次还取决于人的努力程度。正如刘易斯所说："经济增长还要求人们自觉地愿意工作"[①]，经济增长"是人类努力的结果"[②]。那么，接下来的问题是：人们的工作意愿是什么？是什么决定了人们选择工作还是选择闲暇？如果人们选择了愿意工作，又是什么决定了人们努力工作还是选择磨洋工，即是什么决定了人们的努力程度？在这方面，首先取决于人们对财富的认识和态度。在大多数社会中，财富与社会地位紧密相关，为了获得一定的社会地位，人们就会有积累财富的意愿。因为财富"可以使人得到收买的权力、政治权势、压服雇员或其他形式的努力"，这样，财富作为"通往权力的一种手段而受到人们的向往"[③]。虽然在现代社会中，财富能让人们进入上层社会或者靠近上层社会圈子，但是，"财富未必终是通往权力或威望的最轻易的捷径"[④]，例如，在印度教社会中受到其他人尊重的可能是僧侣等级的人，在古代中国则是有学问的人士受到尊重。不过有一点是可以肯定的，即在世界上每个国家里，"财富是可以赢得尊重和声望的，即使在有的国家时间上存在着差距，即也许要等到第二代才能取得充分的威望"[⑤]。其次，取决于制度。"如果制度能尽如人意，那么，这种努力的意愿便会得到鼓励并日趋强烈"，相反，制度可能会抑制人们的努力程度。因此，"制度是促进还是限制经济增长，要看它对人们的努力是否加以保护"[⑥]。刘易斯的论述是非常具有启发性的，对于在经济生活中的个人而言，自己是选择工作或者是闲暇，主要取决于制度安排，在一种制度安排下，个人可能选择工作，而在另一种制度安排下，就可能选择闲暇；如果一个人选择了工作，他是选择努力工作还是选择尽量少付出，这也与制度紧密相关。如果个人通过自己努力后的成果得到有效保护，那么个人就会提高自己的努力程度，将更多的时间资源和精力配置在财富的创造中；相反，如果自己工作的成果得不到有效保护，则会失去工作的动力，工作中的努力程度就会下降，从而将选择更多的时间资源配置在闲暇活动中；如果在工作中，就可能选择出工不出力。用诺斯的话来讲，制度决定了人们的行为选择，制度安排不一样，人们的行为选择也不一样。"制度是人们发生相互关系的指南，因此，当我们想在街上向亲朋致意、驾驶汽车、买橙汁、借钱、

① 阿瑟·刘易斯．经济增长理论．商务印书馆，1999：42.

② 阿瑟·刘易斯．经济增长理论．商务印书馆，1999：20.

③④⑤ 阿瑟·刘易斯．经济增长理论．商务印书馆，1999：25.

⑥ 阿瑟·刘易斯．经济增长理论．商务印书馆，1999：63.

经营实业、安葬死者时，我们就能知道（或能很容易地学到）如何去完成这些工作。我们能很容易地看到，如果我们试图在另一个国家（如孟加拉国）进行同样的交易，制度也是不同的。用经济学的行话来说，制度确定和限制了人们的选择集合”①。

对于村庄的发展而言，刘易斯的论述同样适用。一个村庄要发展，不仅需要本村庄的农户将更多的资源配置在财富生产之中，而且还需要一种有效的制度安排，将村庄之外的要素引入村庄之内，改进村庄的资源配置效率，促进村庄的发展。

第二节　农地制度与村庄发展：分析框架

对于村庄的发展而言，在各种制度安排中，农地制度是基础性制度安排。以制度安排为切入点，推进村庄发展，前提是厘清农地制度与村庄发展之间的内在逻辑。

一、资源之间配置

村庄作为中国农村经济发展的基本单元之一，其经济发展受到的约束因素同样可以从经济理论中得到解释。按照古典经济学理论，经济的发展主要由土地资源与劳动力资源禀赋及两者之间的配置情况决定（详见图1-3）。在以农业经济为主的传统村庄，村庄经济发展主要取决于土地资源的禀赋、农村劳动力禀赋及激励劳动力将时间投入农业生产活动的具体情况。可以说，在传统的农业生产村庄，村庄所拥有的耕地资源、林地资源、水利资源等以及区位为村庄的发展奠定了相应的基础，如果这些资源禀赋较好，则村庄具备了较好发展的自然基础。“当我在分析江村的材料时，就感觉到土地问题决不能视作一个独立的问题。地方土地制度的形态其实是整个经济处境一方面的表现”②。图1-3是在一定技术条件下劳动力与土地两种生产要素的等产量曲线。表明土地不仅是财富的重要来源，而且土地资源的数量禀赋约束了村庄农业产出。对于以农业经济为支柱产业的传统村庄，尤其如此。要提高农业产

① 道格拉斯·诺斯．制度、制度变迁与经济绩效．格致出版社，2008：4.

② 费孝通．云南三村．天津人民出版社，1990：9.

出、发展农业生产，要突出土地对农业产出量的约束，就只有提高土地质量。反过来也一样，如果村庄内的劳动力资源数量禀赋一定，要增加农业产出，只有提高土地资源的数量投入，如果土地资源禀赋一定，劳动力资源情况就确实约束了村庄农业生产发展。

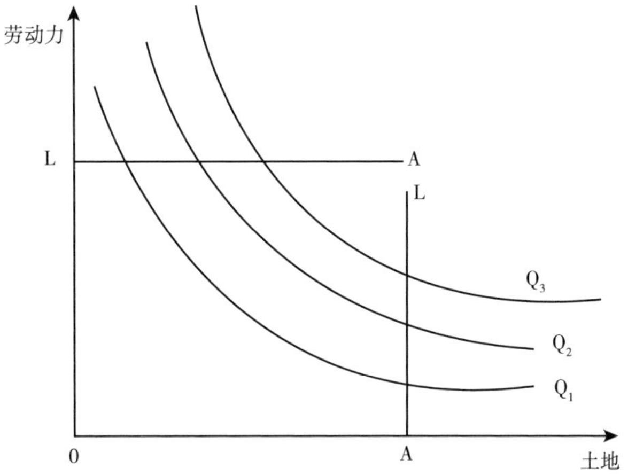

图 1-3　村庄土地与劳动力配置效率的等产量曲线

随着社会经济的发展和环境条件的变迁，对于村庄发展来讲，其资源的内涵和外延也越来越丰富。例如，除土地和劳动力之外，金融资本、人力资本与社会资本、知识与技术、互联网等都成为村庄发展的重要资源。同理，我们也可能分析其他资源之间的配置对村庄发展的影响。村庄发展不仅需要做好这些资源的配置，而且也要有适宜的制度安排，促进资源的合理及有效配置。

二、土地制度边际效率变化规律

制度不仅为有关经济主体提供了激励结构与约束，而且制度的运行也是有收益和成本的，制度运行的收益与成本的比较，称为制度效率。即 IE = IR/IC，其中 IE 为制度效率，IR 为制度收益，IC 为制度成本。在经济学的视野里，制度存在的唯一意义是它的效率，只有有效率的制度才能够生存。如果一项制度的效率为负或者接近于零，那么这种制度的存在是没有必要的。也就是说，制度生存的有效空间被限制在制度的供给与需求所处于的均衡点上，即只有在均衡点上，制度所提供的效率相对于环境来说才可能是最佳的，此时任何制度变迁都可能会损害效率。否则就说明制度在非均衡状态下，其本身仍有改进的余地或者被更有效的制度所替代[①]。正是在这个意义上，我们才说制度是有“生命”的，有“生”也有“死”，制度也有生命周期。制度生命周期意味着，制度报酬不是一成不变的。在不同时期，由于环境与条件的变化，制度报酬是会发生变化的。

在诺贝尔经济学奖得主诺斯看来，制度效率是一种适应性效率。那么，什么是制度的适应性效率？诺斯指出：“适应性效率考虑的是确定一个经济随时间演进的方式的各种规则”[②]，“整个制度结构在社会与经济间促进探索、实验与创新的程度上将起到关键作用，我们可以将这些归结为适应性效率”[③] “适应性效率提供了促进分散决策过程以揭示解决问题的可选方式的激励”。具有适应性效率的制度一般是一个良好的制度结构，这种制度在面对全新的环境和条件时，具有“对存量进行弹性的调整和制度演化以有效处理改变的现实的能力”，能够处理个人和社会面临的新奇经历、能够很好地解决新的“两难”问题，因此，具有适应不确定性的能力。制度适应性效率可以从制度、人、环境组成的系统中去进行分析，因此，制度、人与环境三者之间存在相互影响的关系。同样的制度，经济行为中的主体（人）不一样，制度效率也不一样；即使还是过去的人，由于经济与社会环境发生了变化，制度效率也会发生变化。从这种意义上讲，制度效率不是一成不变的，而是随着环境、经济主体的变化而变化。如果我们将制度效率置于时间轴上进行观察，随着时间的推移，制度效率是变化的，制度的效率“生命”曲线在达到一定点之后，会随着生存时间的递增而同时出现效率递减的趋势（李怀，1999）。图 1－4 描述了制度效率变化的一般情况，随着时间的变化，制度的总收益曲线为 TR，制度的边际效率曲线为 MR。当一种新制度出现之后，在开始执行阶段，其边际效率是上升的，执行到某一个时点，制度边际效率上升至最大值，超过这一点之后，制度边际效率就会下降。

对于村庄发展而言，农地制度是最为根本的制度。与一般制度的效率一样，农地制度的效率也呈现递增递减规律。以农地承包制度改革为例，在改革开放之初，农地家庭承包制度极大地提高了农民的生产积极性，农民将自己的时间、精力及可以动用的生产资源配置到农业生产之中，使农业生产快速度发展。以粮食生产为例，1978～1984 年粮食生产增加 10254 万吨，1985 年粮食产量下降，1986 年恢复增长。又如棉花生产，1978～1984 年棉花生产增加 409.1 万吨，

① 李怀．制度生命周期与制度效率递减——一个从制度经济学文献中读出来的故事．管理世界，1999（3）．

② 道格拉斯·诺斯．制度、制度变迁与经济绩效．格致出版社，2008：108.

③ 道格拉斯·诺斯．制度、制度变迁与经济绩效．格致出版社，2008：109.

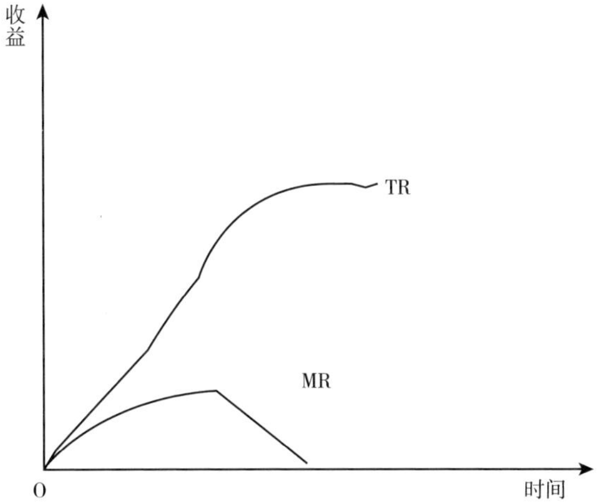

图 1-4　制度报酬递增递减变化

1985 年、1986 年棉花生产持续下降。从粮食、棉花与油料生产的增长来看，在改革开放之初，1978～1984 年，三种主要农产品的增长是比较快的，其中粮食和棉花生产至 1985 年开始不仅大幅度下降，而且呈现为负增长。1980 年粮食生产之所以为负增长，其中一个重要原因在于当年发生较为严重的自然灾害，受灾面积为 66 795 万亩，比 1979 年增加 7 740 万亩，增长 13.11%；成灾面积 33 480 万亩，比 1979 年增加 10 800 万亩，增长 47.62%（详见表 1-4）。农民在持续几年提高积极性之后，农业生产没有新要素引入，制度与资源配置的效率很难持续增长，农业生产增长从 1984 年开始放缓，这可能是制度边际效率下降的较好注释。

表 1-4　1978～1986 年中国农业生产情况　单位：万吨，%

年份	粮食		棉花		油料	
	产量	增长	产量	增长	产量	增长
1977	28 273		204.9		401.7	
1978	30 477	7.80	216.7	5.76	521.8	29.90
1979	33 212	8.97	220.7	1.85	643.5	23.32
1980	32 056	-3.48	270.7	22.66	769.1	19.52
1981	32 502	1.39	296.8	9.64	1 020.5	32.69
1982	35 450	9.07	359.8	21.23	1 181.7	15.80
1983	38 728	9.25	463.7	28.88	1 055	-10.72
1984	40 731	5.17	625.8	34.96	1 191	12.89
1985	37 911	-6.92	414.7	-33.73	1 578.4	32.53
1986	39 151	3.27	354	-14.64	1 473.8	-6.63

三、制度与村庄资源配置

村庄经济的发展，仅仅靠单一要素或者某项制度是不行的。从理论上讲，村庄的发展关键在于：制度安排约定不仅给定了有关主体的行为空间，而且还会引导有关主体对资源进行配置。事实上，不同村庄的地理位置、资源状况、历史背景和乡土文化决定了村庄的发展速度，也决定了不同村庄的发展状态①。虽然不同资源禀赋、不同地理空间、不同历史条件及不同环境决定了村庄发展的具体路径不一样，但对于村庄发展而言，如果我们去掉差异性，抽象其共同性，还是有一些规律可循的。作为不能移动的村庄而言，其土地资源的禀赋、自然地理位置在短期内可以视为不变的。在古典经济增长理论框架中，以土地、劳动力具体情况决定了经济增长快慢，而新古典经济增长理论则认为，除土地和劳动力之外，资本是更为稀缺的要素。新经济增长理论则认为，一个地区经济增长情况，除土地、劳动力和资本之外，知识是必不可少的，而且知识对经济增长的贡献越来越大。制度理论通过对经济史的考察发现，一个国家或者地区是发展还是衰退，除以上要素之外，制度的影响是不可或缺的。图 1 - 5 给出了村庄资源与制度安排之间配置的无差异曲线，纵轴表明村庄资源的禀赋情况，离 O 点越远，说明村庄资源禀赋越好；离 O 点越近，说明村庄资源禀赋越差。横轴表明村庄制度环境及制度安排，离 O 点越远，说明村庄制度越有效率，越能够激励有关经济主体将资源配置到促进村庄经济发展的活动中；相反，离 O 点越近，说明村庄制度越缺乏效率，其制度安排激励有关经济主体将资源配置在非经济活动中。RE 是村庄资源与制度安排配置的结果，在同一条 RE 曲线上的配置资源是相同的，同一条 RE 曲线上不同的点表明不同村庄资源禀赋与不同制度安排的配置；在图 1 - 5 中，RE_1、RE_2和 RE_3的配置结果是不一样的，总体上讲，$RE_1 < RE_2 < RE_3$，即处于 RE_3的村庄发展要好于处于 RE_2的村庄，处于 RE_2的村庄又要好于处于 RE_1的村庄。NI 曲线刻画了具有相同资源禀赋条件和不同制度安排村庄情况，如果村庄资源禀赋一样，制度安排的效率越高，则村庄的发展越好；相反，制度安排的效率越低，村庄的发展越差。从 N 至 I 说明在相同资源禀赋条件下，制度改革对于村庄发展效率提高的重要性。IN 曲线刻画了具有相同制度安排和不同资源禀赋村庄情况，如果制度安排是不可改变的，则资源禀赋越好，村庄的发展也越

① 杨秋生，朱重庆．土地赋能，创造村庄发展新空间．中国农业出版社，2010：3.

好；相反，资源禀赋越差，村庄发展也越差。

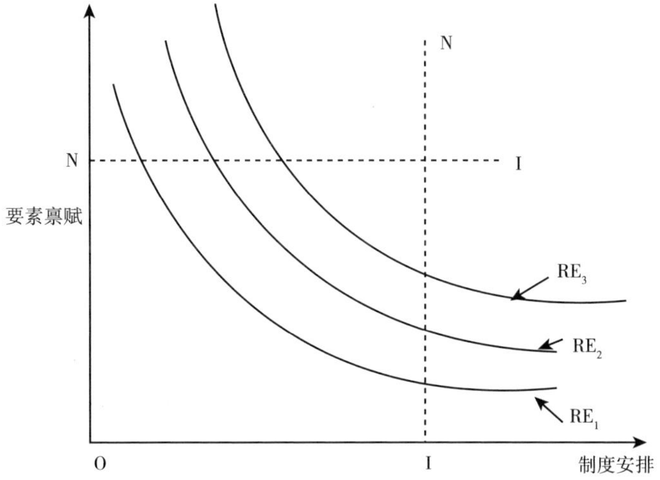

图 1－5 村庄资源与制度安排配置效率的无差异曲线

需要特别指出的是，对于一个特定的村庄来讲，在短期内，资源禀赋是难以变化的。此时，如果能够通过制度创新，改革制度安排，激励有关经济主体将资源配置到生产活动中，那么这个村庄就会在 NI 曲线上沿着 N 点至 I 点的轨迹发展；相反，如果制度缺乏效率或者未能激励有关经济主体将资源配置到生活活动之中，那么村庄就可能在同一条曲线沿着 I 至 N 的轨迹前行。也正因为如此，我们才强调，制度对于村庄发展的重要性。一般地，发展得好的村庄，其制度安排方面都具有自己的优势，要么就是制度安排具有较好的适宜性；相反，发展差的村庄，其制度安排大多是失效的。这样的例子很多，例如，安徽小岗村由于进行农地承包改革，其较早解决了农户的吃饭问题，在之后，由于长期没有进行制度创新，也没有引入新的生产要素，其发展在相当长的时间内停滞不前。进入 21 世纪之后，小岗村沿着农地产权分置的改革路径，从农地所有权与承包经营权的分置走向农地所有权、农户承包权与经营权的“三权”分置，从而有效地推进了农地流转和规模化经营，促进了农民增收。小岗村 2017 年农村居民可支配收入为 18 106 元，比全国农村居民可支配收入 13 432 元高 4 674 元。据有关学者调查，通过土地流转 2017 年有 18 户农民收入超过 14 万元，最高达到 100 万元①，平均为 26.04 万元（详见图 1－6）。因此，对于村庄发展来讲，不管过去、现在

① 周锟．通过农业改革实现共同富裕——以小岗村实践为例．毛泽东思想研究，2018（6）．

还是未来，制度改革与创新均是至关重要的。也就是说，乡村振兴、村庄未来的发展，通过制度改革的创新，释放改革红利是必由之路。

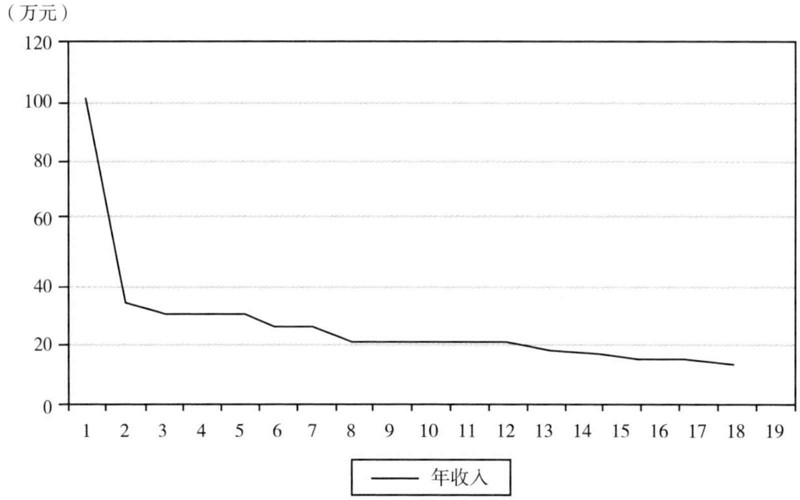

图 1-6 2017 年小岗村 18 户农户收入情况

资料来源：周锟．通过农业改革实现共同富裕——以小岗村实践为例．毛泽东思想研究，2018（6）。

第二章 “七权同确”的农地改革与塘约村的振兴

近年来，安顺市塘约村以“七权同确”为核心，积极进行农地产权制度改革，从而推进了村庄振兴，走了一条村庄振兴的塘约之路。本章以塘约为个案，就农地产权制度改革推动村庄振兴进行探讨。

第一节 引 言

党的十九大报告首次提出乡村振兴战略，强调农业、农村、农民问题是关系国计民生的根本性问题，必须始终把解决好“三农”问题作为全党工作的重中之重。要坚持农业农村优先发展，按照产业兴旺、生态宜居、乡风文明、治理有效、生活富裕的总要求，建立健全城乡融合发展体制机制和政策体系，加快推进农业农村现代化。此外，还应巩固和完善农村基本经营制度，深化农村土地制度改革，完善承包地“三权”分置制度[①]，随后2018年中央一号文件指出，实施乡村振兴战略，是党的十九大作出的重大决策部署，是决胜全面建成小康社会、全面建设社会主义现代化国家的重大历史任务，是新时代“三农”工作的总抓手。落实乡村振兴战略，应该充分发挥土地制度作为杠杆的作用。村庄在中国社会组成中占据重要的比例，根据国家统计局2017年国民经济和社会发展统计公报显示，中国拥有13亿人口，农村人口为5.76亿，占据全国总人口约41.48%。在新时期、新形势下，中国农村改革的重点依然是深化农村土地制度改革，即处理好农民与土地的关系，以推进农业现代化，农业产业结构调整，实现资源的优化配置，发展农村经济。家庭联产承包责任制目的在于满足农民基本生存条件，但是在经济高速发展的时代、农村主要劳动力均向非农产业转移、农民追求更高层次生活的愿望、希望下辈摆脱农业的期望等综合作用下，纷纷通过非农方式增

① 习近平．决胜全面建成小康社会 夺取新时代中国特色社会主义伟大胜利．人民日报，2017-10-28.

加收入，对于土地依赖程度逐渐下降，最终导致农村土地抛荒、闲置严重，以及全国完成土地确权颁证政策、土地承包期在原有基础上再延长30年、加快农村土地流转促进农业现代化等背景的基础上，各地区成立土地流转中心、种植合作社等，鼓励农民通过转让、入股、合作、租赁等方式将其土地经营权流转给个人、种植大户、专业合作社等，不仅提高了农村土地利用效率、推动了农村土地适度规模经营，而且促进了农村经济增长，农村产业结构、组织结构优化，增加了农民收入，盘活了沉睡资源。完整、明确、权责清晰、流转有序的农村产权制度，对于促进农村经济发展、落实乡村振兴战略起到举足轻重的作用。

长期以来，国家鼓励各地因地制宜、因地制策，探索适合地区发展的模式、策略等。改革开放40年以来，中国经济、文化、教育、医疗等均发生了翻天覆地的变化。农村的变化，更是将我国的变化彰显得淋漓尽致，将中国改革开放40年的成果，如同旗帜一般插在中国领土的每个角落。对此，现在中国的农村是什么样子，中国的农村发生了哪些变化，正在以什么方式、什么样子、什么模型发生，以后将会是什么样子、什么状态？经济将如何发展，如何打开农村市场，使农村、农业等以携带资本的形式进入市场，这些都需要我们作进一步的了解。而在农村改革中，最为重要的是农业的改革，农业的改革则主要来源于土地制度的改革，历经40年的历程，各地各具特色。

据此，以下内容将从理论层面探讨农村土地产权制度改革对农村资源配置、村庄发展的影响，以土地产权制度改革示范成功点塘约村作为案例分析，基于对塘约村这一“三变”改革示范点的实地调研，再现农村土地确权过程，呈现借助习俗文化解决土地矛盾纠纷问题的成果，以及土地确权后土地赋权、易权对村庄发展的影响，这将对于其他地区进行土地制度改革具有重要的借鉴意义。

本章的安排如下：第一节为引言部分，阐述研究的缘由、目的等；第二节为文献综述、分析框架及研究区域情况介绍，说明本章的研究重点；第三节是案例分析部分，分析塘约村是土地产权制度改革的过程及其实践成果；第四节是结论与政策建议。

第二节 文献综述、分析框架

一、文献综述

自乡村振兴战略提出以来，对于乡村振兴战略的研究，各界纷纷发声。准确理解乡村振兴战略内涵是实施乡村振兴战略的基础。韩长赋（2017）认为，实施乡村振兴战略，要按照产业兴旺、生态宜居、乡风文明、治理有效、生活富裕的总要求，建立健全城乡融合发展体制机制和政策体系，加快推进农业农村现代化[①]。乡村振兴战略要抓住“人、地、钱”这条主线[②]，即要继续做好减少城乡之间差距的工作，推动农业人口向城市转移[③]，并且通过深化农村土地制度改革，处理好土地与农民之间的关系[④]，以加快农业农村现代化进程，通过产业发展路径推动农村经济发展，并且坚持农业、农村优先发展的理念[⑤]。同时需要制定长远有效、具备科学性且结合实际工作经验的发展规划，建立有创新性的体制机制作为推动城乡要素双向流动的动力，并且政府部门应该制定良好的政策作为引导，激发各主体的积极性，同时也应加强乡村医疗、基础设施、教育、社保、村风民风等全方位共同发展[⑥]。广纳人才，招贤纳士，打造一支了解村庄、喜爱村庄、热衷于服务群众的具备高技术、专业知识的人才队伍，通过人才引领农村发展。人才是乡村发展的重要核心力量，吸引优秀人才加入乡村建设，为乡村发展献计献策，同时，充分发挥村支两委的重要作用，作为政府与农民之间的线接口，要充分发挥其在乡村振兴战略中的排头兵作用[⑦]，特别注重村支委的选拔、建设、监督等。

土地产权制度改革，明确土地各利益主体的权责，界定清楚的土地产权是一切计划的前提条件[⑧]，明晰的土地使用权、土地经营权能激发农民的劳动积极性，有利于市场交易的实现，更能提高土地生产力，刺激农民增加对于农业的投资，继而增加农民收入[⑨]，加快土地流转速度，使农民工资性收入与财产性收入

---

① 韩长赋．大力实施乡村振兴战略．人民日报，2017-12-11.

② 刘合光．乡村振兴战略的关键点、发展路径与风险规避．新疆师范大学学报（哲学社会科学版），2018（3）.

③ 叶兴庆．新时代中国乡村振兴战略论纲．改革，2018（1）.

④ 罗必良．明确发展思路，实施乡村振兴战略．南方经济，2017（1）.

⑤ 陈锡文．实施乡村振兴战略，推进农业农村现代化．中国农业大学学报（社会科学版），2018（1）.

⑥ 钟钰．实施乡村振兴战略的科学内涵与实现路径．新疆师范大学学报（哲学社会科学版），2018（5）.

⑦ 孔祥智．村“两委”是乡村振兴的关键．农村工作通讯，2017（22）.

⑧ Arnot C D, Luckert M K, Boxall P C. What Is Tenure Security?: Conceptual Implications for Empirical Analysis. Land Economics. 2011.

⑨ Lawry S, Samii C, Hall R, et al. The impact of land property rights interventions on investment and agricultural productivity in developing countries: a systematic review. Campbell Systematic Reviews, 2014（1）.

增加[①]。新一轮农村土地制度改革要在已有改革的基础上，以土地确权改革为基础，以“三权”分置为原则，进一步拓展土地承包经营权内涵，充分实现土地财产权，建立城乡统一的建设用地市场，逐步提高农村集体土地产权强度。改革仍然要坚持产权逐步清晰化的路径，按照由易到难、逐步推进的原则，尽可能减少改革成本[②]。不同阶段不同的产权制度，农民拥有的权力不同，激发农民对于各要素的投入不同，对于农业经济的增长是不同的[③]。农村土地产权制度创新，是完善农村土地制度改革的重要环节，土地流转中保障农民的利益，为土地流转提供良好交易平台，培育农业主体、组建新型农民合作社[④]，为农村可持续发展提供条件。总体来说，土地产权界定，能提高农民收入，增强地区经济实力，提高土地流转率，帮助贫困地区解脱贫困。而农村要发展经济，需要盘活稀缺资源，实现资源变资产，资源进入市场得到充分利用，显然，对于稀缺资源的权属界定就显得十分重要，只有当界定清楚稀缺资源的权属时，才能激发人们生产的积极性，才会产生交易行为，由此引起一系列的市场行为的产生[⑤]。

现有文献对土地制度改革中产权问题进行的各方面论述，均提出产权的清晰界定是改革土地制度、推动农村经济发展的前提，对于如何界定、怎么界定学者也给出不同的答案，均值得借鉴与学习。那么实践中，土地产权制度改革成功的地区是怎么做的，是否与现有产权理论相符合，需要进一步验证。土地产权制度改革中，对于权属划分，“三权”分离后如何实现产权赋权，农民真正成为掌权人，制定怎么样的制度才能解决问题，如何进行改革？怎样改革？成为现在各界关注的热点问题。而伴随乡村振兴战略的提出，更是将土地制度改革推上高点。为此，本章从产权角度出发，在前人研究的基础上以塘约村为例，研究塘约村土地制度改革成功的关键点、土地制度改革对乡村振兴战略的影响。

二、分析框架、研究假设

城镇化推进、农民对于土地依赖性逐渐变弱，越来越多的农民从土地中释放

---

① 刘俊杰，张龙耀，王梦珺等．农村土地产权制度改革对农民收入的影响——来自山东枣庄的初步证据．农业经济问题，2015（6）．

② 徐美银．制度模糊性下农村土地产权的变革．华南农业大学学报（社会科学版），2017（1）．

③ 黄少安，孙圣民，宫明波．中国土地产权制度对农业经济增长的影响——对1949～1978年中国大陆农业生产效率的实证分析．中国社会科学，2005（3）．

④ 黄祖辉，黄宝连，顾益康等．成都市城乡统筹发展中的农村土地产权流转制度创新研究．中国土地科学，2012（1）．

⑤ 周其仁．产权界定与产权改革．科学发展，2017（6）．

出来，以及不断扩大的城乡收入差距等因素综合作用，致使农村大量青壮劳动力向城市转移。加之由于中国土地制度不完善，导致土地产权边界模糊、激励机制丧失，而引发土地纠纷、耕地资源遭到破坏、农民权益受损等问题。有缺陷的土地制度不能发挥其激励作用，导致土地产权主体失去投资积极性，土地约束机制缺失，引发农民权益受损，耕地资源遭到破坏严重①。因此，坚持农村村集体拥有土地所有权为前提，在土地确权工作的辅助下，准确无误确定农民拥有的土地使用权、经营权、产权的地块的面积、四至、期限等，确权颁证，再通过入股、抵押等赋予土地使用权、经营权以实权，使农民真正享受土地带来的福利，实现真正土地产权制度改革。产权改革实质上是为了实现资源的优化配置和可持续利用②，而产权改革的首要条件是产权清晰界定，明确权属。科斯在《社会成本问题》一文中指出："没有权利的初始界定，就不存在权利转让和重新组合的市场交易。但是，如果定价制度的运行毫无成本，最终的结果（指产值最大化）是不受法律状况影响的。……一旦考虑到进行市场交易的成本，……合法权利的初始界定会对经济制度运行的效率产生影响"③。他的这一思想被乔治·斯蒂格勒称为“科斯定理”。科斯定理发现产权界定在资源配置和市场交易中的作用，由此产权理论开始发展，继科斯之后，德姆塞茨、波斯纳、巴泽尔、诺斯等对产权理论进行了补充与完善。

科斯定理后来被学者分为两个定理：“科斯第一定理”是指在假定交易成本为零的前提条件下，且产权已被清晰界定的前提下，不管产权初始如何安排，权利主体之间不管如何谈判，最终结果都会导致财富最大化的安排，实现资源的最优配置，即达到“帕累托最优”，追求“帕累托最优”是一个永无止境的过程。但是现实中，交易成本为零的情况几乎是不可能的，只要发生交易，都会产生交易成本，均会对产权配置下的经济效率产生影响，即“科斯第二定理”。中国农村以土地进行的一系列活动，是在市场不完备的情况下进行的，即不完全竞争市场，而科斯定理则是在市场完整条件下进行的，在借鉴科斯定理分析中国土地产权问题时，应该加以重视是否存在理论套用情况。因土地制度不完善而引起的土地纠纷、人地矛盾、土地闲置与抛荒逐渐上升、土地污染问题日益严重、土地利用率低下、规划不合理等频频出现，引起各界对土地产权制度改革呼声越来越

---

① 曲福田，田光明．城乡统筹与农村集体土地产权制度改革．管理世界，2011（6）．

② 吴次芳，谭荣，靳相木．中国土地产权制度的性质和改革路径分析．浙江大学学报（人文社会科学版），2010（6）．

③ Coase The Problem of Social Cost. Journal of Law and Economics，1960（4）．

高，对于如何改革、怎样改革等亦均各持己见。不可否认，中国土地制度改革，首先应该解决的是产权制度，只有将土地产权边界、权属模糊地段透明化、确定化，才能进行后续工作。

根据科斯定理，产权的清晰界定，对后续经济活动均会产生影响，而如果将产权界定清楚，则是否一定会影响市场资源的优化配置，带动地区经济发展、帮助地区致富、改善地区基础设施，这将值得我们进一步探讨。正如诺斯所言，制度是制定一个社会的规则或者人为设计的规范人类行为的一种激励与约束①。清晰界定产权、完善土地制度，将激发土地制度内在的激励机制、保障作用。对土地各产权的清晰界定，影响资源的配置效率，而形成的一套完整土地制度，给土地所有者提供稳定的预期，充分发挥制度的激励作用、保障功能，影响土地所有者的行为，当产生积极效应时，增加对于未来投资的可能性。进而，我们可以提出大胆的假设。假设 2－1：清晰界定产权，完善土地制度，通过界定各土地的边界、权利，能起到重新整合资源的作用，实现资源优化配置，从而促进农村经济发展，农民奔小康，促进村庄发展。

本章的分析框架如图 2－1 所示。

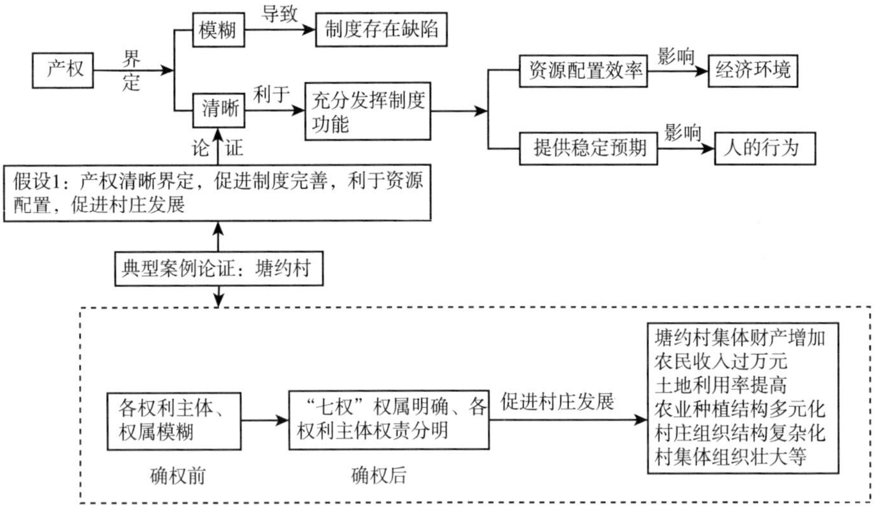

图 2－1 本章的分析框架

① North Institutions and Economic Theory. American Economist, 1992 (1).

第三节 塘约村的改革与振兴

一、塘约村基本情况介绍

塘约村全村有10个自然村寨、11个村民组，总人口数为3 393人，共921户，居住有汉、苗、回等民族，总人口中劳动年龄内人口数占55%（18~55周岁），是乐平镇最大的村庄之一。全村耕地面积4 864亩，其中田2 884亩、地1 980亩，2014年该村贫困人口有138户600人，属省级二类贫困村，于2016年年底实现全部脱贫，成功摘掉国家级二类贫困村帽子，插上“小康示范村”的旗帜。在2013年以前塘约村人均收入不到4 000元，2017年年底人均纯收入达11 200元，实现人均收入翻3番。2016年土地确权后，全村耕地面积4 864亩，其中田2 884亩，地1 980亩；林地1 200亩，人均耕地1.4亩，户均耕地5.3亩。由于该村2015年以前主要劳动力均外出务工，外出务工人员最多时高达1 100多人，约32%的人口外出务工。

塘约村成功的原因之一源于其独特的地理、自然、资源等的优势。塘约村距贵州省旅游中心城市安顺市城区42公里，距省城贵阳55公里，距平坝县城17公里，距贵黄路、清黄路7公里，贵州省西线旅游通往织金洞风景区的平织公路穿村而过，交通便利，地理区位优势好。塘约村有平草公路（平坝—草子坡）、鸡场坝—凤凰村公路呈“丁”字状贯穿全村，10个自然村寨都互相连通，境内公路东通平坝县城，北通齐伯桃花，南通乐平镇政府所在地乐平村。各自然村寨之间都公路相连，基础较好，到省会贵阳及安顺市区仅需50分钟。这为怀揣改革、奋发的村庄造就良好的交通条件，为后续农业及农产品销售、乡村休闲旅游等提供坚强的后备条件。

塘约村地属亚热带季风湿润气候区，地处云贵高原中部，冬无严寒，夏无酷暑，昼夜温差不大，年平均气温14.7℃，气候宜人，而且其自然资源保护甚好，其森林覆盖率达76.4%，乃是村民的一大财富，能真正做到青山绿水就是金山银山。塘约村的平均海拔在1 000米以下，年平均日照时数1 147.7~1 296.6小时，年平均降水量1 298毫米。塘约村境内有木材、竹子、煤炭等自然资源，木材资源面积1 200亩，其中成材林416亩，蓄积量4万余立方米，竹子215亩，境内有煤矿2个，年产原煤15万吨左右。区域内丰富的资源，极具优势的区位条件，将塘约村成功改革的偶然与必然合二为一，使之成为必然。塘约村现有提灌站3个，装机容量为48千瓦，保证灌溉面积285亩，防渗沟渠15公里，拦河坝2道，人畜饮水工程2处，服务区域农户625户。2014年与2017年塘约村基本情况详细对照及变化说明如表2-1所示。

表2-1　2014年与2017年塘约村基本情况详细对照

	2014年	2017年	变化说明
全村人口（户/人）	921户3 392人	921户3 393人	无
贫困人口（户/人）	138户300人	27户97人（社会兜底贫困户）	全面实现脱贫
人均年收入（元）	3 789	11 200	显著增加
收入来源	玉米/水稻种植+外出务工	工资收入+土地固定入股分红+转移性收入+财产性收入	多样化
外出劳动力占比	80%	3%	显著减少
基础设施	一条泥泞的道路	3条硬化路；集中供水系统；垃圾集中处理场；大部分自然村寨通路灯；以及村庄绿化等良好	显著改善
资源禀赋	耕地面积4 864亩 房屋482座	耕地面积4 864亩（其中田2 884亩，地1 980亩），林地2 097.92亩，房屋482座，水利工程15宗。提灌站3个；防渗沟渠15公里，拦河坝2道，人畜饮水工程2处；产业大道6公里，机耕道32公里等	隐形资产透明化
产业类型	传统种植业	山地特色农业+乡村旅游	农旅结合
集体资产	约4万元	200多万元	显著增加
标签	国家级二类贫困村	小康村	新增
农民组织	无	塘约村金土地专业合作社；塘约村利民水务管理工程公司；平坝县乐平镇惠民木业加工厂等	新增

二、改革成果引起各界关注

塘约村土地制度改革成功后，其成功经验、后期持续推进的乡村经济结构调整、农业产业结构调整、管理制度的调整等，一直备受学术界、政界、媒体等的关注。一是学术层面，根据知网检索结果显示（见表2-2），2017~2018年，关于塘约村的学术论文共计64篇，其中核心期刊15篇。学者分别从不同角度研究塘约村的成果经验。2020年奔小康成为全社会共同努力的目标，刘守英（2017）在农村改革经验的论述中，从确权的角度，阐明塘约村“七权”同确的成果[①]，明确的权能是决定村庄能否发展的关键，同时，有学者以塘约村为例[②]，论证了壮大农村集体经济组织，有助于增加农民的收益，提高农民的组织化程度[③]；也有学者从发展模式角度出发，论证了塘约村“党总支+合作社+公司+农户”的发展模式有利于实现规模经营，带动农民致富[④]。二是媒体报道层面。根据知网搜索结果，2016~2018年，各大媒体报纸对塘约村报道量达100篇，2017年最多，高达87篇，其中作为国家级党报的《人民日报》对塘约村土地制度改革报道2篇（见表2-3），而《贵州日报》《贵州民族报》以及《毕节日报》报道量最高，均大于20篇。三是政府层面。中宣部党建杂志社和人民出版社共同主办“塘约基层建设经验座谈会暨塘约道路研讨会”，探讨塘约村成功的经验。2017年全国两会期间，中共中央政治局常委、全国政协主席俞正声在参加贵州省代表团审议时，对代表团汇报的“塘约经验”给予充分肯定。随后，贵州省各地纷纷举办“学习塘约道路”交流会。笔者多次走访塘约村时，发现每次前往塘约村参观人员总是络绎不绝，据村主任介绍，现在塘约村一年接待的代表团、参观团，人数多到数不过来。

表2-2 塘约村不同时期各媒体报道数量及学者研究发表文献数量

报道类型	2016年	2017年	2018年
报纸	7篇	87篇	6篇
期刊	-	32篇	4篇
核心期刊	-	13篇	2篇

注：资料来源：知网搜索。

① 刘守英．新一轮农村改革样本：黔省三地例证．改革，2017（8）．

② 李周．全面建成小康社会决胜阶段农村发展的突出问题及对策研究．中国农村经济，2017（9）．

③ 程恩富，张杨．新形势下土地流转促进“第二次飞跃”的有效路径研究．当代经济研究，2017（10）．

④ 王丰．新时代中国特色农业现代化“第二次飞跃”的逻辑必然及实践模式．经济学家，2018（3）．

表 2-3　媒体对塘约村的报道量

报纸	数量（篇）	报纸	数量（篇）
人民日报	2	毕节日报	25
中国社会科学院	1	贵州民族报	25
贵州日报	24	农民日报	3
人民政协报	1	中国民族报	1
法制生活报	1	贵州政协报	3
海南日报	3	中国妇女报	1
光明日报	2	河北日报	1
文艺报	2	学习日报	1
张家界日报	1	烟台日报	1

注：资料来源：知网搜索。

三、塘约村发展

中国农村，它是中国历史的产物；中国农村的文化，是中国延续五千年以来文化的传承，农村文化，不仅仅泛指文化教育，中国农村还包含其特有的“古文化”。因此，解决“三农”问题时，需要的人力、物力、财力等，均远远超出规划城市、工业园区、开发区等的范畴，就解决农村传统“古文化”所带来的纠纷、矛盾、利益等将花费较多的时间。产权清晰界定，一方面有助于提高资源的配置效率，效率提高有助于增加收入，从而促进村庄发展；另一方面是化解固有矛盾，破解强权势力的有效途径。塘约村因一场洪水而使原本贫困的村庄陷入极度贫困，穷则思变是对塘约村改革源头强有力的解释，在此情况下，借助政府、村委会的大力支持，塘约村敢于打破路径依赖的死循环，在绝地中寻找村庄复活的星火，即进行土地产权制度改革，坚持改革促发展的基本思路，通过“三权”分置盘活农村潜在资源，以“三权”促“三变”，解决长期以来存在的土地问题的同时，解决土地附着物的产权问题，完成“七权”确认，使土地资源得到重新整合，实现资源的优化配置，实现贫困村成功脱贫，摆脱国家二级贫困村的“帽子”，走出了农村通过土地产权制度改革的创新道路——“塘约道路”。

塘约村的关键点在于其解决农村土地一直存在的“三权”（所有权、使用权、经营权）以及土地附属物的权属问题。进行土地制度改革时，塘约村借鉴

1988 年遵义湄潭“增人不增地、减人不减地”的原则，解决学者一直以来关注的尾巴问题[①]，从源头上消灭农民对于家庭人口增减对土地的调整要求，为后期土地确权打下基础。在化解土地经营权问题的同时，建立经营权纠纷调解仲裁体制，让“三熟”（人熟、地熟、情况熟）的村寨老人加入议事会，解决历史矛盾，并且增设村民代表表决制度及司法调解制度形成三级调节制度及时化解土地确权中的土地经营矛盾。在政府、相关部门的协助和各环节的相互配合下，完成塘约村土地产权制度改革与土地确权工作，为“三变”改革打稳基础，以明确的产权权属清晰界定为前提，实现乡村振兴、农民增收、农村经济开始进入市场经济，并且农民、村集体等获得资本（见图 2-2）。

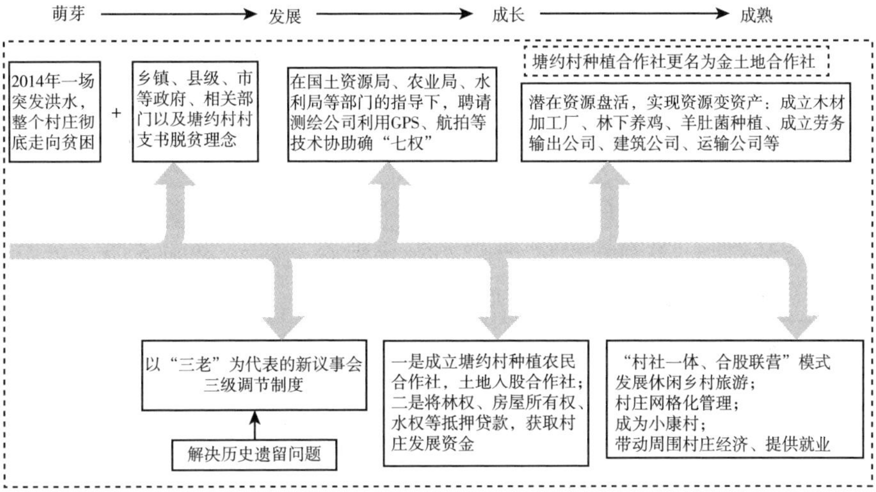

图 2-2 塘约村土地产权制度改革路线

（一）第一阶段：萌芽阶段

2014 年全国有 12.8 万个贫困村，贵州省塘约村正是 12.8 万个贫困村中的一员，农民的收入远低于国家标准。2014 年 6 月 3 日凌晨，一场突如其来的洪水，彻底将这个村庄的底线打破。正值整个村庄一筹莫展之际，安顺市委书记于 6 月 5 日到塘约村进行灾情视察。当时市委书记提及：既然已经一穷二白，何不成立合作社把所有的村民都组织起来，共渡难关！市委书记走后，经过再三思考，村支书决定召开会议，带领村干部在摇摇欲坠的村委会进行村庄的后续发展的讨

---

① 周其仁．产权界定与产权改革．科学发展，2017（6）．

论。根据市委书记的指示，塘约村村干部紧紧围绕村庄的核心问题——穷，进行“为什么穷”“如何不穷”“怎么不穷”等问题的深入讨论，围绕着“穷”这个核心问题，11个村干部首先进行了一番激烈的讨论。经过讨论，总结目前塘约村的现状就是：劳动力大量外出务工，留守的妇女、老人在家种地，以维持基本的生活所需以及孩子的教育费用，除部分人外，大部分家庭1990年至今，均以此模式维持生活现状。其种植的农作物，大部分供自我生存所用，其余部分，每逢赶集，便靠背、挑、驮等，翻过一座又一座的山丘运到县城去卖，实际算下来，除去成本根本赚不了多少钱，小农经营已经不再适用于中国农村。塘约村村干部深刻地认识到，依靠单打独斗已经无法使整个村庄脱贫，必须团结起来，齐心协力，才能走向小康，走向富裕。由此，塘约村村干部决定成立股份合作社，首先将土地集中起来，并且调整产业结构，改变种植结构，以自身的资源谋求自身发展的动力。

（二）第二阶段：探索阶段

一直以来，中国农村的每个村庄都有其特有的民俗文化。村庄与村庄之间，既保持一定的距离，又相互友好相处。在村庄内部，又是一个小的社会缩影，有其特有的、微妙的人际关系，也有其团结一致的目标。自从家庭联产承包责任制实行以来，赋予农民自由生存、选择生活方式的权利，农民获取土地使用权、收益权，支配土地的权利，自我生产的自由权。但是，这一制度的实施，也造成一定的困扰，当农民拥有自己的土地时，初期精于耕种，使农业生产增加，土地利用率上升，但是随着经济的快速增长，依靠农业已经无法维持家庭的基本生存以及其余的活动所需，越来越多的劳动力选择外出务工，以获取生存所需的资源，导致农村大量土地闲置、抛荒，农村经济开始出现后退现象，导致农村、农民、农业成为新时期国家关注的重点。如何实现农村的经济发展，乡村复兴成为热点问题。长期以来，中国农村自有的口头契约、民俗民风使农村情况变得复杂，实行政策的同时，这些固有的矛盾、纠纷成为村庄发展的阻力，故村庄要改革、要发展，首先需要解决历史的遗留问题，拔出村庄内部的“毒瘤”。因此，塘约村在实行村庄改革以前，深刻认识到村庄内部的问题症结所在，首要提出的是解决历史遗留问题，化解每个村民之间因土地、房屋、林权等所引起的纠纷等问题。塘约村在其内部建立纠纷三级调节制度，解决历史遗留问题。一是充分发挥习俗作用。中国农村是一个典型的传统社会，农村土地利用过程中，国家制度与现实存在差距，为协调土地各当事人之间的关系，形成习俗制度，包括土地面积丈量、流转、租赁等①。以习俗结合政策是塘约村土地产权制度改革的亮点之一，建立可信调节制度，解决纠纷问题。善于利用民情结合法律的手段解决存在纠纷的土地问题，充分尊重农民的知情权、发言权、参与权等权利。为使塘约村土地确权工作得以顺利开展，化解在土地确权工作中产生的矛盾纠纷。首先，成立以村支书为组长的土地经营权确权工作领导小组，加强对土地确权颁证工作的领导。其次，成立以“三老”为代表的新议事会。选举历任村老干部、寨老和老党员等三老人员加入村民组委会，组成新的确权议事会。最后，采取三级调节制度开展土地确权工作。在新的确权议事会中推选出会长、副会长、统计员共3人，负责组织农户指定界线，调解确权工作中的土地纠纷。如果调解不成，纠纷当事人则可向村委会反映，村委会组织召开全村村民代表大会，孰是孰非由村民代表大会进行评判。如果当事人对村民代表大会的调解意见仍不满意，则村委会向上级司法部门申请司法调解，此次调解为最终调解。

二是摸底排查，确保把握整体情况，打赢自身农民心理战。确权中最突出的问题在于侵占集体土地问题、相邻土地纠纷问题，若采取边确权边处理的模式，则会使问题重复出现，纠纷难以解决。塘约村在处理纠纷问题时，坚持“问题导向”的原则。首先对全村在土地确权过程中可能引发的问题和矛盾纠纷进行摸排，了解村庄整体概况，问题症结，为后续解决问题提供材料支撑。其次，充分发挥干部党员的带头作用。中国农民手中唯一拥有的资源是土地，且上报的情况在农民看来，本属于集体，自己侵占的资源面临再次曝光于大众时，害怕失去，更担心丢人，因而无人敢充当第一人。塘约村议事会充分利用议事会成员，在召开的群众会议上，首先带头将自己在集体土地上开荒种地、种树、建房等事项填报在相关表格上，以带动群众填报相关摸底表，为开展后续实地指认侵占集体土地块角边界工作做了充分准备，排查梳理情况以及侵占集体土地处理方案见表2-4、表2-5。

表2-4 塘约村摸底排查土地纠纷基本情况

排查情况	类别	数量	处理办法
死亡绝户	土地	12户土地14亩	按谁安葬确权给谁的原则处理
涉及土地流转	建房	64例	各组议事会建议对合法流转的应确权给流转人
	种植	44例	
	其他	6例	

① 洪名勇．习俗元制度与农地习俗及实施机制探析．宁夏社会科学，2006（2）．

续表

排查情况	类别	数量	处理办法
涉及农户地界纠纷		10 例	如种植边角地块纠纷，由村民议事会仲裁终审；如有建房建厂，提交司法部门给予裁决
涉及侵占集体土地	建房	54 户	各组议事会及村土地确权颁证领导小组商议，坚决收回不予确权
	种植	131 户	
	种树	113 例	
	其他	9 户	

表 2－5　　侵占集体土地产权归属划分情况

类型	方式	处理办法	产权归属
侵占集体林地	<10 平方米	不收回	村民
	不挨着自家田/地	收回	村集体
侵占集体土地	建房	按 50 元/平方米支付给组集体（除主要建筑外，建筑物一律拆除并收归组集体，且不予赔偿）	主建筑归村民 其余归村集体
占用交通要道、公共场所	无论任何形式	一律收回	村集体
侵占集体宅基地及房屋建房	建房	按 50 元/平方米收取宅基地转让费	村民
侵占村集体水利设施及产权		无偿收回村集体管理	村集体
侵占村集体公共场所	建房或作其他用途	若不涉及村规划重点位置，按 50 元/平方米收取转让费，交纳转让费后，确权归个人。否则，归还村集体	重点规划归村集体；否则归村民

（三）第三阶段：发展阶段

一是外部协助确权颁证，为赋权打下基础。塘约村在平坝区和乐平镇国土资源局、农业局、水利局等部门的指导下，聘请测绘公司利用 GPS、航拍等技术对土地进行准确丈量，并且保证村民确认无误情况下，完成农村土地承包经营权、林权、集体土地所有权、集体建设用地使用权、房屋所有权、小型水利工程产权和农村集体财产权的“七权”精准确权。

二是搭建平台，确保赋予农民实权发挥作用。平台包括土地流转中心、股份合作中心、金融服务中心、营销信息中心。土地流转中心赋予产权流转权能，建立的农村产权确权信息管理平台，让农民吃下“定心丸”，为农村产权交易打下基础；股份合作中心赋予产权入股权能，村民以土地入股到合作社，与村集体合股联营，按照334（合作社30%、村集体30%、村民40%）的模式进行利益分红；金融服务中心赋予产权抵押担保权能。实行“3+X”放贷模式，塘约村通过土地承包经营权、林权、小型水利工程产权和房屋所有权等抵押担保贷款获取发展资金，形成了新型经营主体、合作社、村集体及贫困户抱团发展的模式；营销信息中心赋予产权收益权能。塘约村组建营销团队通过“互联网+农产品”“合社作+物流”的营销模式开拓农产品销售市场。同时，通过与公司合作，形成农产品特供基地，发展蔬菜、水果专项种植基地，且实行订单生产销售，有效应对市场风险。

三是引入资金投入，确保易权实现。申请农业发展资金、扶贫专项资金、美丽乡村建设资金等，建立担保基金和风险补偿基金，确保风险补偿机制、担保机制的完整，初步建立涉农担保机制和风险补偿机制。成立产权交易平台，建立完善的产权流转交易管理办法，确定将抵押、担保、入股等交易品种放入平台交易，为交易双方提供规范便捷的市场信息及政策咨询等服务。塘约村依托平台完成产权交易3 919宗，共贷款4 500余万元。

（四）第四阶段：成长阶段

盘活潜在资源，发挥资源的价值。塘约村依托金土地合作社和村级土地流转中心，通过“七权”同确，赋予产权主体入股、抵押担保、流转、受益等权能，在坚持土地不能买卖的前提下，耕地红线不变的条件下，塘约村土地以入股方式、房屋、水权、林权等以抵押、担保等方式盘活，从而获得发展资金。目前，塘约村4 684亩土地全部流转给合作社，农民通过个人产权抵押担保获得贷款1 200余万元，村集体将15宗水利工程抵押获得贷款325万元等，把“死资源”变成了“活资产”。并且先后整合农业、扶贫、水利、发改、交通、财政等部门资金6 400余万元，用于规划基础设施建设项目、产业扶贫项目、美丽乡村建设项目。

充分发挥资源优势，发挥生态“绿色银行”作用。塘约村森林覆盖率达76.4%，其境内有木材资源面积1 200亩，其中成材林416亩，蓄积量4万余立方米，竹子215亩。在坚持保护资源环境的前提下，塘约村村组织首先建立保护租住；其次制定集体林场合理、有序、可持续的目标，成立木材加工厂，自产自销，此一项每年就为村集体创收 15 万元，解决本地劳动力 30 余人就业，带动了地方运输产业的发展，增加了村民收入，推动了村级集体经济发展；最后，充分发挥林场作用，发展林下养鸡、中药材和绿化苗木等无污染无公害的种养殖项目，通过公开招标形式，签订 5 年合同，将 700 亩林地对外出租给有信用、有能力的个人或者企业，此项承包金可增加村集体年收入 4 万元。

（五）第五阶段：成熟阶段

经过短短 3 年的努力，塘约村摆脱贫困的帽子，现在人均收入过万元，解决基本的生存问题后，塘约村继续探讨增加其他收入的可能性。发展可持续的产业，保证农村经济可持续发展，以稳固前期成果，发展更多的产业，改善农村的环境。塘约村秉承“产业兴旺、生态宜居、乡风文明、治理有效、生活富裕”的二十字方针，与深圳农盟德麦现代农业技术服务公司深度合作。在 2020 年以前完成以下项目，贵州科技研发中心项目：蔬菜深加工项目，羊肚菌深加工项目，生物保鲜、储存项目。校地产业项目：中国农业大学中国特色田园综合体研究院、中国标准化研究院精致农业标准化研究院、精致农业科研成果国际学术交流平台、现代农业技术（种植、养殖）培训基地、大学生就业“双创”研究中心。民族文化项目：项目所在地以苗族为主，根据民族特有文化，打造“中国特色太空舱苗寨”。生态农业与休闲旅游延伸发展项目：栈道平台和太空舱小寨。国际精致农业科技项目：以借鉴和引进荷兰的番茄产业，新西兰的水果产业，德国和以色列的农产品智能生产设备及日本、韩国等经典休闲农业旅游综合体的开发模式。田园综合体核心项目：品味庄园（体验中心）、七星级客栈（蜂巢小屋）、商业店铺、娱乐场所。

四、塘约振兴

（一）改革促进村庄振兴

产权清晰界定，使农民权益得到保障，权利主体权责明确，农民获得心理、精神、物质等层面的安慰、保障，在外界经济环境刺激、鼓励下，农民开始产生长期投资行为。一场洪水将塘约村村民的心凝聚在一起，加之土地制度改革为外出务工劳动力提供返乡机会，塘约村村干部瞄准“靶心”，以土地制度改革吸引外出务工人员返乡，以土地这种稀缺资源作为进入市场的资本，旧要素变新要素，通过土地统一规划、统一管理，调整种植结构，实现土地利用效率增高、土地价值增加、土地产出率上升，以及改变传统农业种植观念、时间、规律、种类等。通过对塘约村多次走访，从不同角度了解到其资源再分配、再配置的过程。塘约村土地制度改革，首先解决产权模糊化、地块边界模糊化问题，产权的清晰界定，激励农民产生长期投资行为，获得收入，生活得到保障，土地资源得到优化配置，土地价值增加，生产率增加。资源优化配置促进村庄发展，使村庄整个面貌改变，经济、产业结构、社会组织等方面，都在朝着小康村发展。塘约村的改革成功后，经济、人居环境、基础设施、医疗、教育等均得到较大的改善，塘约村的变化如下：

第一，村庄经济层面。土地制度改革使村庄经济快速增长，农民收入成功突破万元，2016～2018 年，塘约村实现农村经济飞速发展，同时顺利摘掉贫困村的帽子。2015 年以前，塘约村村民人均收入约 3 000 元，2017 年年底，农民人均收入已超 10 000 元，约为过去收入的 3 倍，不仅如此，还带动周边约 5 000 户农户增收。村集体经济也从不足 4 万元增加到 202.45 万元。并且引入多家外资企业进行投资，改变村庄的经济结构，使原本单一的村庄经济结构多元化。其中最为突出的是其个体经营组织，由原来不到 10 户增加至现在的 200 多户，村庄内形成小型经济体（见表 2－6）。

表 2－6　　塘约村农业种植机器变化

<table>
<tr><th colspan="2">2015 年以前</th><th colspan="2">2016 年至今</th></tr>
<tr><th>种类</th><th>数量</th><th>种类</th><th>数量</th></tr>
<tr><td colspan="2" rowspan="7">基本的农耕器具以及耕种牲畜（例如，牛）</td><td>蔬菜运送车辆</td><td>1 台</td></tr>
<tr><td>中型旋耕机</td><td>3 台</td></tr>
<tr><td>微型旋耕机</td><td>4 台</td></tr>
<tr><td>播种机</td><td>1 台</td></tr>
<tr><td>覆膜机</td><td>2 台</td></tr>
<tr><td>土壤养分测试仪</td><td>1 套</td></tr>
<tr><td>农业生产机械</td><td>各种</td></tr>
</table>

第二，农业种植结构层面。农业种植结构得到优化，实现多元化产业发展模式。改造传统农业，增加农民收入。土地制度改革以前，塘约村主要靠种植玉米、水稻为主，农业周期长、风险大，为响应农业供给侧结构性改革，塘约村因地制宜，改变传统以种植水稻、玉米为主的种植结构，根据地区特色发展山地特色农业，现种植结构多样化、经济化，现在种植种类为：晚熟脆红李子、核桃、

软籽石榴、辣椒、羊肚菌、林下经济作物、浅水莲藕、黄秋葵、芹菜、韭黄、香葱、西红柿、黄瓜、马铃薯、包心菜、茄子等，实现经济作物与非经济作物相结合。农业产值增加，土地利用效率提高。塘约村通过集体入股，土地统一管理、种植等，蔬菜种植面积共计完成 1 310 亩，其中辣椒完成 480 亩，主要种植在乐塘大道两旁、硐门前、谷掰寨及高寨坡；莲藕完成 300 亩，主要在平桥及老鹰坡田坝；白菜完成 200 亩，主要种植在大烘田、谷掰寨及高寨坡；西兰花及甘蓝完成 210 亩；大蒜苗与韭黄 120 亩。蔬菜产业面积占土地流转面积的 34.09%。充分利用资源，提高土地利用效率。其种植的收益如下：①蔬菜种植主要以辣椒为主，种植面积为 480 亩，每亩土地可采收新鲜椒 2 400 公斤，综合平均单价 1.6 元/公斤，每亩土地收入为 3 840 元，辣椒种植面积地块土地总计收入 184.32 万元。其中，每亩土地种植辣椒需要投入 2 200 元（含农膜、种子、化肥、有机肥、机耕、人工及农药等），总投入为 105.6 万元，最终 480 亩土地种植辣椒的经济效益为 78.72 万元。②莲藕种植面积为 300 亩，每亩田采收鲜藕 2 000 公斤，综合平均单价 2 元/公斤，每亩田收入为 4 000 元，300 亩莲藕的总收入为 120 万元，每亩田种植莲藕需要投入 2 080 元（含种子、化肥、农药及人工工资等），种植一季莲藕，需要总投入 62.4 万元，最终莲藕带来的经济效益为 57.6 万元。③白菜种植面积为 200 亩，每亩土地综合销售 2.1 元，总收入为 42 万元，每亩土地种植白菜需要投入 1 000 元（含种子、化肥、农药及人工工资等），200 亩土地需要总投入 20 万元，其产生的经济效益 22 万元。④西兰花及甘蓝的种植面积为 210 亩，每亩土地产量 1 500 公斤，综合平均单价 1.64 元/公斤，种植西兰花及甘蓝总收入 51.66 万元，每亩土地投入 1 600 元（含种子、化肥、农药及人工工资等），西兰花及甘蓝总投入 33.6 万元，最终种植西兰花及甘蓝经济效益为 18.06 万元。⑤韭黄及大蒜苗的种植面积为 120 亩，每亩土地产量 1 600 公斤，综合平均单价 6 元/公斤，韭黄及大蒜苗总收入 100.8 万元，每亩土地投入 2 600 元（含种子、化肥、农药及人工工资等），种植韭黄及大蒜苗总投入 31.2 万元，最终经济效益 69.6 万元。一年下来，塘约村通过实施蔬菜种植带来的经济效益为 245.98 万元（见表 2－7）。

表 2－7　塘约村农作物种植结构及收益变化表（每亩土地）

种植种类	生产成本	单价（均价：元/公斤）	产量（公斤/亩）	总收入（元）	纯收入（元）
传统种植时期（2015 年以前）					
玉米	200 元	2.4	500	1 200	1 000

续表

种植种类	生产成本	单价（均价：元/公斤）	产量（公斤/亩）	总收入（元）	纯收入（元）
种植结构调整后（2016 年至今）					
辣椒	2 200	1.6	2 400	3 840	1 640
莲藕	2 080	2	2 000	4 000	1 920
白菜	1 000	4.2	1 000	4 200	3 200
西蓝花	1 600	1.64	1 500	2 460	860
甘蓝	1 600	1.64	1 500	2 460	860
韭黄	2 600	6	1 400	8 400	5 800
芹菜	3 200	8	2 500	20 000	16 800

第三，组织结构层面。塘约村优化组织结构，打破以前单一的模式，塘约村坚持以党建为引领，充分发挥“领头羊”的作用，带领全村致富奔小康。摆脱以往独立个体发展、单一的农村发展模式，形成土地流转中心、村金土地合作社、金融服务中心、营销信息中心、综合培训中心和权益保障中心等抱团发展的新模式，实现合股联营、联产联业、联股联心。并且结合乡村游热点，开设集观光园、采摘园、休闲娱乐等为一体的现代化科技园区，丰富农业结构，实现农业结构多样化，既满足村民生活需求，又能保障收入来源。

第四，社会治理层面。社会治理体系完善，实现为人民服务的宗旨。践行社会主义核心价值观，深入推进乡村精神文明建设，切实改进村风民俗。首先，塘约村通过“红九条”规范村民行为，明确其应尽职责、应遵守的村规民约。严格实行“红九条”（一是凡不参加公共事业建设者；二是不交卫生管理费者；三是乱办酒席铺张浪费者；四是贷款不守信用者；五是房屋乱建，不按规划者；六是配合组委会工作不积极者；七是不执行村支两委重大决策者；八是不孝敬父母者；九是不教育未成年人者），规范村民的一言一行。其次，对于党员干部实施考核制、积分制管理激发党员作用，实行党务管理网格化管理。共划分为 4 个党支部，10 个党小组。党员考核以积分管理模式。按照基本要求和模范作用两大类别，把党员的日常表现细化为学习教育、组织生活、履行职责、廉洁自律和遵纪守法五个部分，分别列出相应分值，实行分类量化积分。为每个党员建立一张积分卡，每月 10 分，每年 120 分。超过 100 分的，给予一定奖励，少于 60 分的视为不合格并调整工作岗位。把无职党员调动起来，参与建设发展，党员形象渐渐树立起来，规范党员干部行为，调动党员劳动积极性，防止不作为、行为不当等行为发生。最后，对于村干部的考核，村干部实施“驾照式”扣分测评，既建立良好的监督体系，又鼓励村干部在岗为民所想、为民所为、为民所思。

第五，脱贫层面。2017年塘约村贫困人口实现全部脱贫。真正做到脱真贫，做实事。2015年，塘约村按照省市的总体部署，坚持水、电、路、田、房“五位一体”同步攻坚，全力夯实贫困村基础条件。一是大力实施“安居工程”。就地解决和改建农户住房124户。二是加强基础设施建设。新建、改建山坪塘蓄水池289口，新修和维修引水灌溉工程68.18千米，新建垃圾处理房（池）200余个，自来水入户2105户。三是加强交通建设。新建、改建村级公路、便民路579.5公里；新建、改建桥梁32座；改善了农村交通条件。四是强化农民技能培训，增强了农民致富能力。五是实施教育扶贫，救助贫困学生6名，有效解决农村上学难的问题。各级帮扶单位（部门）共为贫困村累计投入帮扶资金21 807.59万元。六是修建村级公共服务场所。修建维修村卫生室5个、村文化活动室13个、村级活动场所27处，有力改善了村基础设施，改善了群众生产生活环境，为提高群众生产生活水平发挥了重要的作用，取得了明显的社会效益。

第六，确“七权”，使“七权”权能丰富化。塘约村的农村土地承包经营权、林权、集体土地所有权、集体建设用地使用权、房屋所有权、小型水利工程产权、农村集体财产权“七权同确”，明确主体，使各权之间的产权界定清晰，模糊的边界清晰化，法律模糊的权属、责任等明确，为后续村庄发展奠定坚实的基础。同时，各权充分发挥其自身的功能，一权多用，使权利的使用多元化（详见表2－8）。①农村土地承包经营权。2014年以前，塘约村土地主要用于种植传统的种植业，以种植玉米、土豆、水稻以及少量仅供生活所需的经济作物为主。种植结构单一，产量不高。全村土地进行土地流转后，农民获得入股的原始土地初始收益权，合作社获得土地的使用权、经营权，进行土地活动，产生的土地收益，农民获得分红，获得第二次收益权；再者，随着村庄经济的发展，土地增值，农民隐形财产收益增加。②林权。各农民的林权、集体林权确认后，塘约村充分利用自然资源，发挥其最大的效用。一是林权可以抵押，获得资金，支持村庄的发展；二是出租，利用林下养鸡、种植中草药等获得土地的租金，壮大集体经济；三是开发利用，在不破坏环境、保证可持续发展的前提下，塘约村通过用补平衡，成立木材加工厂，将沉睡的资源变成活资源，使原本“沉寂”的资源活起来，为农民创收。③小型水利工程产权。充分利用水资源，一是建立水源处理系统，利用本村的资源为村民提供生活用水。一方面盘活了本村的潜在资源；另一方面保障了村民的饮水安全，提高了村民生活质量。二是抵押贷款，以获取发展资金。三是赋予商业价值。塘约村的水源自上而下，穿过整个村庄，塘约村充分利用水源，发展农旅休闲旅游。

表 2-8 塘约村“七权”确认以后各权能变化

“七权”	2015 年以前	2015 年以后
林权	种植	抵押、开放利用、出租
农村土地承包经营权	种植传统农业	种植经济作物、出租
集体建设用地使用权	建筑房屋	出租、抵押、从事经营活动
房屋所有权	仅供农民居住使用	抵押、出租、从事经营活动
小型水利工程产权	闲置	抵押、开发利用

（二）成功的关键

村庄要重生、要发展，必须进行土地制度改革，以土地敏感问题为突破口，深入剖析农村贫困的因素，发掘带动农村经济发展、农民致富的内在机制、动力因素。洪水过后，在塘约村村支书等党员干部的带领下，依靠政府，在国土、农业、林业等相关部门的技术、资金、人才等支持下，塘约村进行土地制度改革，通过确权、赋权、易权，形成集党建、扶贫、产业、金融等为一体的农村发展框架，构建“村社一体、合股联营”的农村发展模式，促进“三变”（资源变资产、资金变股金、农民变股东）实现。短短 3 年期间，实现整村脱贫，合作社流转土地由初期 2 310 亩增加至全村 4 880 亩土地，全部入股合作社，村集体资产由不到 4 万元增加至 200 多万元。解决农村谁种地问题，村民人均收入一再创新高，村集体资产翻几番，同时发展了高效农业，实现了农业现代化，村庄资源得到优化配置，促进村庄经济增长，农民集体抱团致富奔小康，形成其特有的模型——塘约模式。塘约村的改革核心及其成功之处可以概括为以下几点：

第一，充分发挥党建带动的作用，充分发挥村级干部、党员的作用。2018 年 3 月 20 日举行的十三届全国人大一次会议中，习近平总书记强调：一切国家机关工作人员，无论身居多高的职位，都必须牢记我们的共和国是中华人民共和国，始终要把人民放在心中最高的位置，始终全心全意为人民服务，始终为人民利益和幸福而努力工作。这一要求的提出，要求党员干部时刻谨记全心全意为人民服务的宗旨。塘约村的巨变其根本源于其拥有一个优秀的、团结的领导班子，并且在各级乡镇、市、省级各级政府、相关部门的帮助下，其带领塘约村走向小康的道路，在村庄改革中，党员干部发挥带头作用，以身作则，凡事敢当第一人，走访塘约村，与村主任彭远科交谈时，我们了解到，在村庄开始发起改革初期，解决历史遗留问题时，例如，召开村民大会时，需要拆违房、违建时，其党员干部第一个举手同意并且先拆自己的房子，村民看到党员干部纷纷同意后，陆续同意。可见，在村庄管理中，村干部、党员等起到了重要作用。

第二，充分发挥带头人的作用。在优秀的班子中，总有一个优秀班长。基层群众自治制度是中国的一项基本政治制度，是中国基层民主的重要体现，也是广大人民群众实现自我管理、自我教育、自我服务、自我监督的重要途径。通过基层群众自治，中国共产党和各级政府能够最广泛地动员和组织人民管理国家，参与社会事务、经济和文化事业，保障广大人民群众成为国家、社会和自己命运的主人。村民委员会是广大农民群众实现基层群众自治的组织形式。在塘约村，村民委员会、村民代表会议、村务监督委员会、村规民约等村民民主的组织和制度一应俱全。其可贵之处在于，对于事关村民切身利益和村庄发展的事务，塘约村通过切实可行的途径和载体落实民主选举、民主决策、民主管理、民主监督，保障村民民主权利。根据本村实际，塘约村将村民自治工作细化到村民小组，在村民小组设置组委会，并规定组委会职责为：一是代表本村民组的村民完成各项公益事业；二是完成村里交办的各项工作；三是调节邻里纠纷；四是监督党小组的成员、党员是不是党的一面旗帜。例如，一个企业是否能屹立不倒，并且经济效益不断提升，公司不断强大，规模越来越大，这一切都需要一个强有力的领导者。在村庄这个小社会中，同样需要这样一个领导者。村党总支书记左文学，作为塘约村的领导者，他熟悉塘约村的一山一水、一草一木，了解每个村民的脾气，并且长期的工作获得村民认可，凭借其充足的干劲，敢于挑战的勇气，不断努力，获取村民的信任，带领村民走向小康，脱离贫困。一是直面共同危机，敢于担当。2014 年塘约村的水灾是该村历史上的大事，在水灾发生时村干部、党员及时组织救灾，令全村无一人因灾死亡，灾后又积极带领全村村民义务修复道路，在这些事件中党员干部践行了为人民服务的宗旨，展示了领导能力，树立起村民们信赖的形象。二是推动深化改革，因地制宜建立合作社。水灾后塘约村一方面需要重建；另一方面农村确权工作又在不断展开，而确权之后面临的土地流转更是改革大事。对于农村土地流转，很多地方实行的是把土地流转给大户或城市资本，以便于很快看到经济效益，但面临土地私有化风险和贫富差距拉大的问题。该村党总支书记及其班子成员根据多年经验达成共识，认识到农民单家独户、单打独斗不能致富，同时水灾之后的恢复生产乃至于脱贫更需要村民共同努力，因此确定了在党组织领导下建立合作社的道路。三是带头破除改革发展的阻力。搞建设需要资金，而当时村集体资金不到 4 万元，党员干部主动担当起了改革的风险。村干部以个人名义申请到了120万元贷款，将这笔贷款用作了村集体合作社的启动资金，从而在流转到的土地上发展出规模化种植经济。党员干部为发展集体事业而主动承担风险，加之经营得当，经济收益极高，由此产生了示范效应，更令土地流转得以顺利开展。同时，这也使群众更加信任干部，相信参与抱团发展的好处，对实现整体共享式发展更有信心。

第三，抓住改革的春风。为切实落实《中共中央国务院关于加大统筹城乡发展力度进一步夯实农业农村发展基础的若干意见》（中发〔2010〕1号），国土资源部、财政部、农业部联合下发了《关于加快推进农村集体土地确权登记发证工作的通知》（国土资发〔2011〕60号），以及中央、各级政府《关于深化农村综合改革发展实施意见》要求，结合塘约村实际，制定《塘约村深化农村综合改革发展规划》，建立健全农村工作制度，强化农村基层组织建设，加强社会治理，推进农业产业结构调整和农村金融体系建设，不断壮大农村集体经济，提升农业发展水平，加强基础设施建设，加大生态环境保护力度，塘约村综合改革取得长足发展。塘约村村支两委按照农村集体产权制度改革的方向，在土地“三权”分置改革中，确“七权”，确保资源的主体明确、权责分明，并且将模糊的资源清晰化，边界划分清楚，避免纠纷的发生，促进村庄和谐。塘约村根据2014年年底中共中央办公厅、国务院办公厅印发的《关于引导农村土地经营权有序流转发展农业适度规模经营的意见》，2014年12月，组织成立了塘约村土地流转中心，扎实开展土地流转工作，进一步优化土地资源，大力发展壮大农村集体经济。全村共流转土地2 310亩，占全村总耕地面积的42.6%。

第四，“七权”同确，解决历史遗留问题。塘约村率先在贵州省范围内对全村土地承包经营权、林权、集体土地所有权、集体建设用地使用权、房屋所有权、小型水利工程产权和农村集体财产权“七权”进行了精准确权。2014年的洪灾过后，面对被洪水冲毁的田地和家园，塘约村在上级部门的领导、支持和鼓励下，实施农村土地承包经营权、林权、集体土地所有权、集体建设用地使用权、房屋所有权、小型水利工程权、农村集体财产权“七权”同确，成立村社一体的合作社即金土地合作社，把承包到户的责任田通过自愿入股的方式全部集中到村集体，由塘约村金土地合作社统一经营。

第五，“1+6”脱贫模式，丰富农村结构体系。通过党建引领为主体，建立土地流转、股份合作、金融服务、营销信息、综合培训、权益保障六个中心，有效解决基层党组织涣散、土地撂荒、“农二代”难以回归农村、贫困户资金难以筹集、市场风险难以抵御、村民权益难以保障等问题。塘约村依托金土地合作社和村级土地流转中心，搭建了确权基础平台，加快推进精准确权进程。通过“七权”同步确权，建立健全土地储备、利益共享、风险保障、金融支撑体系，实现产权、所有权、经营权、承包权分离，赋予了产权主体更多的权能，在保障农民土地集体所有性质不改变、耕地红线不突破、农民权益不受损等前提下，推动了耕地、林地等产权以入股、流转、抵押、担保等方式盘活。一是成立土地流转中心，赋予产权流转权能。初步建立农村产权确权信息管理平台，实现“权证到人、权跟人走”的目标，让农民吃下“定心丸”，为农村产权交易打下基础。二是成立股份合作中心，赋予产权入股权能。探索实施“合股联营、村社一体”发展道路，采取“党总支 + 合作社 + 公司 + 农户”的经济发展模式，鼓励村民以土地和资金与村集体合股联营，按照合作社 30%、村集体 30%、村民 40% 的收益分配模式进行利润分成，促进了村集体与村民的“联产联业”“联股联心”。三是成立金融服务中心，赋予产权抵押担保权能。建立村级金融担保基金，引进金融服务入驻塘约村，探索“3 + X”放贷模式，创新“金土地贷”“房惠通”“特惠贷”等信贷产品，引导产权主体通过土地承包经营权、林权、小型水利工程产权和房屋所有权等抵押担保贷款，让新型经营主体、合作社、村集体及贫困户抱团发展。四是成立营销信息中心，赋予产权收益权能。组建营销团队，打造特有品牌，策划营销方案，通过“互联网 + 农产品”“合作社 + 物流”的营销模式开拓农产品销售市场。同时，与天成农业公司合作建设学生营养餐食材特供基地，发展浅水莲藕基地、辣椒基地及精品水果基地等，实行订单生产销售，有效应对市场风险。

第六，“3 + X”信贷保障模式。引进农村信用社等金融机构进村开展业务，每年从村集体分红中抽取 20% 作为村级金融担保基金，探索“3 + X”（“3”即金融机构、村委、合作社，“X”即公司、合作社、专业大户、农户等利益共享与风险共担各方）信贷模式，赋予了“七权”流转、抵押、担保、入股等多种权能，引导农村经济组织、公司、专业大户、农户等产权主体通过各类产权抵押担保贷款，破解了现代农业发展的资金“瓶颈”。多层联动、强弱联合共同富裕。按照“村社一体，合股联营”的思路，成立村集体所有的金土地合作社，采取“党总支 + 合作社 + 公司 + 农户”的发展模式，组织村民用承包土地入股合作社，实现合股联营、合作生产，形成了村集体、合作社、农户强弱联合、共同富裕的发展格局。合作社建立起精品水果、蔬菜、绿化苗木等基地 3 800 余亩，开办农家乐，发展乡村旅游，因地制宜地走农旅一体化发展路子。同时，合作社在其内部组建妇女创业联合会、红白理事会，设立劳务输出公司、建筑公司、运输公司等，有效解决了农村青年、妇女及贫困户就近就业问题。

第七，制度创新。①党员网格化管理制度。一是网格化。将村党总支划分为3个网格党支部和1个合作社党支部，11个党小组建立在11个村民组上，实现了党员分布管理全覆盖。二是积分制。对村级干部实行“驾照式”积分管理，对村支两委班子成员、村民小组长、村民议事会实行“三级”考评。②党内党外监督制度。党内监督：对党员实行“驾照式”量化积分管理办法，全年总分为120分，每月分值为10分，年末积分高于80分的给予奖励，低于60分为不合格，连续三年不合格采取组织措施，严重的劝其退党。党外监督：把评议权利交给村民，村民打分、村民评判、村民否决，把监督落在刚性约束的制度内，进一步提升了基层组织的战斗力和执行力，真正形成了村委会自身监督、监督委员会专门监督和村民小组民主监督的“三方”监督机制。③村民自治制度。坚持把村规民约作为村民自治的利器，在广泛征求意见、村民代表大会研究讨论的基础上，出台了相关制度。一是“红九条”制度。规定村民“凡不参加公共事业建设者；不交卫生管理费者；乱办酒席铺张浪费者；贷款不守信用者；房屋乱建，不按规划者；配合组委会工作不积极者；不执行村支两委重大决策者；不孝敬父母，不奉养父母者；不管教未成年子女者”一律列入处罚范围。二是“黑名单”制度，凡违反“红九条”的村民，进行为期三个月的考察管理，考察期间内，不办理任何相关手续，不落实国家任何优惠政策，待考察合格后恢复其权益。此外，还制定了村规民约、村民代表大会制度、例会制度、土地确权矛盾纠纷三级调解等10多项制度。

第八，充分发挥村民的特长，使其掌握生存的技能。根据村民专业和特长，金土地合作社下设市场营销中心、农技培训中心、妇女创业会、运输队、劳务输出中心、建筑队等各个实体机构。金土地合作社实行“村社一体、合股联营”的发展模式，鼓励村民以土地和资金与集体合股联营，按照合作社30%、公积金20%、村委会10%、村民40%的模式进行利润分成，促成村集体与村民的“联产联业”“联股联心”。目前，全村共募集股东921户，股权总额5 230股，实现全体村民股东化。集体所有制实现方式的变化带来收入分配制度的变革。以前农民收入基本由务农和外出务工收入两部分组成；现在，村民收入由财产性收益、经营性收益和劳务性收入（即参加集体劳动的收入，每月工资不少于2 400元）三部分组成，其中劳务性收入占70%以上。塘约村走上了一条共同富裕的道路，实现了民心由散到聚、村庄由乱到治、村民由穷到富的变化，走上了村强民富的坦途。

专栏2-1 访谈纪实

塘约村取得如此大的成就，如此多的改革成果，在村民内部，不同角色的村民，收益不同，立场不同，观点不一样，走访塘约村时，均可发现不同主体之间的态度不同，改革前后，态度也不一样。在走访村庄时，我们从村干部、村民、合作社工作人员等沟通中，发现村庄的改革，不仅仅是带来土地入股收入，还能带来工资性收入、财产性收入等。农民的性质发生了本质性的改变，大多从农民转变为工人，按时、定期获得工资收入，不仅如此，相对于以前种植农业，农民现在不用担心天灾对于农业的影响，减少了投资的风险、收益的风险，收入相对稳定。

从村干部的视角看，村干部在村庄发展中起到举足轻重的作用，其决策、思想程度、积极程度、为人民服务意愿等都将影响村庄的发展，所以与村干部的访谈显得必不可少。在我们的访谈中，我们了解到要使土地价值增加，首先要改变种植结构，在未进行土地流转以前，塘约村主要以种植玉米、水稻为主，塘约村村委会主任彭YK（男）说："只有大米跟玉米这两个品种，其他的只有自己种点白菜来吃。改革以后，我们通过土地流转，通过村集体经济组织来统一经营，按片按契约分出来以后，定产品，再购品种，再种植。以前都是单打独斗，你家种大米，我家种玉米，你家种土豆，我家种南瓜。特别乱。而且只是用小背篼等背到乡里去卖，卖不完还要扔掉"（2018年4月，访谈记录）。单一的生产模式，种植结构导致农村经济单一化，农民收入来源固定化，且土地利用率低下。村委会一致决定，要改变独立个体的经营模式，扩展土地种植结构，土地统一规划、统一管理，以实现土地优化配置、土地价值。

自土地统一流转以后，改变种植结构，塘约村确定土地种植类型时，依靠自己经验确定，并且根据土地类型确立种植种类。当引入新要素以后，需要新技术支持，这时合作社寻求专家的帮助给予技术支持，并且派人去学习种植技术，培训专业人员，解决无技术问题。同时培养了技术农民，这部分人员获得就业机会的同时，获得生存技能。改变种植结构首要的是种植类型多样化，塘约村充分利用农作物的特性，分季轮作，避免土地闲置，提高土地利用率。土地统一规划后，塘约村采取公司化的管理模式，精细化分工，既解决在广阔范围内工作农民的懒散问题，又能保证土地的产值。

土地合理规划以后，土地附加值增加，是否最终能回到农民手里，这是现在农业种植中的主要问题。现在农产品价格存在的问题是农民无法获得最终受益，如以芹菜为例，当农民以 3 元批发给批发商以后，经过几次转手，出现在市场上价格是 10 元，那么，本来应该属于农民的 7 元的附加值被中间商赚走，无形之中造成农民在一定程度上的权益受损。针对这个问题，塘约村引进技术，成立包装公司，并且建冷藏库，自己包装、寻找买主，赚取本来属于农民自己的土地附加值。村委会主任彭 YK（男）说：“这 17 年我们一路走来，到 2017 年，我们的农产品走向蔬菜批发市场。现在我们在上的是深加工，走净菜加工，我们进冷链，保鲜，有价的时候就卖，没价的时候库存起来、保鲜起来，价钱好再放出去”（2018 年 4 月，访谈记录）。同时，当市场大量出现同类产品，降低农产品价格时，塘约村巧妙地运用冷藏技术，将产品冷藏起来，等到有市场、有价格再卖出去，避免了因决策失误而造成的市场冗余所带来的损失。

从农民的视角来观察，农民收入来源多元化，在村庄也能获得工资。土地入股后，农民获取股金及分红，但是同一块土地，在精细化的管理下，种植结构改变的情况下，产值发生变化，收益将发生巨大变化。同时农民收入也将发生极大变化。通过与村民肖 X（男）的访谈中了解到，2015 年以前，其长期在浙江一带打工，每月工资在 4 000 元左右，无其他收入，土地入股以后，选择返乡在合作社工作，在合作社工作 2016 年时工资为 2 500 元/月，2017 年为 3 500 元/月，此外，年底他们负责的基地产值高、效益好，将根据效益颁发奖金，2017 年肖 X 获得奖金 8 000 元；肖 X（男）还担任村庄民用自来水管理人员，又增加其收入来源，他说：“一年搞下来可能，是有四五千元钱”（2018 年 4 月，访谈记录）。笔者根据与肖 X 谈话过程中其收入来源大致算一下，其一年收入接近 6 万元。在外打工期间，他从父辈分来的土地以口头契约的形式，无偿地给土地使用者使用，不要租金，也不要粮食，唯一的条件是其要回土地时，土地使用者需要无条件归还。只要出租者想收回土地时土地使用者无条件偿还即可，这种口头契约的形式在市场未进入农村以前尤为常见。

资源配置效率方面，其 7 分田、7 分地入股合作社以后，土地种植结构改变，资源配置效率增高。肖 X 的田将水放干以后，作为土地使用，一年四季采取轮作模式耕种，一方面提高了土地利用率，另一方面改良了土壤环境。以 2017 年为例，这一年间该土地种植 3 种类型作物，包括小瓜、香葱、莲花菜。

采访者：我就问今年的，就是刚过去一年种的是什么？12 月到 1 月种的莲花菜，那 2 月开始种什么？

肖 X：2 月开始种小瓜，2 月到 6 月种小瓜，6 月到 7 月打地，7 月到 11 月种香葱，12 月到 2 月种莲花菜。

采访者：那我想问一下这个莲花菜卖多少钱一斤？

肖 X：有时候 8 角，4 角，现在卖 3 角，也有 1.5 元的，8 角、6 角都有。

采访者：那产多少斤，您知道吗？

肖 X：一亩地可能 4 500 斤，我们产量定的是 4 500 斤。

采访者：种小瓜卖多少钱，产量多少？

肖 X：8 000 斤。起价开始 1.2 元，卖到最后，最后落地的最高价 6 角。

采访者：香葱呢？

肖 X：开始的时候有 2.5 元的，有 1.5 元的，现在 5 角都没人要了，现在市场压断街，产量大概是 4 000 斤。

以前肖 X 土地主要种植玉米和水稻，7 分土地产玉米是 1 500 斤左右，7 分田产水稻是 1 000 斤左右，按照当时市场价格购买玉米价格是 0.7 ~ 0.8 元，水稻价格是 1.1 ~ 1.2 元，如果种植玉米和水稻，其土地一年的总收益在 2 100 ~ 2 400 元之间；种植结构改变以后，土地一年收益在 6 650 ~ 18 445 元之间，土地收益大幅上升。可见，合理的规划、有序的管理可以提高资源的配置效率。

五、结论与政策启示

（一）结论

习近平同志常说“小康不小康，关键看老乡”，可见脱贫奔小康是非常实际的概念。产权制度改革，不能一味寻找现存制度来解决，而是应该善于寻找新突破点，打破路径依赖，为乡村振兴战略提供基石。中国农村土地制度长期以来遗留的历史问题、产权模糊问题，引起的种种问题，依然使土地制度改革迫在眉睫。抓住核心问题，才能快速突破困境，推进农业现代化，践行农业供给侧改革，实现乡村振兴。

我们通过塘约村案例分析，论证了本章提出的假设，清晰的产权界定能影响资源的配置效率，从而促进村庄的发展。“塘约道路”是农村土地产权制度改革支持下的产物，是大胆创新的成果，为其他地区进行产权制度改革提供了参考。完备的产权制度、明晰的产权权属，是产权制度改革的核心。塘约村坚持“增人不增地、减人不减地”的原则，并且借助农村“三熟”（人熟、地熟、情况熟）老人建立土地产权改革制度，解决一直以来农村土地产权关系中产权权属不清、面积出入不一致、地块四至模糊、地块登记不全、产权交叉、权利重复等问题，实现确权颁证，落实权利归属。并且以金土地专业合作社为中介，鼓励农民以土地入股合作社，实现资源变资产，资金变股金，农民变股民，实现土地还权赋能。产权的清晰界定，有助于实现村庄土地资源的优化配置，提高劳动生产率、土地利用效率，促进农业技术推广应用和农业增效、农民增收，同时带动周围地区经济发展，增加就业机会，实现“率先小康、共同富裕”的发展目标。

塘约村的成功经验表明，产权界定仅仅是土地制度改革的契机，而要真正实现乡村经济发展、农业结构调整、产业结构优化等，需要持续不断地推进改革，不断调整农村治理条约、管理条约、发展模式、农业种植结构，才能做到物以稀为贵，防止农业产业结构重复化。

1. 注重新型集体的建设，加快乡村振兴

加强农村社区凝聚力建设，加快推进乡村振兴，必须重振乡村经济尤其是集体经济，并在此基础上实现社区共同体价值观的重塑。近些年来，农村社区取得巨大成就的同时呈现出“相对性衰落”，其重要原因在于农村集体经济的弱化。集体经济的缺失使农村基层组织缺少抓手和威信，难以凝聚人心。邓小平同志讲过，实行家庭联产承包责任制之后，实现农村改革和发展，“第二个飞跃就是发展集体经济。就是过一百年二百年，最终还是要走这条路”。在当下，推进乡村振兴战略，必须下大气力发展农村集体经济，走一条新型集体经济之路，用2018年中央一号文件的话来说，就是要“探索农村集体经济新的实现形式和运行机制”。新型集体经济之“新”在于以下几个方面：

一是明晰的产权界定。例如，塘约村通过土地和资产确权的形式，实现了农户土地承包经营权、集体土地所有权、农村集体财产权、集体建设用地使用权、林权、房屋所有权和小型水利工程产权“七权”同确。在此基础上，通过成立合作社方式逐步实现所有村民田地入股，按照每亩田700元、地500元、坡耕地350元进行折价入股，每500元一股，进行合股联营，真正实现了资源变资产、资金变股金、农民变股东的“三变”改革，并在确权的过程中明晰并壮大了集体资产。二是市场化分配方式。新型集体经济打破过去平均主义吃“大锅饭”

的分配方式，而是以市场化分配为主、兼顾公平，例如，塘约村合作社下辖的农机服务团队，对农业种植进行严格的成本核算，只要技术验收达标，就可以进行绩效考评。超过成本部分的收益，七成归农民个人，三成归合作社（集体）用于扩大生产和再分配，有效地激发了农户的积极性。三是专业化分工。发展新型集体经济，必须采用符合市场要求的专业化分工，以应对高度复杂、瞬息万变的市场环境，更好实现抱团取暖以跳出小农难以应对现代市场的规律。塘约村合作社设立专门的营销团队、专家团队、生产团队和农机服务团队，具体负责对接市场、种植研究、产品规划、实施生产等环节并进行制度衔接。塘约村实现了对土地、人力等生产要素的重组，壮大了农村产业和集体经济，经过几年的发展，从2013年集体经济不足1万元，发展到2014年的4万元，2015年的80万元，2016年年底突破200万元，这在一个自然资源匮乏、以山地农业为主的西部偏远内陆地区实属不易，走出了一条以新型集体经济为支撑的乡村振兴之路，正不断朝共同富裕的目标迈进。

农村集体经济是维系村社共同体价值观的重要基础和纽带。一般而言，强集体经济易导致强价值认同，而当集体经济式微、村民共同的利益纽带断裂时，共同的价值认同便会不断弱化。近些年来，农村集体经济的普遍式微导致农村社区共同体价值观不断衰弱，传统乡村的“道义经济”被“理性经济”“个人主义”替代。实现乡村振兴，必须重塑乡村共同体价值观和乡村文明，而这与重建新型农村集体经济密不可分。塘约村的发展道路表明，新型集体经济对重塑乡村共同体价值观和乡村文明起到了重要的促进作用。主要表现有：一是促进外出务工农民返乡就业，增强价值认同感。当前农村社区价值认同的一个重要原因在于，由于农村缺乏产业支撑，导致大量青壮年劳动力流失，“空心村”“空壳村”现象严重，人都没有了，何谈价值认同？在2013年之前，塘约村村民外出务工现象极为普遍，外出务工人员占到村总人口的三分之一，村庄认同度并不高。但经过这几年的大力发展，农村产业和集体经济迅速增长，吸引了大量外出务工人员返村就业，外出务工返村就业比例超过90%，增强了对村社共同体价值的认同感。二是重新连接起社区成员的共同利益纽带，增进了社区成员对村社共同体价值的认同。塘约村通过村社一体、合股联营，从2014年之前的分散经营，到2015年年底70%的土地入股、30%的土地流转，再到2016年年底实现了所有农户的全部土地入股合作社，使村民个体利益与村社共同体利益紧密连接。有受访村民表示，“原来在外面务工是给老板打工，现在是自己给自己打工，心情都不一样，能不好好干嘛”“合作社赚得多，自己就赚得多，反过来也一样”。三是较小的贫富差距和较好的扶贫济困促进了乡风文明。贫富差距过大和扶贫济困的缺失容易导致不良乡村风气。塘约村通过新型集体经济，在基于市场化分配方式的基础上，有效兼顾公平，并通过合作社二次分配的方式缩小贫富差距。同时，注重通过合作社对弱势群体进行照顾，使其感受村社共同体的关怀，有力促进了乡风文明。四是团队合作增进了社区成员的情感和互信。塘约村通过发挥团队和集体优势，实现专业化分工与团队协作相结合，如农机服务团队通过对人力资源要素的重组和优化基础上实行集体协作。

2. 构建乡村治理新体系

党的十九大报告指出，“加强农村基层基础工作，健全自治、法治、德治相结合的乡村治理体系”。自治、法治、德治相结合的乡村治理体系，是立足于中国乡土社会传统和乡村治理现代化的共同基础上进行的社会治理创新。构建“三治结合”的乡村治理新体系，确保乡村社会充满活力、和谐有序，实现乡村社会的有效治理和善治目标，是乡村振兴的题中之义。

在乡村治理中，自治、法治和德治这三种治理手段紧密联系，缺一不可。其中，自治是关键。推进乡村自治有着深厚的历史逻辑，根植于中国上千年乡村社会的自治传统。中国传统乡土社会的特点是“国权不下县，县下唯宗族，宗族皆自治，自治靠伦理，伦理造乡绅”。实际上，中国传统乡土社会逐步形成了以宗族自治为核心的一整套乡村治理体系，与国家正式官员体系共同构成“双规政治”。在宗族社区中，绝大多数的矛盾、纠纷或其他事务都可以得到解决，而无需找县衙，极大地降低了治理成本，使传统中国的“小政府”得以实现，并为国家政权稳定奠定了重要基础。推进乡村自治有其深厚的理论逻辑，根植于人民当家作主的政治理念。人民当家作主是社会主义民主政治的本质和核心，是新时代坚持和发展中国特色社会主义基本方略之一。推进基层群众自治，实现群众自我教育、自我管理、自我服务，是人民当家作主的关键内容，也是人民当家作主在乡村社会的集中体现。推进乡村自治有着深厚的现实逻辑，根植于三十多年村民自治的实践探索。改革开放以来特别是《村民委员会组织法》实施以来，村民自治的实践在全国范围内展开，各地探索出许多有益经验，农村的民主选举、民主决策、民主管理、民主监督不断完善，人民知情权、参与权、表达权、监督权得到保障。在塘约村，不仅村级自治搞得好，每个村民小组还成立了组委会，由选举产生的村民代表和村民小组长组成，发挥参与讨论社区公共事务和民主决策的作用，有村民直言“恢复了过去二十多年小组会中断的传统”。村规民约的制定是充分讨论并召开小组会、村民代表会等一致同意通过的。此外，塘约村在道路、水利、公共文化场所等基础设施建设过程中进行了大量的投工投劳，社区成员参与社会组织程度最高，真正实现了民事民议、民事民办、民事民管。

法治是乡村社会治理的前提和底线。依法治国是党领导人民治理国家的基本方式。实现乡村治理体系和治理能力现代化，必须遵循法治原则、维护法治权威、增强法治意识，提高乡村治理法治化程度。一是任何治理主体和治理方式都必须在法律框架内活动，乡村社会中的政治、经济、文化、社会、生态文明等都要在法律范围内开展建设和管理，村两委干部和农民的各项行为也必须遵守法律规定。二是应积极通过法治手段推进乡村社会治理。长期以来，由于乡村的熟人社会、人情社会特点，法治手段在乡村社会治理中的运用一直相对薄弱。例如，近些年来农村涌现大量信访难题，一些地方的解决办法习惯于“花钱买平安”，导致“小闹小解决，大闹大解决，不闹不解决”现象普遍存在，陷入越维越不稳的维稳怪圈。解决这一难题，必须积极探索运用法治手段，引导农民依法理性表达诉求，健全乡村调解、县市仲裁、司法保障机制，保护合法维权行为、依法制止违法闹事行为，提升司法公信力。树立法律在维护群众权益、化解社会矛盾中的权威地位，促进良法善治。三是积极培育法治文化，提高农民法治素养，形成自觉尊崇法治维护法治的浓厚氛围。应加强农村法治宣传教育，提高农民法治观念、法治意识和法治素养，形成法治文化，使学法、守法、用法内化于心外化于行，为推进乡村治理法治化提供深厚文化滋养。

德治是乡村社会治理的重要支撑。乡贤治理和“无讼”追求深深根植于传统乡土中国，发挥了重大作用。在当前的乡村治理中，应基于乡村熟人社会中较强道德规范和舆论约束的特点，为乡村社会注入道德力量，提升农民综合素质和精神面貌。一方面，充分培育和发挥新乡贤的作用。新乡贤是在党的基层组织领导下参与乡村社会治理，在调解纠纷、化解矛盾、处置农村一些棘手难题中可以发挥重要作用。例如，塘约村在土地确权的过程中，村党支部邀请村里德高望重的寨老全程参与，这些寨老对村里三十多年“分田”的历史比较清楚，通过一家一户讨论、丈量、确认等 13 个程序，历时 8 个月顺利完成了“七权”同确，在此过程中的纠纷都得到了妥善处理，寨老在其中发挥了不可替代的重要作用。另一方面，发挥村规民约的道德约束作用。在广泛民主基础上村规民约的建构，以及基于一定权威和秩序保障下村规民约的落实，村民的道德约束就易得到强化。而没有一个村规民约的约束，即便传统民风较好，也难以在不断深化的市场化进程中始终保持村民较强的道德水平。这在 X 村体现得就非常明显，这个原本淳朴的传统村落由于缺乏村规民约的规范保障，其民风测评得分最低。而塘约村则刚好相反，正是有了广泛讨论一致同意基础上的村规民约，以及在强有力基层党组织的保障实施下，村风民俗有明显好转，农民道德水平明显提高，乡村社会文明程度不断提高。

立足乡村社会的传统与现实，采取符合乡村特点的乡村治理方式，综合运用自治、法治、德治三种治理方式，以法治“定纷止争”、以德治“春风化雨”、以自治“消化矛盾”，以党的领导统揽全局，形成自治为基、法治为本、德治为先“三治”结合的治理体系和共建共治共享的治理格局，最终实现乡村治理的善治目标。

3. 加强农村基层党组织的组织力建设

分析影响农村社区凝聚力和乡村振兴水平因素的过程，也是不断探寻更为深层和关键变量的过程。农村社区公共基础设施的建设完善管护谁来承接？新型集体经济谁去推动发展？社区共同体价值观的重塑谁来完成？分散在农村社区的各种力量和要素谁去组织动员整合？所有这些问题都共同指向了农村基层党组织。农村基层党组织是农村经济社会的领导核心，是直接决定农村社区建设和凝聚力水平乃至乡村振兴状况的最关键变量。一般来说，农村社区党组织建设坚强有力，能够有效团结凝聚群众干事创业，社区凝聚力水平就高；反之，农村社区党组织软弱涣散，无法团结群众，无力谋求发展，社区凝聚力水平就低。可以说，农村基层党组织是实现乡村振兴战略的有力组织保证，在很大程度上决定乡村振兴的达标程度和实现水平。

在农村基层党组织的建设中，组织力发挥关键作用。党的十九大报告指出，要以提升组织力为重点，突出政治功能，把基层党组织建设成为宣传党的主张、贯彻党的决定、领导基层治理、团结动员群众、推动改革发展的坚强战斗堡垒。推进乡村振兴，要充分发挥乡村社会一核多元的治理主体作用，即在基层党组织的领导下，团结带领基层自治组织、社会组织、村民及其代表等共同参与乡村社会治理，特别是将农村社区的党员和群众有效动员和组织起来，在共建共治共享的过程中强化主体性作用和共同体意识。

如何加强农村基层党组织的组织力？一是增强组织战斗力。加强农村基层党组织的组织力，关键要有一个好的带头人和有战斗力的班子。例如，塘约村村支书就有力地凝聚起村两委干部和党员群众，村两委班子实现三级考评制度，班子成员每年考评满分 100 分，日常工作考评占 50%，村干部相互打分占 20%，11 个村民组小组长打分占 10%，剩下的所有农户打分占 20%，且最终得分要向全村进行公示，并与每个班子成员的补贴直接挂钩，大大提高了塘约村村级党组织的战斗力。二是激发组织活力，激活党员内生动力。村民小组除了有组委会外，还成立了党小组，贯彻执行党的方针政策，指导协助党小组成员开展工作，并监督组委会的工作，特别是在脱贫攻坚中的低保评定、危房改造等过程中是否做到公平、公正、公开。同时，对党员进行积分制管理。每个党员每年满分 120 分，每个月 10 分，组委会管理党员记分册，每个月对党员进行打分并说明分值理由，同时每个月所有党员的分数必须进行公示，极大地增强了普通党员的荣誉感，党员发挥先锋模范作用的内生动力得到激发。三是提升组织号召力和凝聚力。塘约村党组织带领党员干部投身乡村振兴的建设中，最初合作社成立时由于缺乏资金，村两委干部勇于担当，通过个人贷款、风险自担的形式为合作社筹集资金用于村社发展并取得良好效益，在党组织的领导动员组织下，从原来的分散单干到部分流转、部分入股再到所有农户所有土地合股联营，塘约村党组织的组织力和号召力在党员群众的支持下不断增强，展现出很强的凝聚力和向心力。

推进乡村振兴，建成凝聚力强的农村社区共同体，从根本上来说，必须毫不动摇坚持和加强党对农村工作的全面领导，把农村基层党组织建设的更加坚强有力，强化农村基层党组织的领导核心地位，确保党在农村工作中始终总揽全局、协调各方，凝聚乡村多方合力，汇聚强大精神力量，为实施乡村振兴战略提供根本保障和有力支撑。

（二）政策启示

1. 选好村级“领头羊”，加强队伍建设是关键

“村看村、户看户、群众看党员、党员看干部”，队伍建设是村级发展的根本、也是保证。塘约村在村支书的带领下，突出党建引领作用，将全村划分为 3 个党支部和 11 个党小组，实行村级党员“驾照式”扣分管理，对班子成员、村民小组长、村民议事会分别实行“三级考评”，完善村委会自身监督、监督委员会监督和村民小组监督“三方”监督制度，进一步夯实发展根基。同时，用好村民自治这把利器，完善村规民约，制定“红九条”，用“黑名单”管理约束村民行为，实行矛盾纠纷“三级调解”制度等，为村级发展铺平了道路。

2. 夯实“三权”基础，激活农村资源是核心

农村产权确权登记颁证，是确认和保护农民财产权利，保障土地流转交易安全的一项基础性工作。塘约村的“七权”同确，解决了产权权属不清、面积不准、四至不明、登记不全等问题，实现了农村产权不交叉、不重叠，“四中心”的建设及运行，赋予了产权主体抵押、担保、入股、收益等更多的权能，实现了

“一清五统”的目标，即清晰农村集体与个人各类产权，全村资金统一管理、资源统一规划、产业统一发展、产品统一销售、改革红利统一分享，使农村各类资产资源配置更加优化，为农业生产集约化、标准化、规模化发展创造了条件，加快了“三变”改革进程。

3. 找准发展契合点，大胆探索创新是重点

找准契合点，改革才能因势而动、顺势而为、乘势而上。塘约村在深化农村综合改革的过程中，科学制订发展规划，探索实施“村社一体、合股联营”的发展道路，建立合理的利益分配机制，找准村集体与村民之间的契合点，实现了村集体与村民的“联产联业”“联股联心”，让农民回归土地、立足土地、依靠土地创业就业，改变了农村“386199”部队历史状况，让土地更加集中、生产更加集约、效益更加凸显，初步实现了“率先小康、共同富裕”的发展目标。

第三章　农地“三权”改革与大坝村发展研究

在安顺市推进村庄农地制度改革过程中，大坝村是先于塘约村进行改革的村庄之一，基于此，我们对大坝村进行调研，观察和研究大坝村农地“三权”改革对村庄经济发展的影响。

第一节　引　　言

一、研究背景与意义

（一）研究背景

土地自古以来就是农民的“命根子”。自改革开放以来，关于土地制度的改革也多种多样，土地流转也顺势而出。十八届三中全会《关于全面深化改革若干重大问题的决定》中指出：“要稳定农村土地承包关系并保持长久不变，在坚持和完善最严格的耕地保护制度前提下，赋予农民对承包地占有、使用、收益、流转及承包经营权抵押、担保权能”。决定中对三种权利的概念进行了区分。2014年中央一号文件中以中央政策文件的形式明确了“三权”分置改革的基本内涵。中央一号文件也多次讨论“三农”问题；《关于稳步推进农村集体产权制度改革的意见》中明确指出“要因地制宜探索农村集体经济有效实现形式”。党的十八大报告中强调，解决好农业农村农民问题是全党工作重中之重。党的十九大报告提出实施乡村振兴战略，乡村振兴战略是今后解决“三农”问题、全面激活农村发展新活力的重大行动。可见，农地制度改革与村庄经济发展的关系息息相关，直接影响到农民的收入和村庄的经济发展。

具体到贵州而言，贵州是全国唯一没有平原支撑的省份，土地多为山地和丘陵，特别细碎化，难以形成规模，素有“八山一水一分田”之说。全省面积共计17.6167万平方千米，其中山地和丘陵占面积为92.5%。贵州贫困人口最多、贫困面积最大、贫困程度最深，截至2016年年底，贵州省仍有近372万农村贫困人口，从绝对数值来看，贫困规模仍不容小觑。在这样的背景条件下，贵州省的土地改革刻不容缓，贵州省安顺市深入贯彻中央关于农地改革的思想，结合贵州现实情况，对农地进行“三权”改革，进而引起“三变”改革，由此形成的“塘约经验”也成为农村改革的样本示范，塘约村、大坝村也成为远近闻名的小康村。

（二）研究意义

1. 理论意义

首先，调研选取点定在贵州省安顺市大坝村，因为大坝村是最先进行“三权”改革的，而且内生动力居多，故从理论视角分析“三权”分置改革背景下农地“三权”改革的动力机制、主要做法和进一步发展，构建其理论分析框架，丰富现有关理论研究内容；其次，研究“三权”改革与村庄经济发展之间的关系，它们之间存在一个中间变量，即有效率的经济组织，分析其影响路径及影响效果；最后，将“三权”改革、精英统治与村庄发展研究进行结合，为村庄振兴及其经济发展提供理论依据。

2. 现实意义

“三权”改革为农村各类产权注入了活力，盘活了村庄各类资源，农地产权得以明晰，是土地改革的一次有益探索，也有效推动了土地的高效流转，有利于深化农村集体产权制度改革，推动农业现代化，更是积极践行了中央的“三权”分置政策。通过中间变量——有效率的经济组织，直接推动了村庄的经济发展。为农村经济发展战略提供制度变革和政策选择的依据，同时对其他地区农村经济发展提供了可能的借鉴。

二、研究综述

土地作为农业生产中最基本的生产要素，能否实现其数量和质量的协调发展是农业现代化能否实现的根本所在。我国作为农业大国多年来致力于促进农地流转，鼓励农地适度规模经营，1984年中央一号文件提出“鼓励土地逐步向种田能手集中”成为农地流转的开始。尤其是近几年越来越重视农地流转方式与主体的多样化，例如，2013年中央一号文件首次提出“家庭农场”的概念；

2017年中央一号文件提出“落实农村土地集体所有权、农户承包权、土地经营权‘三权’分置办法”。党的十九大报告指出：“完善承包地‘三权’分置制度……构建现代农业产业体系、生产体系、经营体系……发展多种形式适度规模经营……”，我国鼓励农地流转的政策信号十分明确，促进农地流转已成为必然趋势。十八届三中全会《关于全面深化改革若干重大问题的决定》（以下简称《决定》）中指出：“要稳定农村土地承包关系并保持长久不变，在坚持和完善最严格的耕地保护制度前提下，赋予农民对承包地占有、使用、收益、流转及承包经营权抵押、担保权能”。该《决定》无疑是对土地承包经营权经济功能的重视，对加快土地流转，实现土地效率价值，推进农民土地财产性权利保护具有重要意义。

2017年中央一号文件提出深化农村集体产权制度改革。从实际出发探索发展集体经济有效途径，鼓励地方开展资源变资产、资金变股金、农民变股东等改革，增强集体经济发展活力和实力。研究制定支持农村集体产权制度改革的税收政策，深化集体林权制度改革，加快水权水市场建设，推进水资源使用权确权和进场交易，加快农村产权交易市场建设。

自农村改革至今，中国农村经济的增长可谓飞速。这一现象被称为中国式“增长奇迹”，很多国内外学者选取不同的视角、采用不同的方法对这一现象进行分析和阐述。

（一）农村集体产权制度改革

第一，产权界定。国外学者对产权的研究早于国内学者，代表人物为科斯与诺斯。20世纪60年代，科斯在指出“外部性”问题的同时，全面分析了在市场运行中明晰产权的重要性，并指出产权是包括所有权、使用权、收益权和转让权等一束权利的统称。诺斯从制度经济学的角度指出对于任何一个社会而言，制度的基础总是一组关于产权的法律规定，它界定了社会成员运用特别资产权利的范围。之后的阿尔钦、德姆塞茨、威廉姆森、张五常、菲吕博滕和配杰威齐等均为丰富与发展产权理论做出了重要贡献。德姆塞茨认为，“产权是一种社会工具，其重要性就在于事实上它们能帮助一个人形成他与其他人进行交易的合理的预期。这些预期通过社会的法律、习俗和道德得到表达”①。阿尔钦认为“产权是一个社会所强制实施的选择一种经济品的使用的权利”②。产权经济学家菲吕博

① 德姆塞茨．所有权、控制与企业——论经济活动的组织（第一卷）．经济科学出版社，1999：129.

② 科斯等．财产权利与制度变迁．上海三联书店、上海人民出版社，1994：166.

腾和配杰威齐认为，“产权不是指人与物之间的关系，而是指由物的存在及关于它们的使用所引起的人们之间相互认可的行为关系，它是一系列用来确定每个人相对于稀缺资源使用时的地位的经济和社会关系”。

第二，农地产权制度。农地产权制度变迁的核心议题是将农地的诸项权利在农户与非农户等不同主体之间进行配置与优化。改革开放以来，农地产权制度变迁在以农户为核心主体的配置过程中先表现为家庭承包责任制下农地所有权与使用权的“两权”分离，然后才是涉及流转等农地处分权利的“三权”分离。产权制度指包括所有权、使用权（或经营权、管理权）、收益权、处置权等权能在内的具体制度安排组成的制度体系。产权制度变迁是新的产权制度安排对旧的产权制度安排进行替代的过程。党的十八届三中全会强调，要持续推进农地产权制度创新。推进农地产权制度创新，不仅需要我们对农地产权制度存在的根本性问题进行识别，而且还需要我们结合不同区域的具体实际进行改革探索[①]。马克思笔下的土地产权，是指由终极所有权及所有权衍生出来的占有权、使用权、处分权、收益权、出租权、转让权、抵押权等权能组成的权利束[②]。

姚洋将农地产权制度分解为三个部分，即地权稳定性、土地交易权和土地使用权[③]。地权稳定性涉及的是以往村里土地调整的频率以及今后可能发生的概率。土地交易权涉及的是村里对土地的有偿转包、租赁和代耕方面给予农民的自由度。土地使用权涉及的是对农户生产计划，特别是劳动力投入的限制。Turner、Brandt 和 Rozelle 认为中国农地制度的区域差异取决于农地制度对全村生产剩余之和的影响。他们的一个重要假设是农地制度由村干部决定，而村干部关心的是使全村的生产剩余最大化。由于这个假设与现实的差距较大，他们的某些理论推论与他们自己的计量检验矛盾。

关于农村集体产权制度改革。邵传林等认为中国农地产权制度 60 年演进过程可以分为两大阶段：计划经济时期的农地制度与改革开放以来共有私用型农地制度[④]。王磊将我国农地产权制度变迁分为三个阶段；第一阶段是农村土地改革时期；第二阶段是农业合作化和人民公社时期；第三阶段是农村经济体制改革后，实施了家庭联产承包责任制和允许农地流转与规模经营[⑤]。关于我国农地产

① 洪名勇，龚丽娟．“三资转换”与农地产权制度改革——基于贵州凤冈县改革的调查与思考．农村经济，2015（2）．

② 洪名勇．论马克思的土地产权理论．经济学家，1998（1）．

③ 姚洋．农地制度与农业绩效的实证研究．中国农村观察，1998（6）．

④ 邵传林，冯振东．中国农地产权制度 60 年：历程回顾与变迁评判．经济与管理研究，2009（10）．

⑤ 王磊．我国农地产权制度变迁的逻辑及动力．吉首大学学报（社会科学版），2016（2）．

权制度存在的问题研究。周其仁认为我国农地自古以来就存在着产权主体虚置的现象[①]，并且我国集体经济的实质由国家通过采取一些政策来控制农村经济的权力，控制的结果由农村集体来承受。蔡继明认为我国农地产权具有不完整性[②]，所有权主体虚置，国家严格控制了土地的流转权、使用权、处置权和收益权，所以农地产权所有者缺乏统一完整的支配权和转让权。王金红中国农村土地产权制度的核心问题是产权主体结构问题[③]。现行农村土地产权具有“国家—集体”“集体—农民”同时并存的二元主体结构，这种结构是导致各种土地利益矛盾、政府—农民紧张关系、农村治理复杂化以及农地管理难度增大的主要原因。

关于“三权”改革。“三权”是指确权、赋权、易权。确权——对农村土地承包经营权、集体建设用地、林权等农村各类产权权属进行明晰，颁发权证。赋权——赋予农民对集体资产股份占有、收益、有偿退出及抵押、担保、继承等权利。易权——建立和完善各类农村产权交易平台，让农村各类产权进入市场交易，使其在流动中增值。所谓“三权”促“三变”，就是指通过对农村各类产权进行确权、赋权、易权，促进资源变资产、资金变股金、农民变股东。确权，就是对农村土地承包经营权、集体建设用地和农民宅基地使用权、林权、“四荒”使用权、农村集体经营性资产、农业生产设施设备、农村小型水利工程产权等农村各类产权权属进行明晰，颁发权证，让农民吃下“定心丸”。熊钱富（2017）认为“三权”改革衍生出来的几种模式，在一定程度上促进了贵州乡村的经济发展和社会生产，但还存在一定的法律问题。刘守英分析了贵州省三个地区的改革样本，总结改革经验，为新一轮农村改革提供启示与讨论[④]。其认为安顺的改革路径是完善大规模的基础设施建设，破除农民与外界的大山阻隔，坚持持续的扶贫，将极贫的农民脱离贫困，用外界力量排除重重障碍，然后开始进行“三权”促“三变”的改革，用制度激发农民内生活力，促进贫困落后地区的可持续发展。

（二）农村集体产权制度改革与村庄经济发展

洪名勇等认为土地产权制度是农村制度安排的核心基础，土地产权制度安排

① 周其仁．增加农民收入不能回避产权界定．发展，2002（3）．

② 蔡继明，苏俊霞．中国征地制度改革的三重效应．社会科学，2006（7）．

③ 王金红．告别“有意的制度模糊”——中国农地产权制度的核心问题与改革目标．华南师范大学学报（社会科学版），2011（2）．

④ 刘守英．新一轮农村改革样本：黔省三地例证．改革，2017（8）．

是否合理直接影响了农民生产的积极性和创造性。当土地制度能够激发农民生产积极性时，农业经济增长明显加快；当土地产权制度不合理时，农业经济增长速度就会大幅度下降①。

冀县卿、钱忠好根据 1978 ~ 2008 年中国农地产权改革的经验事实及面板数据，分析农地产权结构对中国农业增长的影响，认为农民逐步获得土地使用权和转让权且呈现逐步增强的态势，农地收益权不断扩张②。这些研究充分证明了农地产权制度变迁对农业经济增长的促进作用。因此，农村产权制度改革是增加农民财产收入的关键环节，在当前贫富差距大的大背景下，应该深化农村的产权制度改革，对增长农民的财产性收入有直接性的影响。只有明晰农民土地产权，保护他们的产权权益，建立和完善土地产权机制，充分认识到这些问题的重要性，才能有效改善村庄的经济发展情况，使农村经济可持续发展。

（三）制度变迁与村庄经济发展

在解释中国农地制度的区域差异方面，诱导性制度变迁理论可能是一种较适用的理论。诺斯后来进一步将诱导性制度变迁理论总结为效率假说，即制度总是朝着辅助经济系统达到社会最优的方向发展。对诱导性制度变迁理论的发展可以从两个方面展开。一方面，从对制度的需求着手，研究微观的利益机制如何产生不同的制度安排。在这方面，林毅夫研究了要素对农户的相对稀缺性如何决定单个农户是否参加土地市场交易。姚洋构造了一个一般均衡模型，探讨要素的个体稀缺性如何导致不同的土地租赁市场的发育程度③。另一方面，研究制度变迁的决策过程。姚洋把农地制度看作村庄内部集体决策的结果。蒋永甫、胡孝雯（2018）认为国家推动和发起了制度变迁，农民是制度变迁的最终受益者，通过制度变迁实现了农民的发展④。

已有文献总结出了“塘约经验”，即要狠抓农村产权制度这个基础性改革。围绕农地开展七权同确，聚集资源和明晰产权，使集体的资产市场化，并且壮大集体经济，增加农户收入。本章通过选取安顺市大坝村作为案例和实证分析对象，着重研究其产权结构和制度安排的部分，围绕“三权”改革的内容并分析

---

① 洪名勇，施国庆．农地产权制度与农业经济增长——基于 1949 ~ 2004 年贵州省的实证分析．制度经济学研究，2007（1）．

② 冀县卿，钱忠好．中国农业增长的源泉：基于农地产权结构视角的分析．管理世界，2010（11）．

③ 姚洋．非农就业结构与土地租赁市场的发育．中国农村观察，1999（2）．

④ 蒋永甫，胡孝雯．制度变迁与农民发展：农村改革 40 年的政策逻辑．学习论坛，2018（10）．

其进一步发展，以调研点为依托，在深入分析以上问题的基础上展开研究，同时提出我国农地产权制度改革的建议和措施。

从国内外文献分析来看，国外农地产权的界定和产权主体的明确程度明显高于国内。国内研究一直以来都高度关注中国农地产权制度的改革，针对学者们提出来的关于中华人民共和国成立初期至今的农地产权制度所表现出来的缺陷来看，主要是对产权主体虚置问题、权能残缺问题和权利实现问题进行了长期讨论。然而，已有的研究要么只是从产权或制度的角度进行研究，要么就是对农地产权制度进行定性分析或对其带来的效果进行分析，对“三权”改革这种模式与村庄经济发展联系起来的研究还十分缺乏，尤其是单独对某个村庄进行的研究。因此，在新时期“三权”分置的背景下，对“三权”改革进行研究具有很强的理论和现实意义。

三、研究目的与研究方法

（一）研究目的

只有解决好农业、农村、农民三大问题，才能在2020年全面建成小康社会。在各地农村改革的大背景下，贵州率先进行“三权”方面的改革，并在六盘水市、安顺市的很多地方取得了良好成效。本次选取最早进行“三权”改革的大坝村作为个案分析，纵向进行历史上村庄发展阶段的梳理，发现在村庄带头人的带领下“三权”是如何一步步演变的；横向探究影响村庄发展的几大因素：效率、产权、制度等是怎样运作起来的，在推动“三权”变革中又发挥了什么样的作用。本章以政治经济学、农地制度和村庄发展理论等相关学科的理论为指导，借助于入户调研和案例分析等方法，对调研村庄的农地制度进行研究，对“三权”改革现状进行分析，着重看其具体做法以及其进一步的发展。然后解释“三权”改革为什么会影响村庄经济发展，如何影响以及影响的效果。“三权”改革激活了沉睡的农村资源，确定清晰了权力边界，催生了有效率的经济组织，降低了交易成本，推动了村庄的发展；制度效率是不断变化的，要不断引入积极的新要素，持续地跟进改革，才能改进村庄落后的发展状况。

（二）研究方法

1. 文献分析法

通过阅读大量相关文献、中央一号文件和相关政策法规来对理论部分进行总结和梳理，做一个文献综述，介绍当前研究现状，并构建出本章的框架结构，找出研究主体间的内在逻辑，以此进行更好的分析。

2. 入户调研法

对案例村庄进行入户调研，村庄地点位于安顺市西秀区双堡镇大坝村，笔者于 2018 年 7 月 16 日至 19 日期间进行实地调查。调查的主要内容是“三权”改革做法和村庄发展现状，对村干部和农户进行问卷调查和访谈。对得到的内容进行简单分析，理清“三权”改革对村庄经济发展的影响，并提出相应的建议。

3. 案例分析法

通过选取贵州省安顺市西秀区双堡镇大坝村进行个案分析，阐述当地集体产权制度运行现状，以及“三权”改革的具体内容和取得的成效，同时指出“三权”改革中存在的问题，并提出完善建议。

第二节　理论基础

一、核心概念

（一）制度

《辞海》对制度的解释是指要求成员共同遵守的、一定程序办事的规程。制度是一个含义广泛的概念。从原始部落的社会组织方式和风俗习惯，到现代社会的法律与政府制定的管制规则，都可以称之为“制度”。

制度一般指要求大家共同遵守的办事规程或行动准则，也指在一定历史条件下形成的法令、礼俗等规范或一定的规格。在各行各业都有不同的制度，目的是使各项工作能够达到预期要求。旧制度学派代表凡勃伦认为制度是大多数人所共有的一些“固定思维习惯、行为准则、权力与财富原则。”“制度必须随着环境刺激的变化而变化”。所谓经济制度是指人们在社会的生活过程中接触到它所处的物质环境时继续前进的习惯方式。康芒斯认为制度是一系列行为准则，可以使集体控制个人的行为制度，告诉人们能够、应该必须做什么或者相反。

新制度学派代表诺斯指出：“制度是一个社会中的游戏规则，更规范地说，它们是为决定人们的相互关系而人为设定的一些制约”[①]。这就是说，制度是一

① 诺斯．制度、制度变迁与经济绩效．上海三联书店，1994：3.

系列被制定出来的规则、守法秩序和行为的道德伦理规范，它旨在约束追求主体福利和效用最大化利益的个人行为，它提供了人类相互影响的框架，建立了一个社会，或更确切地说，是一种经济秩序的合作与竞争关系。根据诺斯的看法，制度乃是社会的游戏规则，这种游戏规则通常由正式规则、非正式规则和实施机制三部分构成。正式规则是指人们自觉发现并用以规范化的一系列规则，包括“政治（及司法）规则、经济规则和契约”①。非正式规则包括习俗、传统、道德观念、意识形态等可以统称为“文化”的一些东西。其中意识形态处于核心地位，因为它蕴含着价值观念、伦理规范、道德观念和风俗习性。一国制度的有效性，不仅取决于该国正式规则和非正式规则的完善程度，而且取决于这个国家制度的实施机制是否健全。离开了实施机制，制度就形同虚设，实施机制就是规则实施的过程和原理。在新制度经济学看来，在复杂的经济交往中，违约、欺骗行为会随时发生，阻碍交往的进行，因此，必须建立相应的制度为合作者提供足够的信息，以保证合约的实施。制度的功能有：降低交易成本、提供经济服务、创造合作条件、提供激励机制、解决外部性问题、提供保险功能。

（二）产权

经济学家对产权的定义也不尽相同。德姆塞茨定义产权为使自己或他人受益或受损的权利。“产权是一种社会工具。其意义来自这样一个事实：在一个人与他人做交易时，产权有助于他形成那些他可以合理持有的预期。”1937 年 11 月，科斯在英国《经济学》杂志发表《企业的性质》一文，成为产权理论产生的重要标志。1960 年，科斯发表的《社会成本问题》一文，则是现代西方产权理论发展或逐步成熟的标志。诺斯也从德姆塞茨基本一致的角度给产权下了定义：“产权本质上是一种排他性权利”。既强调了产权是人与人之间的关系——产权主体排斥他人的关系，又强调了产权的功能化行为——排他性行为。当代学者如菲吕博腾认为产权的本质是人与人之间的关系，在社会关系中必须遵守这些规范，或者必须承担不遵守这些规范的成本。也就是说，产权最本质的还是社会关系，核心是所有权，具有可交易性，可以分解为占有权、使用权、处置权、收益权。

（三）农村集体产权制度改革

近年来，在国家各种关于乡村改革的文件中，关于农村集体产权制度这个词

① 诺斯．制度、制度变迁与经济绩效．上海三联书店，1994：64.

汇频频出现。党国印指出，集体产权不是一个主流经济学的产权概念，它是一个具有中国特色的财产权利安排[①]。集体产权是一个集合性的概念，就是集体经济组织所共有的产权。其中最关键的部分是成员权，集体内部的成员才享有稳定的权利。集体产权制度包括正式规则，如法律法规、经济规则和合同；也包括非正式的，如村规民约、惯例、道德准则。集体产权制度是围绕产权结构和产权关系建立的制度性规则。农村产权制度改革，就是以农村土地为核心，要明晰产权和制度创新，通过有效率的经济组织来降低交易成本和交易费用，实现资源的优化配置。通过农村集体产权制度改革，来释放土地的经济效应和生产力，提高农民收益，推动村庄的经济发展和改革进程。

（四）"三权"改革

"三权"改革中的"三权"指的就是确权、赋权和易权。确权就是对村庄里的各种形式的土地归属权利进行明确并颁发权证，包括农村土地承包经营权、集体建设用地、林权等农村各类产权。赋权指的是赋予农民各项基本权利，包括对集体资产股份占有、收益、有偿退出及抵押、担保、继承等权利。易权指的是让各项权利可以进行交易，在村庄里建立和完善各类农村产权交易平台，让农村各类产权进入市场交易，使其在流动中增值并产生收益。

二、相关理论基础

（一）精英统治理论

萨托利总结出了关于精英的认定标准存在着两种观点：一种是帕累托的"能力精英论"，认为"精英"是指那些在其活动领域能力水平最高者；另一种是拉斯韦尔的"权力精英论"，即"精英"是指群体中掌握权力最多的那些人。大多数学者认为前者是精英标准的理论，既有质量标准，能力出众而又居高位，进而掌握权力。梅赛尔总结精英具备群体意识、凝聚力意识和共谋意识。

帕累托的精英理论是本书的理论依据，精英可以被分为统治精英和非统治精英，精英统治社会充满矛盾性的斗争，是一个周而复始的循环过程。本书的精英统治指的是村庄带头人运用自身的能力整合村庄的优势资源，在村庄所进行的一系列政治、经济等治理行为，村庄带头人既要传达政府出台的各项方针政策，又

---

① 党国印．论农村集体产权．中国农村观察，1998（4）．

要保障村民的利益，推动村庄的经济发展。

（二）制度变迁理论

诺斯在《西方世界的兴起》里认为制度因素是经济增长的关键，一种能够对个人提供有效激励的制度是保证经济增长的决定性因素，其中产权最重要。“一个有效率的经济组织在西欧的发展正是西方兴起的原因所在”。如英国有效的产权结构、专利法的颁布。同时期的法国和西班牙由于没有建立类似的能有效保护私人财产和限制皇权的制度结构，无法对个人创新提供适当的激励而落后。作者认为当代拉丁美洲、非洲和亚洲的相对落后都是经济组织无效率的结果。

根据充当第一行动集团经济主体的不同，可以把制度变迁分为“自下而上”的制度变迁和“自上而下”的制度变迁。所谓“自下而上”的制度变迁，是指由个人或一群人，受新制度获利机会的引诱，自发倡导、组织和实现的制度变迁，又称为诱致性制度变迁。所谓“自上而下”的制度变迁，是指由政府充当第一行动集团，以政府命令和法律形式引入和实行的制度变迁，又称为强制性制度变迁。

（三）科斯定理

只要产权是明确的，并且市场交易费用为零，或者很小，无论在开始时产权归谁，市场均衡的最终结果都是有效率的。科斯定理实际上为人们解决外部性问题提供了一个全新的思路，那就是明确产权。产权是指对资源和财产使用占有和支配的权利。例如，一个化工厂向外排污，污染了沿途的土地，而这些土地产权是明确的，这些土地的主人自然会因为土地污染的损失，向排污者要求赔偿。之所以持续排污而不付出代价，常是因为带来的外部性载体产权是不明确的，因此，在明确产权的情况下，必会导致施加负外部性的企业与受损方进行谈判，如果谈判能够达成协议，这种均衡一定是符合市场效率的均衡。双方谈判能够达成协议，必是双方可以接受的结果，包括污染方要向被污染方付出代价支付赔偿。科斯定理中限定交易费用很小是指如果交易费用较大，会影响双方达成协议的结果。因此，双方谈判会考虑交易费用对谈判结果的影响。科斯定理的启示是：明确产权意义十分重大。产权与人们的利益相联系，明确产权就会使无人负责的现象得到大大的改观。产权的机制会使人们在一种行为带来外部性时，自动地比较成本和收益，产生纠正和减少外部性的自动机制，形成自我的约束。

第三节　精英治理下的大坝村

一、大坝村基本情况

双堡镇大坝村位于安顺市南，距市区29公里。其由4个自然村组成，以汉族为主，布依族、彝族等多民族杂居。这里地势平坦，坝子连片，故命村名“大坝”。

大坝村位于双堡镇西侧，距镇政府所在地7.5公里，总面积6.85平方公里，交通便利。全村共有土地3 083亩，人均耕地面积1.1亩。村庄于2013年进行并村，现全村辖6个自然村9个村民小组、党支部1个、党员38名，共有农户366户、总人口1 603人。其中有76户在外务工，共156人。全村贫困发生率为1.56%，贫困户有20户，其中大多数是因病致贫，用社会兜底来进行保障。全村地势平坦、耕地面积宽广、交通便利、山清水秀、环境优美，便于发展经济果林、生态养殖和乡村旅游。

大坝境内气候属北亚热带季风性湿润气候，受东南季风影响，年平均气温14.5℃，无霜期269.9天，年平均降雨量1 360毫米，年平均降雨日数为193.1天。村境内气候适宜，水资源丰富，适合种植业、养殖业的发展。“007”县道穿境而过，交通便利；地域面积宽广，有待开发的土地资源丰富；村上游有落水岩小型水库，水资源丰富；村境内气候适宜，雨量充沛，气候温和，既无严寒，又无酷暑；森林覆盖率较高，是最适宜人类居住和动植物生长的地方；村内水、电、路和通信等设施较为齐全。该村现已完成土地整合、流转，制定符合村情的产业发展规划，建成了80亩无籽刺梨（又名金刺梨、延年果）育苗基地，年育苗500株，种植无籽刺梨2 300亩，已进入盛果期；完成了村庄整治规划，已建成131栋农家别墅，为下一步将发展的农业观光旅游、“农家乐”、休闲避暑等产业打下了良好的基础；基础设施建设较为完善，水、电、路和通信设施基本齐全，60%以上通村（寨）路、人行步道、产业道路等已完成硬化，村内基本实现绿化、美化和亮化；村内现成立农民专业合作社1个（“安顺市大坝村延年果种植农民专业合作社”），村内所有产业基本形成了“支部（村委）+合作社+农户”的发展模式。

在“一事一议”财政奖补项目、省级新农村“整乡推进”等政策和资金的支持下，大坝村团结带领全村党员群众投入资金111.42万元，投入劳动力4 200多个，对全村95%以上的通村、通组、联户道路进行硬化，硬化面积20 000平方米；发扬自力更生精神，自筹资金4万元完成5公里的机耕道建设，修建1个20 000立方米山塘水库，切实解决农田灌溉和果园用水，不仅为粮食增产、农民增收、农业增效奠定了坚实基础，也使全村的基础设施基本完善。

二、“精英”治理下制度试错的过程

李佳、郑晔通过对农村合作经济组织的考察发现农村精英的个人作用直接对组织的运作产生作用[①]。当农村经济合作组织制度供给不足时，农村精英利用自身的社会资本来动员相关制度资源，如乡村精英可利用社会关系网络进行融资。同时，农村精英具有良好的社会信任度，农村合作经济组织的良好运转依赖于乡村精英的社会资本。农村经济精英常成为经济组织的发起者和推动者，在一定程度上有效解决了农民家庭生产与市场之间的矛盾。赵海林在产业结构的问题上认为农村精英成为农村农业结构调整的主体。农村经济精英改善了农业结构，主要体现在两个方面：一方面是为农业结构调整带来新的活力，另一方面是对其他农户具有极强的示范性。同时他还认为经济精英是农村社会变革的推动力量。

王中标认为农村精英必须同时具备三个要素：一是在乡村社会中拥有某方面优势资源；二是利用资源取得一定的成功；三是能够对社会产生影响力，对社会做出贡献[②]。同时具备这三种要素的社会成员就是农村社会精英。

大坝村地处位置偏远、四面环山，受自然环境的制约，导致交通不够发达便捷，村庄经济发展落后，成为省级一级贫困村，土地贫瘠、缺水严重，而且种植结构单一，以传统农作物为主，农户生活只能维持温饱。而如今，大坝村村路整齐干净，果树满园、花香阵阵、绿意盎然，家家户户住房都是小别墅，组组连通水泥路，村里漫布着金刺梨的清香，在迈进小康的新征程中，显得无比的宁静而秀美，端庄且大气。这天翻地覆的变化全都离不开一个人，西秀区双堡镇大坝村党支部书记陈大兴。

1995年，陈大兴书记在安顺市西秀区甘堡林场是一名临时护林员，在这一年里向村党支部递交入党申请书。他从老支书身上也明白到“党员就要为村里

① 李佳，郑晔．乡村精英、社会资本与农村合作经济组织走向．社会科学研究，2008（2）.

② 王中标．“乡村精英”发挥作用的制约因素及对策．特区经济，2007（10）.

好，为老百姓好。”受家庭条件的影响，陈大兴从小责任感就很强，早早地辍学为家里减轻负担，承担起一片天。1996 年，身为预备党员的陈大兴又挑起村支书这个沉重的担子，并答应身患癌症的大坝村老支书陈万德，一定会带领乡亲们脱贫致富奔小康。就这样，1996 年 8 月，年仅 28 岁的陈大兴扛起了大坝村的大旗，干起了村支书，共同富裕由此成为他坚定的信念。在他的带领下，支部成为大坝村民的主心骨，支书成为大坝村民的带路人，运输队、建筑队在大坝党支部的领导下，村民们搞运输、搞建筑，热火朝天搞建设，日子一天天变得更加美好。

穷则思变，凭着敢闯敢拼的干劲和敢为人先的勇气，这些年来，陈大兴在不断付出和尝试。1996 年，村里种有几百亩烤烟，由于极度缺乏水资源，烤烟长势并不好，卖不上价钱。1997 年，陈大兴开始尝试种植中药材，自己借钱带领着村民来种植黄柏，承包邻村许官村 180 亩荒山，套种薏仁米和花生。不料天公不作美，秋收之际正值雨季，花生全都泡烂在水里，黄柏也损失惨重。1999 年，陈大兴尝试种植竹荪，当时进货价格为 1.5 元一瓶，共买入 5 500 瓶，最后也全军覆没。2001 年，陈大兴走出连连失败的阴影，抓住政策机遇，开始退耕还林，发展育树苗产业，其中松树苗和沙树苗有七八十亩。2004 年，陈大兴拉着 20 万株香椿苗到罗甸县去卖，但由于当地种树季节已过，供大于求，市场并不景气。这次失败无疑给陈大兴、给村庄带来了巨大的损失和打击。2005 年，陈大兴结合青岛对口帮扶的 10 万元，再加上 5 000 元，大坝村建起了牛棚，养了 25 头肉牛，但是由于严重缺水，自然条件恶劣，给这些牛喂水一天都要 100 元钱，支出实在太大，养牛产业最终以失败告终。在这个漫长的探索和挫败的过程中，陈大兴也曾质疑过自己，可是每每看到大坝村的村民，他瞬间斗志满满，他说：“不能甩下老百姓不管，就算再失败也要闯下去。”

2007 年，一次偶然的机会，陈大兴中秋节去朋友家做客，第一次品尝到金刺梨，金刺梨口感较甜，肉质较厚，少刺无籽，是一种早产、高产、根系发达、生长过盛的果树，其果实富含多种氨基酸、维生素和矿物质等营养元素，营养价值高，与普通刺梨截然不同。最重要的是金刺梨在安顺还没有进行大规模种植，形成产业化。陈大兴一眼看到了这个商机，并且牢牢抓住这次机会。紧接着，他自己承包了 30 亩土地全部用来种植金刺梨。两年挂果，三年投产，每亩产量可达 1 000 公斤，每公斤金刺梨售价最高为 30 元。因此，陈大兴也获得了一个称号“陈百万”。令所有人意外的是，他并没有卖掉这些金刺梨，而是办了场“金刺梨品尝大会”，邀请很多领导和村民免费品尝金刺梨，让大家走近金刺梨、了解金刺梨，让大家看到它的价值与好处。

大坝村就是在村庄领导人的带领下，在不断试错过程中，发现了一条新的发展路子。2011 年 10 月开始，陈大兴带领村民以组为单位整治和丈量土地，将土地的界限全部打乱，对土地进行准确的确权。11 月，开始申报合作社的材料。2012 年 3 月 29 日，安顺市大坝村延年果种植农民专业合作社正式成立，陈大兴动员全村村民参加合作社，流转土地种植金刺梨。坚持“村社一体，统一经营”，现如今，95%的土地都加入了合作社。

村庄带头人不断尝试的过程，也是不断整合制度资源、进行制度“试错”的过程。通过不断探索，来提高土地的生产效率，找到最适合村庄发展的种植结构，在有限的土地资源上发挥最大的效益，以此达到带动农村发展、推动村庄经济发展的目的。

第四节　大坝村的“三权”改革

一、“三权”改革的背景

（一）政策背景

党的十九大指出：“我国经济已由高速增长阶段转向高质量发展阶段，正处在转变发展方式、优化经济结构、转换增长动力的攻关期”。对贵州而言，这既是一个历史机遇，也是贵州乡村振兴发展的重大契机。

党的十八届三中全会决定提出“完善产权保护制度”“赋予农民对集体资产股份占有、收益、有偿退出及抵押、担保、继承权”“建立农村产权流转交易市场，推动农村产权流转交易公开、公正、规范运行”，这些都是对农村集体资产的新规定。2014 年 9 月 29 日，习近平总书记在中央全面深化改革领导小组第五次会议讲话中指出，积极发展农民股份合作、赋予集体资产股份权能。2014 年 12 月 30 日，国务院办公厅发布了《关于引导农村产权流转交易市场健康发展的意见》。2015 年中央一号文件对推进农村集体产权制度改革指明了改革的方向和做法。2017 年的中央一号文件《中共中央、国务院关于深入推进农业供给侧结构性改革　加快培育农业农村发展新动能的若干意见》也将“三权”促“三变”作为改革要点。

（二）实践背景

党的十八届三中全会以来，关于农村改革的话题和呼声越来越高，贵州也积极响应中央下达的新的制度安排，率先展开农村改革。20 世纪 80 年代贵州实行包产到户的土地改革，遵义市湄潭县作为国家第一批农村改革的试验区，成为农村改革的先驱者，率先实行进行“增人不增地、减人不减地”的试验，所形成的制度安排已有了明显的绩效。安顺市响应国家号召，提出“三权”促“三变”改革，明晰各类产权，激活村庄资源，由此形成的“塘约道路”成为各地学习的典范。六盘水推出的“三变”改革，促使资源转变为资产，资金转变为股金，农民变股东，取得了非常好的成效，引起了各界的广泛关注。由此可见，农村土地制度改革已是大势所趋，不仅适应了市场经济的发展，并且发挥资源优势，提高了配置效益；充分释放了统分结合的家庭承包责任制的新活力，顺从了农民的流转意愿。在全国范围内农村改革大背景下，贵州的“三权”改革顺应全局趋势。目前，全国已有超过 13 万个农村集体经济组织完成了改革，共确认集体成员 2 亿多人，量化资产 6 664.7 亿元，农民在改革中有了更多实实在在的获得感、幸福感。

二、“三权”改革的动力

由于以前是分散化的种植，不能形成规模化，慢慢地大坝村的发展陷入了“瓶颈”，制度和产权方面均受到限制。制度可以视为一种公共产品，它是由个人或组织生产出来的，这就是制度的供给。由于人们的有限理性和资源的稀缺性，制度的供给是有限的、稀缺的。随着外界环境的变化或自身理性程度的提高，人们会不断提出对新的制度的需求，以实现预期增加的收益。当制度的供给和需求基本均衡时，制度是稳定的；当现存制度不能使人们的需求满足时，就会发生制度的变迁。制度变迁的成本与收益之比对于促进或推迟制度变迁起着关键作用，只有在预期收益大于预期成本的情形下，行为主体才会去推动直至最终实现制度的变迁，反之亦然。

大坝村的“三权”改革动力是内生的，完全靠村干部自发带动，再加上村民自身有一颗勤劳致富的心，配合村里的带头人和党员，共同致力于村庄的发展。村支书陈大兴认为，农户个人发展形不成规模化，只有大家团结起来，抱团发展，才能够把产业做大做强；另外，也以防农户自己乱整，合作社可以统一管理，也有好的国家政策来补助，好的国家项目来支撑。有了这个想法后，村庄面临的土地产权不明、归属模糊的问题便需要解决，由此大坝村踏上了“三权”改革的道路。

三、“三权”改革的具体做法

（一）确权是基础

一是全面清查核定二轮承包土地资料，自2011年10月开始，村支书陈大兴带领村民以组为单位整治和丈量土地，将土地的界限全部打乱，邀请专业的公司对土地进行准确的确权，包括农村土地承包经营权、集体建设用地、林权等，将各农户的土地面积丈量登记在册并公示。二是全面清查核定宅基地宗数。2013年安顺市西秀区启动农村危房改造工作，大坝村确定了第一批改造户28户。其中村民黄双勇就是申请者之一，“大坝大坝，烂房烂瓦烂坝坝，小伙难娶，姑娘外嫁。”就像口口相传的民谣一样，当时他家的房子不仅有裂缝塌陷，每逢雨天还会漏雨。家里只有他在工地上打工维持生计，根本没有闲钱来盖房子。村里规定申请建房的农户必须拆除旧房，拆除的旧房可以进行赔偿，分砖混结构和砖木结构两种方式进行赔偿，分别是每平方米300元和每平方米180元。每家每户会收取卫生管理费，普通农户每年收取100元，经营有农家乐和超市的农户每年收取300元。拆除后的空地由村支两委统一规划使用，农户在建房规划区没有建房用地的由村支两委统一以每亩30 000元的折价进行调整。根据“科学规划、住宅统一、超前发展、群众自愿、量力而行”的原则，大坝村聘请黄果树设计院进行建设规划设计图纸，共两层，带洋楼，还有车库，共300余平方米，资金不够的陈大兴出钱并担保贷款。黄双勇觉得这样的安排很好，不仅办手续非常方便，更重要的是资金方面得到了很大的补助。

通过“确权”对农村土地承包经营权、集体建设用地和农民宅基地使用权、林权、“四荒”使用权、农村集体经营性资产、农业生产设施设备、农村小型水利工程产权等农村各类产权权属进行明晰，颁发权证，使农村资源权有所属。

（二）赋权是保障

根据确权所核定、勘测的数据，政府来颁发凭证，让农民有了产权“身份证”，以此来区分大坝村个人与个人财产的界限、个人与集体财产的界限。并且赋予了农民对集体资产股份占有、收益、有偿退出及抵押、担保、继承等权利。

由此，土地所有权、承包权和经营权也得以分离。通过“赋权”颁发《农村土地流转经营权证》《土地流转经营权评估报告》给村集体及农户不动资源赋予了适当的价值，最重要的是，赋权使农民的土地承包经营权、宅基地使用权以及集体收益分配权得到了保障。

（三）易权是核心

易权属于市场交易行为，建立和完善各类农村产权交易平台，让农村各类产权进入市场交易，使其在流动中增值。农民可以将土地承包权、经营权、林权以及房屋作为抵押资产，进行贷款。大坝村明晰和赋予了村民资源产权后，农民主动将土地流转到合作社，合作社便以整体的名义进行抵押贷款，贷款金额为 2 000 万元。通过“易权”实现土地流转和集中生产与经营，实现农户从个体生产经营者转变为村庄各类产业股份占有者和分红者。

四、持续推进“三权”改革

大坝村通过对农村各类资源的全面“确权、赋权、易权”，取得了良好的效果，促进“资源变资产、资金变股金、农民变股东”的实现。从长远来看，大坝村经过土地确权后，土地权属关系将会很明确，也为土地“三权分置”后经营权的资产化和财产化提供坚实基础；分散化种植也将演变为规模化农业，有助于推动农业现代化；农民的财产性收益也不仅仅来自传统业，随着村庄的发展，推动旅游业等第三产业的发展，家家户户都会有额外的收入，尤其那些经营性店铺，涵盖餐饮业以及住宿业；慢慢地，城乡发展差距也会变小，城乡之间的要素流动也变得频繁，有利于实现公共资源的均衡配置，促进城乡要素进行平等交换。

在村支两委的倡导下，村庄成立大坝村延年果种植农民专业合作社。

合作社将整合后的土地进行连片平整，在预留出生产便道等基础设施用地后，以 5 亩为单位对土地重新划块，按片规划种植，在规划种植区内农户同样可以以每亩 200 元的租金向合作社租种土地，同时合作社以略低于市场价的价格向农户提供种子、肥料和农药，以略高于市场价的价格统一收购农户的农产品。

2012 年，合作社种植了 2 300 亩金刺梨，建起育苗大棚 20 多个，现今种植了 5 000 余亩金刺梨，同时建的育苗大棚，年育金刺梨苗数百万株，成为安顺种植最早、规模最大的金刺梨种植基地和育苗基地。

2016 年，随着大坝村金刺梨产业的发展，金刺梨产量越来越多，市场价最终回落到每公斤 1.75 元，金刺梨鲜果滞销，大坝村进入了新的发展“瓶颈”，必须寻找新的出路。为保障种植户的利益，在贵州科学院生物研究所的支持下，大坝延年果合作社探索深加工，引进设备开始试生产金刺梨酒，投入市场后，反映甚好。结合大坝村的产业基地、种植人才与贵州生物研究所提供的科技帮扶等优势，陈大兴成立了大兴延年果酒有限责任公司。一方面可以提升金刺梨的附加值，另一方面可以带动村民实现就业。因此，建设果酒厂是村级自我发展的需要。

安顺市以大坝村为试点，发展金刺梨深加工，推动农业、工业、旅游业融合发展，探索农业供给侧结构性改革，有利于生态美和百姓富的有机统一。因此，建设果酒厂是农业供给侧结构性改革的需要。

安顺市种植金刺梨 25 万亩，2017 年产量 1.45 万吨，产值 7.12 亿元，覆盖 52 个乡镇 341 个村，其中贫困村 168 个。涉及 70 个合作社种植，带动 6 万余人就业，其中建档立卡贫困人口 7 832 人。因此，建设果酒厂是农业产业结构调整的需要。

最终，安顺市大兴延年果果酒加工厂成立于 2016 年 8 月，酒厂坐落于人杰地灵、风景优美、贵州十大最美乡村之一的安顺市西秀区大坝村，酒厂注册资金 100 万元。酒厂年产发酵果酒 5 000 余吨，年产值可达 4.5 亿元人民币，为安顺市金刺梨深加工作出了重大贡献，也为金刺梨产业可持续发展奠定了良好基础。现已解决当地剩余劳动力 100 余人，带动了全村贫困户脱贫致富。2017 年，西秀区城投投资有限公司与大坝村延年果种植农民专业合作社共同组建贵州大兴延年果酒有限责任公司，投资 8 000 万元建成贵州最大的果酒加工厂，占地 30 亩，建筑面积 9 320 平方米，年产果酒 5 000 吨。2018 年 1 月投产以来，签订协议订单 2 300 万元，已供货 190 万元。果酒厂的建设，为实施乡村振兴，实现同步小康打下了坚实基础。

第五节　改革绩效

一、培育有效率的经济组织

诺斯在《西方世界的兴起》里谈及，有效率的经济组织是经济增长的关键。

一种能够对个人提供有效激励的制度是经济增长的决定性因素，其中产权也是至关重要的。大坝村通过创新制度和确立产权，成立了有效率的经济组织，即村集体经营公司，由村集体统一开发经营村里的集体资产，盘活可以发挥价值的村庄资源，以此提高集体资产收益；建立股份联结机制，形成“利益共享、风险共担”的股份联结机制，保障入股村民获得长期稳定收益，以此提高村民的收入。

贵州大兴延年果酒有限责任公司位于贵州省安顺市西秀区双堡镇大坝村，于2016年成立，公司有金刺梨基地5 000余亩，7 000平方米果酒加工厂，600平方米天然洞酒窖，年产金刺梨酒5 000余吨。其主要产品有42度金刺梨白酒和12度金刺梨果酒。酒厂的成立极大地促进了当地社会经济的发展，带动周边群众增收致富。保底价应收尽收金刺梨鲜果，酒厂每年能生产各类刺梨酒5 000余吨，需要的金刺梨鲜果在30 000吨以上，仅仅依靠本地的金刺梨生产量远远不能满足酒厂的需求，为此，酒厂与周边的乡镇、村居签订了保底收购合同按照每公斤1.5元的保底价格收购鲜果，仅此一项就确保了种植一亩金刺梨能增收5 000～6 000元。在确保了酒厂正常生产的同时极大地激发了群众种植金刺梨的积极性，带动了周边各地金刺梨产业的发展。

二、“三权”改革绩效

（一）制度创新减少交易成本

科斯定理的核心是“交易成本”，但更核心的是“权利的界定”。所以科斯的伟大不是因为发现“交易成本”，而是提到“权利界定可以降低交易成本”。交易成本是制度运作成本，“三权”改革的制度创新，是一种自下而上的制度变革，演进路径也由“强制性制度变迁”向“诱致性制度创新”转变，通过制度创新减少了流动中的交易成本。交易成本又是使用价格机制的代价，价格机制是降低交易成本的最佳办法，确定权利边界是启动价格机制的必要条件，只有权利清晰才有交易的可能。降低交易成本可以从两个方面出发，分别为降低信息成本和降低制度成本。

在村支两委的倡导下，全村以大坝村延年果种植农民专业合作社为组织者，按照“群众自愿、公平公正、合理流转、合作管理、人人受益”的原则，将各农户的土地面积丈量登记在册并公示无误后，按每亩200元的补助标准，将全村土地合理流转到合作社，由合作社统一管理，根据发展要求合理利用土地，实现“利益共享、风险共担”。合作社的分红制度为：农户占50%，管理费占30%，剩下20%用于村集体资产积累。由此农户的权利边界得以确定。

村里成立合作社有利于降低农户的信息成本。农户不会种的没关系，村里请技术人员免费教；没钱种的没关系，合作社免费发放金刺梨幼苗给农户，并且每株给予12元的管理费，包括除草、施肥、修剪。其他村庄的人加入没有管理费。每亩可以种74株，一株占9平方米，一株可以产200公斤，鲜果每公斤1.75元，干果每公斤10元。摘果期共有40天，摘果费为每公斤0.25元。

大坝村有自己的工作制度，通过降低制度运作成本来降低交易成本。成立合作社对大坝村精准扶贫工作也有益处，在合作社上班的农户每月都有工资领。2012～2015年按照自由分组模式，每组10～15人，组员工资为2 400元，组长多得200元，为2 600元，一个月30天要上足26天，加班一天的工资为92.3元。2015年之后实行计件制，多劳多得，根据能力分配酬劳，比较公平。按照合作社管理制度做不够时间、天数的则扣工资。

（二）明晰产权提高资源配置

产权结构主要在以下方面推动制度变迁：一是依靠产权结构创造有效率的市场。新古典经济学理论认为，市场的有效性只有靠充分竞争。诺斯认为，市场无效率的根本原因是产权结构无效率，因此制度创新的一个重要内容就是产权结构的创新。另外，技术的变化、更有效率的市场的拓展等最终又会引致与原有产权结构的矛盾，于是形成相对无效率的产权结构。这种情况下就需要调整产权结构，进行产权结构的创新。二是依靠产权结构推动技术进步。诺斯认为，技术进步率的提高，既缘于市场规模的扩大，又出自发明者能获取发明收益较大份额的可能性。投资于新知识和发展新技术的盈利性需要在知识和创新方面确立某种程度的产权。如果缺乏产权，新技术唾手可得，就会丧失发明的动力。尽管发展新技术的社会收益率总是很高的，但从历史上看发展新技术的步伐却是缓慢的，问题在于“不能在创新方面建立一个系统的产权”。一套鼓励技术变革、提高创新的私人收益率使之接近于社会收益率的激励机制就是明晰创新的产权。“商标、版权、商业秘密和专利法都旨在为发明创造者提供某种程度的排他性权利”。大坝村村企推动，提升竞争力。经过“三权”改革后，依靠产权结构创造有效率的市场，依靠产权结构推动技术进步，采取“支部+合作社+贫困户”的工作机制，大力推动村级企业发展。建立金刺梨酒加工厂，年产金刺梨酒5 000吨。按照村集体占5%的干股招商引资建设大坝温泉度假村，带动该村服务业的大力发展。

资源配置效率得以提高主要表现在以下几个方面：

一是党建扶贫上。2012 年 8 名党员带头成立大坝延年果合作社，经过 6 年的努力，全村 374 户农户全部加入合作社，村集体经济从 10 万元增加到 350 万元，村民人均收入从 1 900 元增加到 12 000 元。2016 年，村党支部获得“全国先进基层党组织”表彰；2017 年，大坝村获得“全国文明村镇”表彰。

二是产业发展上。制订产业发展规划，带动农户种植金刺梨 5 000 亩，建成肉牛养殖场和蚂蚱养殖大棚，合作社对贫困户和非贫困户分别建立“136”（10% 为村集体经济，30% 为管理费用，60% 按亩分红）和“235”（20% 为村集体经济，30% 为管理费用，50% 按亩分红）的分红模式，实现利益联结全覆盖。

三是人居环境上。制订村庄规划，完善基础设施建设，建成农家别墅 131 栋，建设旅游、产业、污水处理系统等，安装太阳能路灯 300 盏，实现安全饮水、生活用电、联户路全覆盖。

四是民生保障上。实施危房改造 6 户，改厕、改厨 36 户，贫困户参合率 100%，落实 43 名贫困人口健康扶贫扶助资金 14.6 万元；54 名贫困户学生得到教育资助 17.52 万元。

五是危改资金上。现已到位危改资金 23.95 万元，“一事一议”财政奖补及省级新农村“整乡推进”等项目资金 52.98 万元，投入劳动力 3 600 多人，对全村 95% 以上的通村、通组、连户道路进行硬化，硬化面积 12 000 平方米，大坝村美丽乡村建设如火如荼。

三、村庄发展

目前，由党支部牵头建立的大坝村合作社已有金刺梨育苗大棚 48 个，年育苗量 500 万株，同时种植有金刺梨 2300 亩、流转土地 400 亩种植晚熟脆红李、100 多亩葡萄、100 亩雷竹、100 亩桑葚、100 亩梨树苗，林下养鸡 5 000 羽。作为新模式下的村级企业，在壮大村集体经济的同时，更有效解决了村民的就业，推动了全村的发展。为了探索金刺梨产业新的发展路径，合作社开始开发金刺梨系列果酒品牌，新的山地特色农业产业又将形成。2018 年成立蚂蚱养殖合作社，有 300 个蚂蚱养殖大棚，并且请有专门的技术养殖人员，每公斤蚂蚱可以卖 60 多元，养蚂蚱的收益是种植玉米的 5 倍。

贵州易氏金花葵商贸有限公司成立于 2014 年，由易氏中医控股，拥有独特的易氏配方，公司注册资本金 500 万元，固定资产 400 万元，公司现有生产厂房

2 400 平方米，员工 10 人，中药材种植基地两处，流转土地 150 亩，种植种类有金花葵、黄精、人参、何首乌。已注册“易金香”等三个商标，四个类别，申请有专利一项。公司主营业务有食用农产品的种植加工、销售及珍稀中药种苗的培育。主要产品有金花葵中药茶、金花葵面条、金花葵粉、金花葵籽油、金花葵鲜花饼等；产品远销北京、上海、重庆、成都、昆明、丽江、青岛、贵阳、凯里等省内外城市。

贵州大兴延年果酒有限责任公司位于贵州省安顺市西秀区双堡镇大坝村，于 2016 年成立，公司有金刺梨基地 5 000 余亩，7 000 平方米果酒加工厂，600 平方米天然洞酒窖，年产金刺梨酒 5 000 余吨。其主要产品有 42 度金刺梨白酒和 12 度金刺梨果酒。酒厂的成立极大地促进了当地社会经济的发展，带动周边群众增收致富。

一是采用“支部 + 合作社 + 企业”模式，增加群众增收渠道，扩大村级集体经济。支部牵头成立合作社，大力推进“三权促三变”工作，整合土地资源，发展产业。群众以土地入股分红、入社务工等多种方式增收，村集体每年按纯收入 5% 的比例提取作为村集体经济用于大坝村基础设施建设。

二是保底价应收尽收金刺梨鲜果，酒厂每年能生产各类刺梨酒 5 000 余吨，需要的金刺梨鲜果在 30 000 吨以上，仅仅依靠本地的金刺梨生产量远远不能满足酒厂的需求，为此，酒厂与周边的乡镇、村居签订了保底收购合同按照每公斤 1. 5 元的保底价格收购鲜果，仅此一项就确保了种植一亩金刺梨能增收 5 000 ~ 6 000 元。在确保了酒厂的正常生产的同时极大地激发了群众种植金刺梨的积极性，带动了周边各地金刺梨产业的发展。

三是打破了农村传统的生产模式，延伸了产业链条，助推大坝村三次产业融合发展，实现群众富、村庄美。“村社合一”整合了全村土地资源，抱团发展产业，提高抗风险能力。发展金刺梨深加工，提高了金刺梨产业含金量。酒厂生产管理提供了大量的工作岗位，村民就近务工成为现实。

2012 年 7 月，省委组织各村村支书去号称“天下第一村”——江苏省华西村，学习它们的发展模式。考察回来后，陈大兴便有了新的想法，现在，乡村旅游发展得特别火热，大坝村地势平坦，距离安顺市区又不远，搞乡村旅游何尝不是条好路子。就这样，陈大兴又开始新一番的“折腾”，他要给村民们盖别墅。

2013 年安顺市西秀区启动农村危房改造工作，大坝村确定了第一批改造户 28 户。其中黄双勇就是申请者之一，黄双勇觉得这样的安排很好，不仅办手续非常方便，更重要的是资金方面得到了很大的补助。

第六节 结论与建议

一、研究结论

（一）村庄发展在很大程度上取决于村庄带头人

驻村第一书记丁凯告诉我们，从党的十八大到十九大，大坝村经历了不平凡的五年，村里的环境从脏乱差到干净整洁，村民的态度由不解到误解再到理解，向政府申报土地整治、绿化和基础设施建设等项目，也得到不少资金帮助，村里也结合美丽乡村、危房改造、整村推进等项目融合资金。陈大兴认为，农户个人发展形不成规模化，只有大家团结起来，抱团发展，才能够把产业做大做强；另外，也可防止农户乱整，合作社可以统一管理，也有好的国家政策来补助，好的国家项目来支撑。这么多年来，陈大兴经历过无数次的尝试和失败，“功夫不负有心人”，到如今，种植了 5 000 余亩金刺梨、1 200 亩晚熟脆红李，建起了 600 余个蚂蚱养殖大棚、省内最大的金刺梨果酒生产厂，人均年收入在十几年前时仅仅只有 1 980 元，到如今村民人均年收入超过 1.2 万元，足足翻了 10 番，村集体经济累积到 300 多万元，大坝村也从“省级二类贫困村”一跃成为全省样板村。

（二）有效率的经济组织是经济增长的关键

有效率的经济组织是经济增长的关键，而有效的组织需要在制度上作出安排和确立所有权。一个有效率的经济组织在西欧的发展正是西方兴起的原因所在。有效率的经济组织能够使个人的经济努力的私人收益率接近社会收益率，从而提供最有效的激励。市场机制能够发挥配置资源的作用关键还是参与市场的行为人得到了激励，从而实现资源的最优配置，提高经济效益。

制度变迁中的产权理论将产权理论与制度变迁结合是诺斯的一大理论贡献。诺斯认为，科斯等人创立的产权理论有助于解释人类历史上交易费用的降低和经济组织形式的替换。根据产权理论，在现存技术、信息成本和未来不确定因素的约束下，在充满稀缺和竞争的世界里，解决问题的成本最小的产权形式将是有效率的。竞争将使有效率的经济组织形式替代无效率的经济组织形式，为此，人类在为不断降低交易费用而努力着。有效率的产权应是竞争性的或排他性的，为此，必须对产权进行明确的界定，这有助于减少未来的不确定性因素并降低产生机会主义行为的可能性，否则，将导致交易或契约安排的减少。

（1）“三权”改革促进了村庄经济的发展。

发展在哲学里表示新事物的产生和旧事物的消亡，由简单到复杂，由低级到高级的动态变化过程。发展的道路是曲折的，但发展的前途是光明的。经济学中的经济发展也是一个动态持续的过程，人们通过科学技术的不断创新，使经济总规模不断扩张，经济总福利不断加大，以实现自身利益最大化。经济增长是指一个国家或地区产品和劳务产出量的持续增加，通常以国内生产总值（GDP）增长率、国民生产总值（GNP）增长率、国民收入（NI）增长率等指标来衡量，仅仅是指经济数量的增长，是一个比较狭义的范畴。而经济发展的意义则更加广泛，指一个国家或地区随着经济增长而出现的经济、社会的整体演进和改善，不仅包括经济数量增长，还包括经济结构优化、经济质量提高等方面。可见，在经济学研究中，经济增长与经济发展的定义并不相同，不过，经济增长是经济发展的重要指标，而且经济发展的衡量涉及多方面的因素，因此，出于数据等方面的考虑，本书并不严格区分经济发展与经济增长。

大坝村采用“支部 + 合作社 + 企业”模式，转变了农业生产方式，提高了农业生产的效率，有效地抵抗了农业的弱质性。采用“支部 + 合作社 + 企业”模式，增加群众增收渠道，扩大村级集体经济。支部牵头成立合作社，大力推进“三权促三变”工作，整合土地资源，发展产业。群众以土地入股分红、入社务工等多种方式增收，村集体每年按纯收入 5% 的比例提取作为村集体经济用于大坝村基础设施建设。

“三权”改革为农村各类产权注入了活力，盘活了村庄各类资源，农地产权得以明晰，是土地改革的一次有益探索，也有效推动了土地的高效流转，有利于深化农村集体产权制度改革，推动农业现代化，更是积极践行了中央的“三权分置”政策。

（2）产业发展带动了村庄的脱贫致富。

习近平总书记强调，“发展产业是实现脱贫的根本之策，要因地制宜，把培育产业作为推动脱贫攻坚的根本出路。”近年来，大坝村因地制宜地发展特色金刺梨产业，实现了农户脱贫与增收，打破了农村传统的生产模式，延伸了产业链条，助推大坝村三次产业融合发展，实现群众富、村庄美。“村社合一”整合了全村土地资源，抱团发展产业，提高抗风险能力。发展金刺梨深加工，提高了金刺梨产业含金量，酒厂生产管理提供了大量的工作岗位，使村民就近务工成为现实。

二、政策建议

(1)保护农民权益，使农民在土地流转中具有完全自主权。首先，要全面落实党的土地延包政策，切实做到地块、面积、承包合同和经营权证书四到户。其次，政府要把保护农民产权利益列为重大事项进行督查，充分维护承包农户使用、流转、抵押、退出承包地等各项权能；要明确土地承包权的核心和实质。最后，政府部门要建立健全资格审查、项目审核、风险保障金制度，加强对工商企业租赁农户承包地的监督管理和风险防范，对工商企业长期租用大片土地的，必须保证涉及土地流转的农户具有参与权、知情权、决策权，对租金的分配要征得村民大会的同意。对这个过程中的租地条件、经营范围和违规处罚等作出具体的规定，实行严格的监督管理。

(2)强化领导干部及群众的思想认识是改革进行的关键。村庄的发展致富靠村庄带头人和群众的共同努力，而在这其中的关键衔接者就是村庄带头人，要把握大体方向，大坝村的干部意识到了这一点，积极激发群众想要致富的观念意识，发动团结群众的力量，一次次敢为人先，转变村民固化的思想认识。下一步，应该要提高农民的教育水平，以此来带动思想观念的转变。提高农村劳动力文化教育水平，大力培育新型职业农民，让农民掌握更多的农业科技知识，提高农业创新力与竞争力，促进小农户与现代农业有机衔接。

(3)“三权”改革要注重配套农村金融改革。一方面，要提高金融机构的积极性，多参与农村金融改革，推进农村合作信用社村社化，建设普惠金融体系，出台产业开发贷款贴息政策，创建创新发明优惠、低门槛的金融创新产品，出资成立担保机构和建立涉农信贷风险补偿基金。另一方面，要激发农民进行产权交易的活力，搭建产权交易中心和产权交易平台，方便农民用权益来抵押贷款。同时鼓励建立行业担保公司、农村资金互助社、产权抵押贷款等多种形式的融资渠道。

(4)以产业革命来振兴乡村。以重点项目为抓手，建立传统农业产业品牌，加快产业园区建设，培育现代山地特色高效农业，大力推动农业产业聚集化、规模化发展，让产业发展成为助推脱贫攻坚的坚实阵地。结合本地生态优势，大力发展生态旅游产业，让“绿水青山成为金山银山”，带动美丽乡村建设。

第四章 “三变”改革与舍烹村发展研究

“三变”改革是伴随着我国土地制度改革的开始而衍生的，是对我国现行的统分结合的双层经营体制的家庭承包经营的继承和优化，是农村改革最大的制度成果和实践成果，是我国农村改革理论与实践相结合的产物。2014 年农村“三变”改革在六盘水市被划时代性地提出，汪洋副总理在 2015 年前后两次针对“三变”改革的做法作出了重要批示，务求深入调研六盘水“三变”改革的更深的价值意义，把“盆景”转换成为“风景”，将“三变”改革的成功经验推向全国。“三变”改革已然成为我国新一轮农村土地制度改革的风向标，是实现乡村振兴的重要举措。本章通过对“三变”改革进行深层次分析，选取典型村庄案例，经过对舍烹村的实地调查和半结构访谈，从舍烹村的起源、发展、壮大等各个阶段进行了系统的分析。

第一节 导 言

一、研究背景

村庄是人在群落变化过程中所经历的一种初级形式，同样也是城市形成中的必经形式。在村庄中，人们主要以耕种土地为主，农业种植主要以粮食作物为主。因此村庄经济的发展离不开土地，怎样对土地进行合理的分配利用，是村庄经济发展的关键。我国是一个历史悠久的国家，从奴隶制社会对土地制度探索的开始，经历了封建社会、半封建半殖民社会，到现今社会主义社会不断完善改进，每个社会阶段下都制定了与当前生产力发展相适应的农地制度。可以说，村庄经济的发展伴随着农地制度的演变。

2015 年，习近平总书记在中央扶贫开发工作会议上第一次提到“三变”的成效，指示创新要经历变革，贫穷地方通过资源变资产、资金变股金、农民变股东的方式，把劳动力、土地、自然风光、资产等资源利用起来，带领困难农民致富，把绿水青山变为金山银山。2016 年，《关于在全省开展农村资源变资产资金变股金农民变股东改革试点工作方案（试行）》制定并实行，要求在贵州省推行乡村资源变资产、资金变股金、农民变股东（以下简称“三变”）的六盘水市农村改革成功经验，村庄经营体制要创新，农业产业要加快转变，村庄发展要有活力，达到农业、农民、农村的增效、增收和繁荣。在党的十九大报告中，也提及了乡村振兴的战略蓝图，描绘出未来几十年中国农村繁荣的宏伟概念。以“三权分置”为基础，“三变”改革是对农村农地制度的进一步深化和实际应用。

2017 年，中央一号文件又明确提出，为了增加农村集体经济的实力和活力，应当从实际中探求村集体经济发展的途径，积极鼓励地方开展“三变”改革等农地改革。贵州开展的“三变”改革取得了成功，形成了独特的贵州农村经济发展的模式，为全国深化村庄产权制度改革提供了宝贵的经验。

二、研究目的

本章重在微观层面的案例分析，强调理论与实际结合，运用有效可信的案例调研资料，对“三变”改革与村庄经济发展之间进行深入的探讨，分析村庄发展中可能存在的不足和普遍实用的制度安排，旨在提出科学、可靠的研究结论和可行的政策建议，为今后村庄发展、乡村振兴的进一步有效开展提供有益的支撑性研究，具体目标如下：

对“三变”产生的动因进行理论分析，用制度变迁的理论解释改革产生的根本起因，并将改革与经济发展以“股份”为核心的利益分配机制联结起来，探讨农村经济发展的影响机制。

本章通过对“三变”改革的起源地舍烹村进行调研，以舍烹村为典型案例，对舍烹村发展路径进行梳理，探讨舍烹村发展以来在资源配置中的做法。

我国的土地制度改革遵循先试点后推广的原则，对舍烹村经济发展中的做法特点进行提炼总结，提出合理的村庄今后发展的建议。

三、研究意义

1. 理论意义

在新古典经济学中并没有制度的内容，诺斯把制度作为内生变量放到经济的研究之中去，他认为经济发展和变迁的变量为意识形态、产权制度、国家、产权制度等，将产权理论、意识形态、国家理论作为核心思想，提出了制度演变学说。在土地制度变迁的基础上，以增加农民收入为目的，探讨在村庄发展中，各种资源要素与经济发展之间的理论逻辑，为增进村庄可持续发展和繁荣以理论支撑，具有一定的理论意义。

2. 现实意义

长期以来，我国的城乡二元结构导致村庄基建陈旧、村民生活贫困。由于中国村庄人口占比较大，贫困多发生在村庄，中国农村经济社会的繁荣受到这种现状的严重约束。首次提出“两个一百年”奋斗目标是在中共十八大报告上，报告指出2020年要全面实现小康，到2050年实现社会主义现代化国家，即富强、民主、文明、和谐的社会。这就迫切要求必须面对村庄发展的问题，农民收入缺乏资产性收入，农村资源得不到合理的利用，导致资源闲置，“三变”改革将资源变资产，将农民的承包地、房屋、树木和河流确权入股，丰富了村民资产性的收益，增进了村庄经济的发展。对今后的村庄繁荣提供了改革思路，具有深远的意义。

四、研究思路、方法

（一）研究思路

本章遵循“理论分析—典型案例分析—政策建议”的总体研究思路。首先分析了“三变”起源的理论动机和村庄经济发展的理论，探讨“三变”的内容。其次是通过对舍烹村的案例分析，深入分析“三变”改革的来源和具体做法，以及改革中的特点，既是对理论分析的实践深入，也是理论映射到现实的具体实践。“三变”改革是对村庄发展的一种新的制度探索和实践，其实施和操作过程中不可避免地存在一些不足之处。笔者在讨论了舍烹村发展中的问题、对策和发展特点以后，总结出对今后农村发展有益的政策建议，为今后村庄发展制度设计提供了参考。

（二）研究方法

文献研究法。文献研究法指的是在现有的相关文献中，进行搜集和整理，对文献进行深入分析，了解当前研究的最新进展，形成的一种科学的认知方法。本章将从“三变”的研究文献出发，通过“三变”发展的历程，探究“三变”制度与经济增长的作用机理。

案例分析法。案例分析法指的是在特定的一段时间内事物发展的一定规律的经验性研究方法。案例分析法要求研究者采取实例的方式对现象进行实证研究，案例研究可以得到现象之间更深层次的关系，能够尽可能地还原事件的全部面貌，在现有的理论基础上获得更多新的理论观点。本章将选取六盘水市盘县最早开始实施“三变”的舍烹村的成功案例，通过在 2018 年 7 月 24 日至 2018 年 7 月 30 日对舍烹村的实地调研资料和数据整理，分析舍烹村的发展。

第二节 理论机制与逻辑

一、理论机制分析

(一)“三变”改革产生的动力机制

在古典经济增长学说的发展中，学者们普遍认为土地是经济增加的根本条件；劳动力是经济增长最基本的要素；资本是经济增长的重要因素。新古典经济的增长学说将技术应用到经济增长模型中，继承和发展了古典经济增长学说，认为经济稳定增长的最核心原因是技术因素。新制度经济学的核心是人的行为受到制度的安排，从而作用于资源配给的效用，引致经济结果的差别①。普遍认为经济增长的第四个要素是制度，制度是阻碍欠发达国家经济增长的因素②。“三变”起源于中国的土地制度变革，其受制度因素的影响不可避免。分析“三变”改革对村庄经济发展的研究，一方面可以探索中国农村经济发展的规律；另一方面，可以用制度变迁解释经济长期增长机制问题。

从我国开始实行农地的家庭联产承包责任制以来，对于家庭联产承包责任制的路径依赖一直以来都在不断强化，但是随着社会经济的进步与社会环境的变革，其存在的城乡不能共享土地增值收益以及城乡居民收入差距逐渐增加等弊端，使社会经济的运行成本增加，在一定程度上阻碍了可持续发展的进程③，同

① 张光南．制度、基础设施与经济增长．南方经济，2007（3）.

② 黄少安，韦倩，杨友才．引入制度因素的内生经济增长模型．学术月刊，2016（9）.

③ 洪名勇．城乡二元土地制度：逻辑起点、演进与未来改革．经济研究参考，2018（38）.

时我国土地等要素的逐渐细碎化、效率低等弊端的显现，怎样打破现有的我国的家庭联产承包责任制的制度“瓶颈”，克服制度惯性，建立一种新的制度体系，对我国村庄发展来说是一个极其迫切的要求，“三变”改革正是在这种背景下诞生的。因此，笔者认为分析“三变”改革的动力机制对今后改革的完善以及对改革的宏观调控有着重要的作用。

学术界制度变革的动力机制观点有很多，大致可以有经济推动、技术决定和制度循环累积等学说。舒尔茨等代表了经济发展推动学说，其思想是经济增长引发制度变革，制度变革产生的动力源泉是经济发展，经济价值服务的供给者之一是制度，其对经济发展的反馈而产生制度变革①。技术决定论认为推进经济发展与制度变革是由于技术因素，技术变化引起的成本收入的改变导致新的制度出现，从而引起制度变革的效果②。此种观点的代表人物有凡勃仑、阿里斯、马克思等，其主要认为制度变革受到技术变革的影响，在以往的制度学说中制度决定一直处在起支配地位的学说③。制度自我积累循环说的代表人物有道格拉斯·诺斯和罗伯斯·托马斯，其认为经济发展的核心是经济的有效率，制度变革本身就是经济增长不断发展的起因，拥有自我循环积累作用，认为经济发展的作用是制度因素而不是技术因素。拉坦是技术与制度双线互动学说的代表人物，其认为制度与技术变革两者具有很高的依赖性，不应当将技术和制度两者割裂开进行分析，应当把两者结合起来作为一种交互的变化过程。创新学说的代表人物熊彼特也支持这样的看法，其在《经济发展理论》一书中也提及经济变革和社会演变的经济学构架既包括技术革新要素，又包含制度创新因素④。预期利益偏好理论的研究者旨在从预期利益偏好视角去观察制度变革的起因。其中，戴维斯和诺斯从外部利益的本原入手，表明外部利益的改变是制度变迁的动因起源，制度是一个经济与行为间的收益分配，外部收益的变化使人们去改变制度安排⑤。利益集团论代表人物是奥尔森，其认为，制度变革的产生决定于收益的需要。新的制度供给的收益比以往制度好，因为人们期望或是需求行为使制度产生向着有益于自

---

① 舒尔茨．制度与人的经济价值的不断提高．载科斯等．财产权利与制度变迁——产权学派与新制度学派译文集．上海三联书店，2004：257.

② 史晋川，沈国兵．论制度变迁理论与制度变迁方式划分标准．经济学家，2002（1）.

③ 拉坦．诱致性制度变迁理论．载科斯等．财产权利与制度变迁——产权学派与新制度学派译文集．上海三联书店，2004.

④ 洪名勇．制度经济学．中国经济出版社，2012：141.

⑤ 戴维斯，诺斯．制度变迁的理论：概念与原因．载科斯等．财产权利与制度变迁——产权学派与新制度学派译文集．上海三联书店，2004：276.

己的改变，此种改变的行为主体就是组合成的团体[①]。

制度变迁的起因是多种多样和错综复杂的，其产生的起因不外乎有内因和外因两个方面（详见图4－1）。本章研究采取利益需要学说探析制度变革的内在发生动机，分析制度产生的主观动力，内因主要由于人们的利益和需要持续的满足与持续的收益矛盾的解决为内生动力；采取马克思的生产力与生产关系的矛盾来探讨外部因素，分析土地制度变革的根本动力，外因主要是由于外部环境改变的诱发性，主要是外部因素的改变。

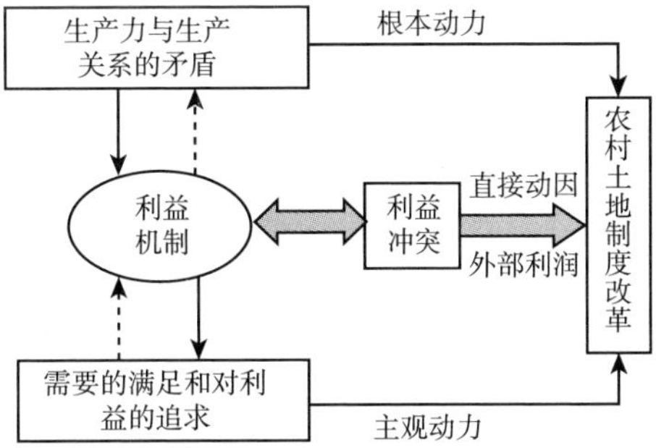

图4－1 农村土地制度改革产生的动力机制

第一，根本动力。在马克思主义经济学家看来，社会制度变革乃至人的社会进步的原动力就是生产力的发展。历史唯物主义理论认为推进人的历史向前的最根本的力量是经济基础和上层建筑的矛盾以及生产力和生产关系的矛盾作用。在某个发展阶段，人类社会只有当生产力与生产关系产生矛盾，生产力被生产关系严重束缚时，当前的经济体制将被新的经济组织和制度体制所代替，拥有先进的生产力的新的生产关系模式将会出现[②]，从而历史社会演变以及社会体制的变革的根本动力源自于生产力发展。生产力决定生产关系被生产力所支配，生产力在一定程度上又受到生产关系的影响，生产关系与生产力相匹配，这是社会进步最基础、最广泛的现实规律，同时是“三变”最主要的发展方向。生产关系的方式和性质被生产力当前水平所限制，生产关系的形式应当与当前生产力发展阶段相适应。

第二，主观动力。人们的生产力进步和推进制度变革的思维动机和内在因素就是需要和利益机制。依照需要学说，社会和个人的整体统一性是需要，人和社

① 洪名勇．制度经济学．中国经济出版社，2012：142．

② 靳涛．马克思经济社会发展观的内在逻辑与实证检验——透过转型对马克思经济社会发展观的再认识．东南学术，2006（3）．

会的发展是对立统一的。“社会是人的社会，人是社会的人。”在个人与社会不能割舍的基础下，由此产生个人的需求并不只表现个人的意识，同时也表现了个人需求的社会价值。从历史的、辩证的角度来看人的需求的表露一般都是经过人的大脑，是人的整体性，人的智力发展的一定阶段。马克思还把人们的需求行为放进历史的发展中去研究，放到生产的历史发展中去考察，发现人们的生产行为是一个递进的过程，包括生产生活物质发展、生产享用物质的再发展和生产发展物质。首先是为了维持生活的需求，再提升到为了更深层次的享用的需求，然后提升到为了得到更深层次发展的需求。这是社会进步演变的三个层次，同时是得到需求的三个层次，同样也是人类从生存生活到物质享受的奋斗，再到为自我发展而奋斗的必经路径。人的需求是人的根本，人的活动受到自我意识和思想动机行为的控制，而意识和思想来源于人的需求，从而需求变为人的行动的起因。

利益作为推进制度变革的直接动机，其动因传递机制是伴随着生产关系和生产力之间矛盾而产生的。利益有利益主体，也有利益客体，一般认为人是利益的主体，即在固定的社会关联下所有经营生产行为或其他社会行为去追寻自身满足的社会需求的人，利益主体追寻和达到满足的行为人对象就是利益的客体对象。利益关联既有事物与事物之间的联系，也包含人与人间的联系。人们在资源生产流程中所形成的经济社会联系是人们最根本、最重要的社会关联，即生产关系的实质，它支配了其他社会关联。人们利用、改造天然资源和物质生产资料的能力就是生产力，它由参与者和物质的因素即生产资料构成。人的社会进展的最后主宰作用是生产力。当生产力演变的需要与以往的生产关系不能匹配时，现有的生产关系便会受到生产关系的严重冲撞，经过利益为媒介的传送，使人与人间产生冲突关联，出现利益矛盾。在利益追求和利益冲突的双重因素下，人们将产生对现有制度调整变迁的“思想动机”和行为动机，从而形成对制度变迁的动力。

中国的土地制度改革的推进和进展的力量也是源于生产关系与生产力的对立以及需要的满足对利益的追求。改革开放以后实行的承包责任制的原因归结起来，就是由于生产力的演变需求得不到生产关系的匹配，人们对土地的需要和对收入提高的追求得不到满足。随着社会生产力的发展，人们越来越渴望获得更多的土地使用自由的权利，去获得更多的潜在利润。2008 年 10 月 12 日的《中共中央关于推进农村改革发展若干重大问题的决定》是 1949 年以来首次提出农地可以流通，可以认为是农地制度变革以来的第五次农地变革的开始。“三变”是对第五次农地制度变革的更深层次和具体实践。

（二）“三变”改革与农村经济发展的影响机制分析

我们可以把农村资源看成一个投入—产出的“黑匣子”，假定在一定时期内，可利用资源保持不变，劳动力数量可以变化。初期，劳动力投入较少，资源相对过剩，劳动力和资源之间的配置不合理，资源的作用得不到全面的发挥，如果此时向“黑匣子”里继续投入劳动力，就会改善劳动力与资源之间的不合理配置，使资源的效用发挥出来。该“黑匣子”的产出是农村经济的增长和发展。农村资源的合理配置由于自身条件限制，依靠自我不能实现。这就需要外界有效率的经济组织介入，对农村资源进行合理的配置，引入先进的生产管理经验，带来大量的资金投入，推动资源的开发利用，发挥农村资源的潜在收益，促进农村经济的发展（详见图4－2）。

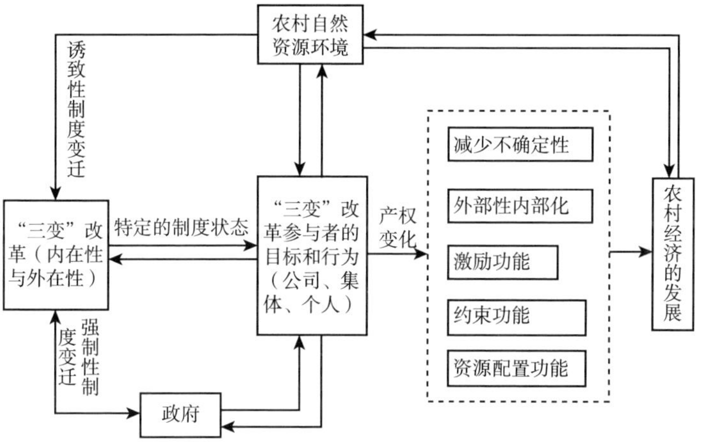

图4－2 “三变”改革与农村经济发展的影响机制

农村自然资源的开发利用一方面可以促进农村经济的发展，同时让“三变”改革的参与者实现目标收益；另一方面，农村资源带来的收益使农民意识到外部利润所带来的好处，促使农民更加支持“三变”改革的制度安排。因此，可以说“三变”改革是一种诱致性制度变迁。由于“三变”改革的目的不单纯的是以利益最大化为原则，“三变”改革带来的经济效益是企业、集体和个人所共享，覆盖全体农民，其旨在实现农村经济的发展，人民生活水平的提高，实现缩小城乡差距，共同富裕。因此，“三变”改革在实施过程中可以忽略诱致性的制度变迁不可避免的“搭便车”的问题，使诱致性制度变迁在“三变”改革中是有效率的形式之一。

诺斯的制度结构理论从制度实施惩罚的视角将制度分为正式制度和非正式制度。然而，柯武刚和史漫飞从制度的起源角度将制度分为内在制度和外在制度。本书在分析制度时，采用柯武刚和史漫飞的制度结构理论，认为制度具有外在性和内在性。柯武刚和史漫飞认为内在制度是从人类经验中演化出来的，内在制度包含习惯、内在化规则、习俗和礼貌以及正式化内在规则四种制度安排。习惯规则对于行为受其控制的个人有明显、直接的好处，而违反这类规则会损害这些个人的自我利益。因此，农村资源这个“黑匣子”是通过制度的内在性来影响制度的变迁，从而强化“三变”改革的推行。

政府既是制度的供给者，又是制度的监督和执行者。“三变”改革涉及农村产权制度、土地制度、经营制度等多个方面的改革，以“三变”改革统揽农村改革，可以有效破除制约农村发展的体制机制障碍，加快推进脱贫攻坚，解放和发展农村生产力。“三变”改革既接地气又符合中央深化农村改革的顶层设计，既激活自然资源、社会资本，又激活人力资本，既改善农村社会治理结构又可以让老百姓得到更多的实惠。可以说“三变”改革是地方对于农村土地改革的成功实践，离不开政府在“三变”改革中的监督、资源配资和宏观调控职能。政府通过“三变”改革对参与者的行为进行监督，对实施的过程和结果进行监督评价，通过制度的外在性，为“三变”改革制定相关的政策保障，从而对“三变”改革进行合理的政策改进。这个过程并不是一次完成的，这个改进的过程需要循环往复、贯穿于“三变”改革的始终，是一个不断“试错”、不断改进的过程。由此来说，“三变”改革的产生是在不断总结农村经验的基础上形成的。

“三变”改革的参与者在“三变”改革之中，不仅为“三变”改革提供了人力资源，而且还带来了先进的管理经验。企业在“三变”改革中的角色可以看作是一个“有效率的经济组织”，企业的介入在“三变”改革中发挥着巨大的作用，企业不仅带来了资金和人力资源，还通过自身的先进管理经验，对农村产权进行重新分配，发挥产权的激励、约束和资源配置功能，减少不确定性和外部性，从而发挥农村资源的潜在经济价值，资源的价值得到最大化的利用，增加了农民和村集体的收入，带来了农村经济的繁荣发展。

“三变”改革的核心是股份制，“三变”改革通过对土地等资源的股权改革，对存量资产、自然资源、人力资本进行量化，有效地规范了“三变”改革不同参与者的职责和分工。有效率的分工提高了资源利用效率，促进了“三变”改革的进一步深化。

二、影响逻辑分析

（一）“三变”改革的内涵

按照马克思主义解释的社会和经济发生规律，国家经济和社会发展的根基是农业。早在我国的新民主主义革命期间，毛泽东就开始思考村民与土地的难题[①]。近年来，随着社会的不断演进，“三农”难题越来越得到重视。2018年中央一号文件又一次关注“三农”难题。贵州的“三变”改革就是在习总书记“三位一体”的“三农”思维指导下[②]，通过试点和创新实施，对实施中的做法采取总结提升的结晶。

资源变资产、资金变股金、农民变股东是“三变”改革的核心内容，以下简称“三变”。资源变资产指的是将村集体所有的耕林草地、荒山沟、荒丘滩、水域、房屋、基础设施和集体建造用地（物）等的集体资产，依法评估折价，经过商讨或者合约途径，根据法律进行估价，将资金投资到合作社、企业及其他经济机构后，获得股权。资金变股金指的是把省、市、县以及中央政府发放到村庄的扶持类资金，不包括救济、补贴和应急类资金，在不改变资金利用性质和使用途径的原则下，将其变为集体或农民的自有资金，与农户按照法律应得的自筹资产一起，经过商议或者合约途径，投资进入合作社、企业及其他经济机构后，按股份获得收益的资本金。农民变股东指的是农户以确定承包权后的农地承包经营权，合法应得的自筹资金、技术等经过商议或者合约途径，投资进入合作社、企业及其他经济机构后变为股东，按期依据股份从企业中得到分红。“三变”激发了乡村的天然资源和资产以及劳动力资源，增进了农村生产、村民物质资料和村庄环境外部效益，激发了村庄经济发展的产出效率，增进了村庄经济社会的发展。

1. “三变”改革的起源

六盘水市位于滇黔桂石漠化连片特困地区和乌蒙山的交界处，有4个区县，其中有国家级贫困县3个和省级贫困县1个。2014年，全市贫困人口大约51万人，贫困发生率大约为20%，与全国的平均水平相比高了12.6%；乡村农民人均可支配收入远低于全国的平均值，人均可支配收入为6 791元，城镇居民可支

① 唐明勇．民主革命时期毛泽东农村基层民主建设的思想．学术交流，2003（8）．

② 陈林．习近平“三农”思想发展脉络．人民论坛，2015（30）．

配收入是其3倍多。六盘水市普遍为喀斯特地貌，坡陡山高、农地稀少、环境薄弱，市内山坡约占面积97%，其中25度以上的山坡农地大约占47%；一直以来乡村农业底子脆弱，村民以分散和细碎化的玉米、土豆等传统种植业为主要产业，普遍存在农户收益低和增加收入困难，引起乡村劳力资源的大量向外流动，出现了许多的“空壳村”。2013年，六盘水市有1 017个行政村，其中“空壳村”有548个，达到53.8%①。六盘水市在2010年开始引领发展现代农业，让资本转型发展，开展特色现代农业的结构调整策略。但村庄农业土地等资源分散，农户家庭资源少并且资源分散，缺乏协作工作的能力，从而引致了现代资源要素与乡村特色农业发展衔接不上的问题，如农户农地的集约困难和公司与农民利益分配机制的协商问题等。总的来说，农村的各类财政资金利用细碎化和分散化的问题，使这些难题更加严峻，使有限的政府资金不能发挥杠杆作用，撬动更多的效用。为解决这些问题，开始自我探求农民或者村集体以资源资金入股的运营方法。2015年，六盘水市通过调研等方式发现了农村变革的成功经验，及时总结提炼，首次总结出了“三变”改革的新方式，开展推行“三变”改革试点。2016年，贵州省选出了21个县区展开“三变”改革试行，到了2017年，全省逐渐全面推行。截至2017年年底，有65个镇（乡）、31个街道（社区）、872个行政村和31个省级农业园区在六盘水市实行“三变”改革方案，有50.14万的农民变为股东，使165.33万农户增收。

2. “三变”改革中的股权形式

“三变”改革中依托的是合作社，其中的纽带是股份制合作，重点是产业平台。农民把自有资源、资金和技术入股到合作社或者运营主体，农民拥有很多种的参股形式，丰富了农民参股的内容，制定完成了正规、详细的股份制入股方式。

“三变”改革中的股份形式多样，主要分为实物股和无形股。实物股指的是以具体的资源、资产入股的股份，主要包括土地林权股、资金房屋股、水利设备股和基础设施股等；无形股指的是以无形资源参股的份额，主要包括自然风光、技术（技艺）、劳务管理股和知识产权股等。“三变”改革中对自然资源做了明确的股份划分，如土地、林权、水利和自然风光。

土地股指的是农民以农地的经营权参股公司或者合作社等运营主体，依据份额分享收益；林权股指的是将村集体或者农民承包的森林参股到公司和合作社等

① 姜长云，芦千文．贵州六盘水乡村“三变”改革实践经验及后续完善建议．西部论坛，2018（3）．

运营主体，从而把林权变为股权；资金房屋股指的是把财政拨款资金和农村闲置的房屋资源参股到公司和合作社，形成股权和效益，吸引村集体、农户和运营主体资金参股，通过股份进行分享收益；水利设备股指的是把闲置的村集体水面以及农民的设备资产折现参股到公司或者合作社，达到开发水域、利用水资源，实现设备等资产转化为股权，参与分红，享有收益；基础设施股指的是以吸引融资和资金的形式把剩余的村集体设备设施等参股到运营公司增大农民和集体收益。

自然风光股指的是在维护环境的基础下，村集体以旅游区所在点的天然风光、名胜古迹、树木等资产折算参股运营公司或者合作社，达到乡村转化为旅游区、村舍变为旅馆、村民变为工作人员；劳务股指的是劳动力机构与村集体或其他运营公司达成参股合约，一起参与项目建设，按照入股百分比参与红利分享；技艺（技术）股指的是激励和指导有技术、技艺的农户用他们的技艺（技术）参股到“三变”的运营主体之中，参与盈利的分红收益；管理股指的是鼓励吸引运营公司吸收有管理经验的回家乡发展的大学生以及村民，让其在家乡发展，进入公司企业的运营管理岗位，参与公司的运营管理，这些人获得运营效益分红，参与管理并成为股东；知识产权股指的是依赖知识产权的效用，把股权作为连接因素，全面发挥知识产权的激发作用，将知识产权转化为新型产品从而形成规模产业，使村民增加收益。

3. “三变”改革的运行机制

“三变”改革的发展离不开一套有效机制的运行，“三变”改革能够顺利对农村可变资本和不变资本进行明晰，也就是要摸清“三变”存量，将农村各类资产进行整合。改革进行的基础在于对产业的合理规划，选产业要考虑当地的资源环境。“三变”改革的核心在于股份制，要确定各个参与主体的股份占比，以及股权设置、股份量化和股比分配相关的事项，如图 4－3 所示。

摸资产，即摸清可变资产。一是摸清“三资”的存量，以各乡（镇、街道）为实施主体，组织清产核资小组，全方位展开村集体三资（资源、资产、资金）核查、算实等任务，建立不同管理账目；二是区分可变资产，从村集体“三资”中有效率地规划出可变的天然性资产、运营性资产、非经营性资产和可变性资产（资金）以及财政投村到户的扶持发展类资金，采用商议或另一方估计等方法确立流动性资产的价值，建好投资参股的可变资本账目；三是明确内在体制，通过村代会商议决议，确定村民成员资格和收益分红农户，并建好资源的运营、规范等关联体制，做好投入参股的准备。

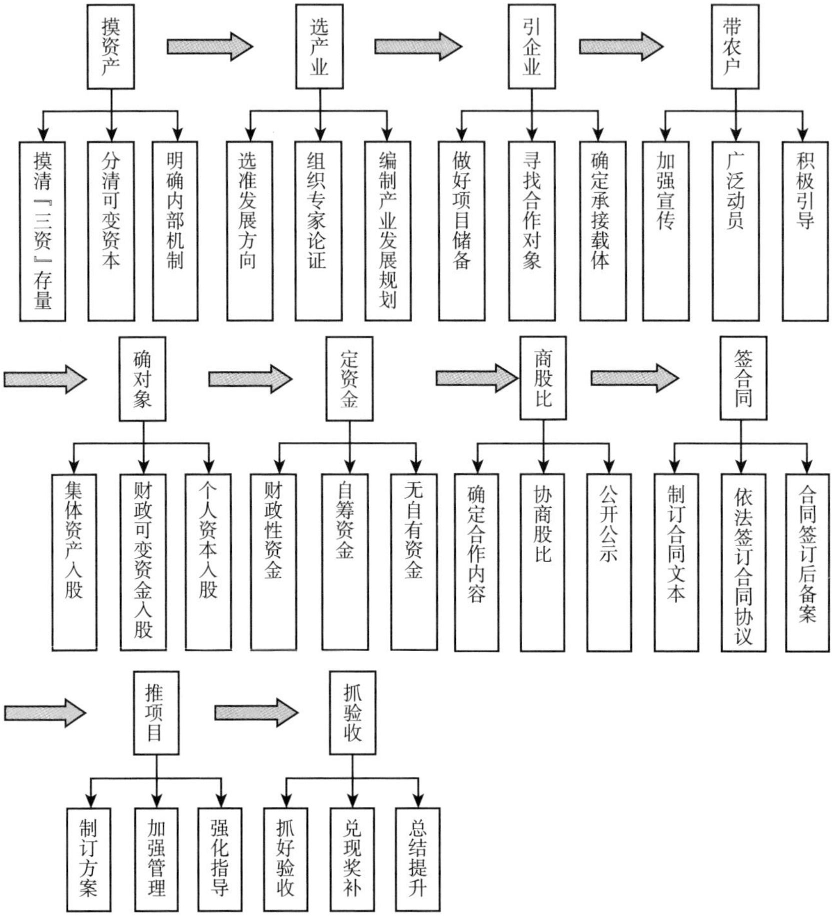

图 4-3 “三变”改革的运行机制

选产业，即选择一个行业进行发展。一是选择发展方向，进行深入调查研究，结合市场以及农村条件和村庄的实际情况，深化自我发展的优势和特点，提出具有良好基础和巨大潜力的产业作为发展方向；二是通过专家讨论，由相关单位组织，让专家和技术人员进行现场考察、引导、助推探析讨论地方土质情况、天气情况，找到适合当地发展的主要产业；三是制订产业发展规划，依托资源作为市场导向，以乡（镇、街道）为单位，科学制订产业发展规划。

引企业，即引进承接载体。一是抓好项目储备，坚持项目规划，加快项目前期工作，明确投资主体、建设规模、资金来源和项目完工时限；二是找到合作的目标，依托农业园区、景区等设施项目，采用内联外引的方法，主动引进龙头公司、合作社等运营单位并签好开发意向性合同协议书；三是确立承接主体，对有合作意向公司的资金、技术、生产运营等具体方面实行考核，通过对比择优选取拟订主要合作公司，在乡（镇、街道）的引导下，经村民会议或者村代会商议通过后确立合作运营公司。

带农户，即带动农户参与。一是加强宣传，通过大坝会议、村民会等方式加大对“三变”改革政策的宣传力度，向群众讲解政策、利益和可能存在的风险；二是广泛动员，村民小组干部必须进入村里、进入家庭，深入细致地做好群众思想工作，使他们众所周知，提高知名度；三是积极引导广大农民将经营权和自有资金参与到“三改”改革之中。

确对象，即确定受益对象。依据可变资本权属关联和类型确立分红人员，主要有三类：一是村集体资产参股的，需要经过村民会议或者村代会，明确参股分红的对象范围；二是属于财政资本的，按照资本变动的运作方式投资于经营主体，这类资金除了合理确定村集体份额比例和收入分配方式外，还应当明确村集体股本收益在村集体、贫困农民和村民之间的收入分配方案；三是属于自有资金参股的，其收入归自己享有。

定资金，即落实投放资本。依托项目情况确立资金投入：属于财政性资金扶持的，按其具体的要求确定资金；属于自有资金参股的，依据法律相关规范以集资形式确定资金；没有资金资源的，可依据情况采用信贷或者为其申贷等方法确定资金。

商股比，即协商合作事项。一是落实合同详情，依据商议决定落实入股项目、入股形式、入股份额、股值、股比及盈利等事宜；二是商议份额，村集体、农民及承包运营公司互相依据股份设定、股份具体化和份额制定的关联确定，经过商议，达成统一看法；三是如果集体资产或财政资金用于股份投资，村委会将公布和接受监督。

签合同，即签订合同协议。一是制订合同文本，探索建立法律援助服务机制，通过法律服务或聘请法律顾问等，参照标准合同样本的“三改”改革，并提出相关的法律问题。在此原则上，就双方达成的合作事宜形成正式合同文本；二是依法签订合同协议，明确双方的权利和义务，认真履行合同协议；三是在合同签订之后，乡（镇、街道）将合同送到县级。

推项目，就是推动项目实施。一是制订合作项目的实施计划，明确任务目标、措施和完成时限；二是强化乡（镇、街道）促进合约双方遵守时间要求逐步推行项目实行；三是加强各业务部门强化业务性引导，督促合同有效率的完善。

抓验收，即抓好验收总结。一是对归于财政资金合约的，在合约完成后，各级政府和有关部门应对实施的结果按时进行验收；二是项目运营企业依据验收情况，根据规定步骤领取项目奖补金额；三是该项目实施后，认真分析困难和问题，从制度、理论和实践方面进一步改进和完善，并提出突破“瓶颈”和难题建设性的建议。

4. “三变”改革中资源变资产的模式

资源开发模式。利用可开发的农地、水域和荒地等天然资源，合资企业将合作开发利润分享给参与者，提高资源附加值，增加收入。例如，滑石乡岩脚村聚集180户、闲置土地500多亩，参与贵州农熠农业发展有限公司的联合开发，开展丰富多彩的花卉项目。公司、农民和村集体分别占50%、45%和5%。集体每年可以分配30多万元，参与股份的农民每年可以增加2 000多元的收入。

资产租赁模式。将学校、工厂和临时的闲置资产租给业主，收取租赁费或管理费，使闲置资产“活”起来，使集体资产可以得到收益。例如，柏果镇东风村将村活动室一楼及场地出租给业主兴办洗车场，将活动室二至四楼出租给民营医院，每年可收取租金8万余元。

发展实业模式。依靠本地自然环境或地区特点，采用股份投资的方法，建立实业公司，村集体在实业公司中占有股份。实现利益共享，共同增收，共同富裕。例如，盘县红果镇挪湾村，与盘县苗家医院合作新建村办医院362平方米，既便利了老百姓看病，又能为村集体增加收入。

产业带动模式。充分利用旅游资源优势、农业特色产业发展机遇，兴办经营实体，带动企业创业、农民就业，实现增收。例如，坪地乡莫西里村围绕乌蒙大草原旅游产业发展机遇新建农家乐、乡村客栈、旅游接待中心等经营实体带动就业200余人，每年可创收50余万元。

劳务创收模式。村集体通过建立劳动力企业，为本村公司供给人员、技能、咨询和运输帮助，从而达到村民与公司的互利双赢。例如，刘官镇刘家湾村成立劳务公司，吸纳村上剩余的劳动人员入股公司，为境内的温泉度假村提供保洁、安保、绿化等服务，每年可增收入10万余元。

集中创业模式。在郊区或旅游景点建立经济创业园区，交通区位优势明显，为“三变”改革搭建平台。推动“三变”改革，实现增收。例如，坪地乡雨格村利用闲置多年的20余亩集体土地，充分整合财政补助资金，并发动65户村民参与入股，共筹集资金2 807万元，建设村集体经济创业孵化园，每年可增加集体经济积累 50 万元，入股农户实现入股分红 1 万元以上。

综合服务模式。依托人口密集优势，利用房屋、场所等资产资源入股，并积极吸纳社会资金参与，共同打造集便民服务中心（卫生室、通讯金融代办点）、餐饮商贸等为一体的综合服务体，集中提供便捷服务，在方便群众生产生活的同时实现创收增收。例如，双凤镇龙村、薛官屯等 5 个村，利用双凤镇桥服务中心新型农贸市场门面、场所资源及共同出资 10 万元，并吸纳经营主体及其资金，打造集村卫生室、红月超市、电商平台、客运站等一体化的综合服务体，使农民锻炼身体和出行变得便利，实现了村集体创收增收。

农旅融合模式。农户入股园区某一项目，通过园区变景区吸引游客，从而实现旅游创收分红。例如，哒啦仙谷旅游景点是贵州省主要建造的 100 个高效农业园区和 100 个主要旅游景点的“双百园区”之一，仅七彩花田门票收入分红一项就实现 30 户 100 余人人均增收 3 000 余元。

公司运作模式。政府主导村集体注册成立公司，找到短、平、快的项目载体，与农户进行股份制合作，农户不参与经营，由公司市场化运作，最终实现高收益的分红。例如，亦资街道通过成立公司开发红驿道美食文化国、水上乐园、夜食城的方式，总投资 50 万元，盘县亦资红驿道投资管理有公司入股占总投资金额 5%，白岩社区居民入股占总投资金额 30%，六盘水英章劳务有限公司入股占总投资金额 20%。2015 年村民分红 30 万元，六盘水英章劳务有限公司分红 20 万元（包括白岩社区村委会分红 2 万元）。

资金入股模式。村民以自己手里的资金直接入股村集体开发的项目成为股东，村集体保证村民和村集体的入股资金得到高效利用，并为村民和村集体创造更高的效益，年底按照股比进行分红。例如，翰林街道办事处华屯村通过资金入股，华屯村（小冲片）90% 的村民参与集资 1 260 万元，使村民变成股东，村集体入股 763 038.73 元。

（二）“三变”改革对农村生产要素的影响

1. “三变”改革对土地资源的影响

农村的资源型、经营型资产存量巨大，但长期以来财政性收入对农民的收入贡献很小，资产的财产性功能长期被忽视。农村土地严重分散，规模不经济，单位面积土地经济效益不高，荒山沟、荒丘滩和河流等集体资源以及农村土地无法得到有效利用，长期闲置。自“三变”改革推进以来，将农村的土地资源进行整合，集中开发利用，发挥土地的规模效益，将资源变资产，增加了农民和村集体的收入。

在“三变”改革中，把集体土地、森林、草原、荒山和滩涂水域等自然资产，以及房屋、土地、基建设施等可运营性资产使用权和农地承包经营权、房屋产权核实、清理和登记评估，使其变为股份，参与投资到经营主体，使集体经济组织和农民拥有合法权益。合作社和公司等实体按股份比例取得收益，使农村分散和闲散资源的灵活性增加，发展和加强集体经济，促进农民增收。截至2017年年底，六盘水市共有83个乡镇（街道、社区）和881个村参加了“三改”改革，经过登记确认的有集体土地141 641万亩，承包土地70.8万亩，宅基地6.4万亩，森林546.1万亩。参股运营商的资源有集体土地36.79亩，“四荒地”190 900亩，水面面积409 000平方米和158 800户土地。

（1）“三变”改革对农村土地产权方面的影响。

改革开放初期，农村实行了家庭联产承包责任制。土地所有权和管理权分开，所有权归集体，承包权归农民。这极大地调动了亿万农民的积极性，有效地解决了温饱问题，改革取得了重大成果。2014年12月，中央深化改革领导小组第七次会议通过了《关于农村土地征收，集体经营性建设用地入市、宅基地制度改革试点工作的意见》，标志着新一轮土地改革的开始。在现阶段，继续深化农村土地制度改革符合农民保留土地承包权和转让土地经营权的意愿。将土地承包经营权划分为承包权和经营权，实行所有权、承包权和经营权（以下简称“三权”）分离，注重推进农业现代化，是家庭承包责任制后农村改革的又一次重大制度创新。“三变”是“三权分置”的继续推进和更深层次的推进。在农村集体土地承包经营权登记认证的原则上，“三变”改革将加快颁证推进进度，使集体建设用地和宅基地使用权、居住所有和集体林权以及小水利工程产权逐步落实，依照不动产的原则统一登记。进一步明确和细化乡村资源资产的所有权，做到确权面积准确，明确产权归属。

村庄自然资源非常充足，有自然资源、资产资源。自然资源包括耕林地、水域、草原等；资产资源包括住房、设备、建设用地、公共基础设施等资源。还有生态资源、要素资源。生态资源包括自然景观和区域气候等；要素资源包括人力、资金和技术等资源。法律还赋予了农民权利资源，包括农户农地承包经营权、宅基地使用权、林地管理权以及小型水利设施利用的权利资源。除法律有明确规定的以外，农村资源由村集体或个体村民拥有。在确保村庄农地集体性不发生变化的前提下，耕地红线不触及，农民利益不受损害的基础下，“三变”改革整合了各种资源，对农户的各类资产和集体的资源以股份的形式参股到运营主体，投资于企业经营实体，让村集体和农户拥有合作社和公司等法人实体的股份，依照股份份额得到分红，把村庄零散闲置资产灵活地运用起来，发展和加强集体经济，促进农民增收。

农村产权制度改革的核心是“还权和赋权”。随着村庄农地承包经营权，集体建造住房用地、水利工程、农村集体林权和土地房屋产权的颁证深入推广，如何改造农村产权资本是深化村庄产权制度变革不可避免的问题。“三变”改革是加强农村产权制度变革的现实实践。

（2）“三变”改革对土地价格方面的影响。

土地作为农民收入的依靠，土地资源对农民来说尤为宝贵，土地价格的合理关乎农民的生计。“三变”改革在“自愿平等、统一协商、利益均沾、风险防控”的原则上，农户自己以自家农林地的承包经营权和住房建设用地的使用权经过协议和合约的方式，入股运营主体。一方面，土地经过折价入股，农民享有股金收益；另一方面，农民参与到运营公司可以享有工资性收益。从而可以最大化地提高农民土地收益。土地价值转化为股金，给农民带来持续的收益，从长远来看，土地的长远收益远远大于土地的现有价格。

（3）“三变”改革对土地资源流转方面的影响。

贵州省土地自然资源以山地丘陵为主，平原很少。山地面积 108 740 平方公里，占贵州省总面积的 61.7%；丘陵面积 54 197 平方公里，占贵州省总面积的 31.1%；平坦区面积 13 230 平方公里，仅占贵州省总面积的 7.5%。能利用农业发展的农地资源较少。因为人口持续上升，非农用地持续上升，农耕地面积持续减少。截至 2016 年年底，贵州省农耕地面积 45 302 000 公顷，相比 2015 年缩减了 72 000 公顷。农业人均耕地面积不到 0.22 公顷，平均水平远低于全国人均耕地面积。农地的土层薄、肥力低、水利条件差的比例高。“三变”极大地促进了土地流转，促进了“接二连三”的农业产业的融合，有效解决了耕地细分、零星开发、粗放开发、产出效率低下的突出问题。山地农业发展了一条密集高效、生态安全的新道路。例如，六盘水市盘县在 2018 年农村专业合作社就达 660 个，每个村庄最少有一个合作社。村民将农地转让给专业合作社，集中种植软籽石榴、特色食品、茶叶、生姜、刺梨和中草药等优势作物。

2. “三变”改革对资本的影响

（1）“三变”改革对内部资本的整合效应。

农村现金存量分散且少，缺乏发展产业的资金。依据贵州省 2015 年国民经济和社会发展统计公报统计，贵州省 2015 年乡村居民人均可支配收入为 7 368.87

元，远低于城镇居民人均可支配收入 24 579.64 元。农民现金收入较低，低收入人群偏向于风险较低的投资，与城镇居民相比更倾向于利率较低的储蓄投资。“三变”改革将农民的闲散资金整合起来，同时给予农民固定分红，分散了农民的投资风险，提高了农民的收益。

发展农村承包经营权和农户产权抵押贷款试点，完备和创新了林权抵贷，使农民有更多的投资通道，激发了乡村闲置资源，扩大了农民的直接投资通道。同时，农村信用体系的完善，使农民可以利用贷款，创新了抵押贷款制度，加大了农村自有资金的入股，实现了农民“抱团发展”，有助于产业的规模化发展。

（2）“三变”改革对外部资本的整合效应。

村庄中的资金包括各级财政投入村庄的各类资金，这些资金在使用中存在突出的问题，如面广分散的投资。这样大面积“撒胡椒粉”的方式虽然保证了财政资金对农户精确补助，但也导致了财政资金规模不足和政府投资效率低以及不可持续的财政支撑等弊端。只有将发展扶贫开发类基金和支持发展类基金折股量化为村集体或农户的股金，前提是不改变资金的性质和用途。通过重点投资、产业驱动、社会参加和农民增收的形式，集中投资到公司、合作社等企业实体，按照股权比例分享收益，在提高集中度的同时增加了效益，形成了为农民带来稳定收入增长的长期机制。2014～2017 年，六盘水市合并财政资金共计 45 500 万元。同时，带动村级集体资金 38 200 万元，农民零散资金 19 000 万元，社会资金 339 600 万元①，集中投资在各种产业平台上。

3. “三变”改革对农村劳动力的影响

（1）“三变”改革对农村劳动力需求方面的影响。

“三变”改革创造了农村经济发展的新模式，保护了生态，大力发展种植业、旅游业和服务业。通过开展多种形式股份制合作，发展生态产业化和产业生态化等优势产业，彰显农业资源优势和市场竞争力，扩展以农业保鲜和深加工等为主的第二产业，以观光农业旅游为主的第三产业，为环境保护建设和经济发展的协调寻找连接点，达到生态经济价值和社会旅游价值的最优化，既保全绿水青山又产出了金山银山，增进环境美和农民富的两者结合。农村第二产业和第三产业的发展需要大量的青壮年劳动力，一方面可以带动农村剩余的劳动力（老年人和妇女），另一方面则需要大量有知识、有文化的年轻劳力。

---

① 陈诗宗．依靠“三变”改革助力拔“穷根”．贵州日报，2016－1－26.

农村“三变”主要发展的产业是第二产业。由于第二、第三产业的资金集聚型和技术集聚型特点，其普遍存在的是对农业副业的经营，如农村的餐饮养殖业与农产品食品加工业等的一些零售业务，农村劳动力倘若大量外出，则这些部门就会出现人力资源的短缺，现存人口不能满足这些部门的经营需求，从而阻碍了这些部门的发展和规模的扩大，也抑制了农村市场的发展和农村经济的发展，给人们的生产生活带来不便。自“三变”改革以来，农村的旅游业、种植业等产业飞速发展，规模不断扩大，越来越需要大量的年轻劳动力。

（2）“三变”改革对劳动力结构方面的影响。

自20世纪50年代以后，中国逐步建立了城乡分离的双重制度。该制度的运作有两个方面：城市政策和农村政策两套政策并行。在过去的几十年里，它已逐步得到巩固，并以户籍和身份形式的标准形成了“城乡分治，一国两策”的双重格局。随着中国城市化水平和工业化水平的不断提高、城乡收入差距的扩大以及劳动力流动限制政策的放松管制，中国产生了大规模的“农民工潮”。农业劳动力结构变化的直接原因是劳动力流动。劳动力流动的根本原因是乡村落后的基础设施、稀缺的教育和低收入，再加上城市发达的基础设施、优质的教育资源和丰厚的收入，促进了城乡劳动力的流动。它使农村的中青年劳动力流向城市，而农村地区基本上没有年轻劳动力，缺乏经济增长的最根本要素。“三变”在培育和拓展农业龙头企业、合作社和家庭农场等农业龙头公司的同时，也支持高校毕业生、农民工和外地人才返回家乡就业。参与“三变”改革，使农村劳动力结构更加优化，劳动知识水平得到提升。

（3）“三变”改革对劳动力激励方面的作用。

“三变”改革改变了以往的租借关系，把运营公司与闲散农民结合在一起，提高了农民参加现代农业运营的热情。“三变”改革建立在产权利益关联的基础上，使参与者共同存在于一个经济实体之内，相互之间以共有产权为基础，相互之间既是股东又是交易人。利益根据产权关系进行“二次分配”，第一次分配按照股份分红，第二次分配按照参与者的参与度分红。一方面，“三变”改革促进了农民对土地、资金和技术等的投资，主要通过农地流转转变了运营模式；另一方面，它允许运营实体适度发展而不增加成本。又使参与农民通过承包股份，达到了就近择业，从过去的旁观者到参与者，促进共同开发和分享收益，有效地增加了农民的工资收入和财产收入，成为合作社和公司的股东，培养了大批专业农民。

第三节 “三变”改革与舍烹村发展

一、舍烹村的“三变”改革

（一）舍烹村简介

笔者对贵州农村“三变”改革发展的资料进行梳理，依据村庄经济发展程度和起源时间，选取最具代表性的六盘水市舍烹村，2018 年 7 月，课题组的王霞、谢楚楚、赵杭玉、苗玲以及笔者自己对舍烹村进行了实地调查和半结构访谈。具体包括对村庄的利益方（包括政府负责人、企业负责人、村干部、公司当地员工、当地旅馆经营者和当地普通村民等）进行深度访谈，并和陶永川（舍烹村村支书、旅游公司主要负责人之一）在旅游公司召开座谈会，通过现场观察了解“三变”改革中公司和合作社的经营情况及存在问题等。访谈对象总人数 20 人左右，累计形成 1 万字访谈记录和 5GB 的谈话录音资料，并收集了“三变”改革中集体和个人的资金入股和土地入股合同文本，书中表格资料均为调研资料收集整理所得。

贵州省六盘水市舍烹村位于普古乡东大门，东至水城县花嘎乡、南至卧落村、西至新寨村、北至娘娘山。全村地貌山高谷深，西高东低，全年平均温度为 18℃ ~19℃，无霜期长。该村总面积 6.1 平方公里，包括 8 个村民小组和 6 个自然村。土地类型主要是山地和坡地。该村海拔 1 255 ~2 080 米，属立体气候。全村总面积 9 255 亩，有土地 1 326 亩、水田 897.3 亩、林地 3 817 亩，森林覆盖率 28.98%。主要区域是坡地，水资源匮乏，生物多样性丰富和拥有多种矿产资源。主要民族有苗族（47.31%），布依族（36.63%），彝族（15.61%）和汉族（2.44%）。舍烹村有 523 户 1 446 人，其中党员 27 人，低保户 110 户 172 人，精准扶贫 90 户 160 人，推动 5 户 16 人的扶贫搬迁。村庄紧邻娘娘国家湿地公园。娘娘山海拔 2 319 米，山顶形成了超过 30 000 多亩的连续泥炭沼泽湿地，包括泥炭草本沼泽、灌木森林沼泽河库塘等的湿地类别，其是中国华南最大的高原湿地。

（二）“三变”改革的内容

按照马克思主义解释的经济和社会发展规律，农业是国民经济和社会发展的基础。早在中国的新民主主义革命时期，毛泽东同志就开始思考农民与土地的问题。近年来，随着社会的发展，“三农”问题越来越得到重视，2018年中央一号文件再次聚焦“三农”问题。贵州的“三变”改革就是在习近平总书记“三位一体”的“大农业”“大农合”“大农政”的“三农”思想指导下，通过基层试点和创新实践，对实践经验进行总结升华的结晶。

“三变”是“资源变资产、资金变股金、农民变股东”的简称。资源变资产，是指村集体以确权的所有的耕地、林地、草地、荒山、荒沟、荒丘、荒滩、水域、房屋、集体建设用地（物）和基础设施等集体资源，依法评估折价，通过协议或者合同方式，入股投资企业、合作社及其他经济组织后，取得股份的权利；资金变股金，是指将各级财政投入村庄的发展类资金（除补贴类、救济类、应急类资金外），在不改变资金使用性质和用途的前提下，原则上转为村集体和农民持有资金或村集体自有资金，与农民依法所得的自有资金一起，通过协议或者合同方式，入股投资企业、合作社及其他经济组织后，按股份获得收益的资本金；农民变股东，是指农民以确权的土地承包经营权、依法所得的自有资金及技术、劳动力等，通过协议或者合同方式，入股投资企业、合作社及其他经济组织后成为股权投资人，定期按股份从企业获得红利。“三变”改革激活了农村的存量资产、自然资源和人力资本，促进了农业生产增收、农民生活增收和农村生态增收，解放了农村生产力，促进了农村经济社会的发展。

（三）“三变”改革的步骤

摸资产（摸清可变资本）。一是摸清“三资”存量。以各乡（镇、街道）为责任主体，组成清产核资工作组，全面开展村集体三资（资源、资产、资金）自查核清核实工作，分门别类建立管理台账。二是分清可变资本。从村集体“三资”中科学合理地区分划出可变的资源性资产、经营性资产、非经营性资产和流动性资产（资金）以及财政投入村庄的发展类资金，采取协商或第三方评估等方式确定可变资源资产的价值，建立投资入股的可变资本台账。三是明确内部机制。经村民代表大会讨论决定，明确集体成员资格和收效分配对象，并建立资产的管理、使用等相关制度，为投资入股作好充分准备。

选产业（选准发展产业）。一是选准发展方向。深入开展调查研究，结合市场、乡情、村情实际，深入挖掘发展优势和特色，提出基础好、潜力大的产业作为发展方向。二是组织专家论证。由县有关部门牵头，组织专家和技术人员实地勘察、指导、帮助分析研究当地土壤环境、气候条件，找准适合本地发展的主导产业。三是编制产业发展规划。以资源为依托、以市场为导向、以乡（镇、街道）为单位，科学编制产业发展规划。

引企业（引进承接载体）。一是做好项目储备。坚持以规划定项目，加快项目前期工作，明确项目的投资主体、建设规模、资金来源及完成时限等。二是寻找合作对象。立足农业园区、旅游景区等基础平台，采取外引内联的方式，积极引进龙头企业、合作社等经营主体并签订初步意向性合作协议。三是确定承接载体。对具有合作意向企业的资金、技术、生产经营等情况进行实际考察，经择优比选后拟订重点合作对象，在乡（镇、街道）指导下，经村民会议或者村民代表大会讨论通过后确定合作经营主体。

带农户（带动农户参与）。一是加强宣传。通过院坝会、村民大会等形式，加大“三变”改革政策宣传力度，把政策、好处、可能存在的风险都给群众讲清讲明。二是广泛动员。村组干部要进村入户，一家一户、深入细致地做好群众思想工作，做到家喻户晓、人人皆知。三是积极引导。积极引导广大农户以土地承包经营权、自有资金等投资入股经营主体，主动参与“三变”改革。

确对象（确定受益对象）。根据可变资本权属关系和类别确定受益对象，主要有三类：一是属村集体资产入股的，通过村民会议或者村民代表大会，明确入股受益的范围对象。二是属于财政可变资金入股的，按照资金变股金操作办法，财政资金入股经营主体，除合理确定村集体股金所占股比及收益分配办法外，应明确村集体内部对入股资金收益在村集体、贫困农户及村民之间的收益分配方案。三是属于个人资本入股的，其收益自主支配。

定资金（落实投放资本）。根据项目情况确定资金来源。属于财政性资金支持的，按项目申报程序落实资金。属于自筹资金入股的，依法以集资方式落实资金。无自有资金的，可根据情况采取信用贷款或申请担保贷款等方式落实资金。

商股比（协商合作事项）。一是确定合作内容。根据协商意见确定合作项目、合作方式、合作股份、股值、股比及利润等事项。二是协商股比。村集体、农民及承接经营主体相互之间按照股权设置、股份量化和股比分配的相关要求，通过协商，达成一致意见。三是公开公示。以集体资产或财政资金入股的，由村委会进行公示，接受监督。

签合同（签订合同协议）。一是制订合同文本。探索建立法律援助服务机制、通过法律服务或聘请法律顾问等方式，参照“三变”改革的规范合同样本，对合同的签订及“三变”改革涉及的相关法律问题提供指导和帮助，在此基础上，就双方达成的合作事项形成正式合同文本。二是依法签订合同协议。约定当事人双方的权利和义务，认真履行合同协议。三是合同签订后，由乡（镇、街道）将合同送县级“三变”改革办备案。

推项目（推进项目实施）。一是制订方案。制订合作项目实施方案，明确任务目标、办法措施、完成时限。二是加强管理。乡（镇、街道）督促合作双方按时间节点稳步有序推进项目实施。三是强化指导。各业务部门加强业务技术指导，促进项目高质量完成。

抓验收（抓好验收总结）。一是抓好验收。对属于财政资金项目的，在项目实施完成后各级政府和相关部门要对项目及时组织验收。二是兑现奖补。项目管理单位根据验收结果，按规定程序兑现项目奖补资金。三是总结提升。项目实施结束后，认真分析“三变”改革项目中存在的困难和问题、取得的经验及成效，并在总结评估的基础上，探索创新，进一步从制度、理论和实践三个方面提升完善，提出突破难题和“瓶颈”的建设性意见和建议，以利于推进下一步工作。

（四）舍烹村改革沿革

1. 起始阶段（自有资金、资源入股阶段）

合作制经济组织（合作社或合作企业）奉行平等原则，有利于保持农民主体地位，对于社员人数没有限制，入社、退社简便[①]。2012年，陶正学和村干部开始商量决定建立专业合作社，将农业产业做大做强。此时，陶正学下定决心回乡创业，带领村民抱团发展，这拉开了娘娘山农村改革的序幕。2012年5月6日，陶正学与陶永川、陶明章、杜关红、陶正考、陈高正、郭跃等7人作为发起人，筹备成立“盘县普古银湖种植养殖农民专业合作社”。议定原始股50万元，每股5 000元，陶正学出资14万元占股28%，陶永川、郭跃等6人各出资6万元各占股12%，形成农户资金入股模式。陶正学自己出资带村民去云南等地考察，拓宽农民的发展思路和眼界。随着对合作社和规模农业的不断认识，村民开始逐渐加入进来。合作社原始股金扩大到2 000万元，每20万元一股，村民没有资金或者不够20万元的可以向陶正学借款10万元（利息按银行利息签订借款协议），另外，10万元可以自己出资或者多户农民合资。陶正学总共出资12 700 000元，实际占比27%（其中整合农户闲散资金7 300 000元，陶正学借款7 300 000元，自己出资5 400 000元），带动了465户农民入股合作社，村民占股73%。

合作社根据《中华人民共和国农民专业合作社法》，建立了贵州盘县普古舍烹村合作社成员（代表）大会制度，规定了合作社行使权利的组织为社员（代

① 陈林．习近平农村市场化与农民组织化理论及其实践——统筹推进农村“三变”和“三位一体”综合合作改革．南京农业大学学报（社会科学版），2018（2）．

表）大会，由全体社员（代表）组建，确定了社员（代表）大会的各项职责，如推选和任免理事长、理事以及监事会人员；决定成员继承、除名、处分以及新的村民入社等事项；规定社员投资数额及增长或者减少投资和增资扩股等事项；规划了合作社的发展计划和每年任务运营计划；规定批复每年财务核算计划等13项职责。规定了社员代表从全体社员中投票产生，每5~10名社员推选出1名社员代表，组建社员代表大会，社员代表每三年一期，可以连任。同时也制定了贵州省盘县普古舍烹村专业合作社理事会工作制度、合作社监事会工作制度、合作社成员规范制度、合作社财务管理制度以及合作社盈余配给制度等一系列相关的配套制度，形成了一套完备的管理体系。

农民农地入股合作社可以采取两种方式：一种方式是土地折价参股，农民土地按照27 300元一亩折价，参股合作社。例如，4亩多土地就可以折价10万元，加上陶正学出借的10万元，就可以以20万元入股合作社，享有合作社盈利的股份分红，舍烹村有100多亩土地是以折价入股的形式入股合作社的；另一种方式是土地经营权入股，按照土地质量的肥沃程度划分成不同的等级（1等地为平整肥沃，能种两季作物的土地；2等地为能种植小麦，稍微平整的土地；3等地为不能种植小麦的坡地等），按照等级每年享有租金收益，土地的租金为每年750元、520元、450元、300元。参股农地投资的产业有收益后，在盈利中抽出20%分配给以农地参股的村民，并规定了农地租金的涨幅，租金每5年涨一个百分点。2012~2017年，租金已经涨了一个百分点，也就是说，如果土地是每亩300元的，现在租金已经涨到了每亩330元。

合作社种植猕猴桃、蓝莓、刺梨等水果，截至2016年，合作社完成刺梨种植8 200亩、猕猴桃4 080亩、蓝莓1 050亩，其他精品水果共2 700多亩①。水果成熟后都由公司收购，按照猕猴桃每亩250公斤左右，每公斤80元；蓝莓每亩250公斤左右，每公斤200元；刺梨每亩1 500公斤，每公斤4元（鲜果由盘县宏财投资有限责任公司负责收购）。合作社在水果种植的收入初步估算在2亿元。

帮助农户申贷，增加农民自有资金投资通道。经过县政府和县宏财的支持和担保，村中625户农民得到了创业贷款5 000万元，由利群农业综合开发公司负责接收农民的贷款资金，用到改建村民住房和参股温泉养生度假产业，其中，用于改建村民住房的有1 500万元，参股到娘娘山温泉养生度假产业的有3 500万元，3年到期后获得分红收益1 000万元。由利群公司统一还贷。投入

---

① 杨慧莲，郑风田，韩旭东等．如何唤醒“沉睡资源”助力村庄发展——贵州省六盘水舍烹村“三变”案例观察．贵州社会科学，2017（12）．

4亿元的温泉度假产业采用“公司+合作社”的形式来运行，县旅游文化股份公司投入1.64亿元，占比41%；深圳苏式公司投入1亿元，占比25%；娘娘山旅游开发公司投入1.36亿元，占比34%，其中在34%的股比中，银湖合作社占比20%。

2. 完善阶段（财政资金、集体资源入股阶段）

2013年6月成立娘娘山高原生态湿地旅游开发有限公司（以下简称旅游公司），股本1亿元，合作社将2 000万元入股旅游开发公司，占股20%，公司盈利后按股分给合作社，合作社再分红给入股的农户。从表4-1中可以看出，2013~2015年，舍烹村的财政资金有9项，主要是发展类和扶持类资金，总计有701.86万元。村集体在不改变政府资金的利用性质和使用途径的前提下，巧妙地把政府资金折股量化入股到旅游公司，通过固定分红每年可以得到1.1万元的固定分红；通过将村集体的闲置水面、河沟、湿地、生态林等资源入股旅游公司，每年可以固定分红34217元；经过把到村的扶贫50万元资金参股银湖合作社，可以得到固定分红每年3 000元。

表4-1 舍烹村财政资金和集体资源入股明细

	内容	分红方式	分红金额（每年）	入股期限
舍烹村财政资金建设项目入股娘娘山旅游公司	舍烹村2014年“一事一议”财政奖补太阳能路灯50盏16万元、通组公路1.5公里34.1万元	固定分红	1.1万元	长期
	舍烹村环保项目资金人工湿地污水处理工程20万元			
	舍烹村2013年森林防火通道6万元			
	舍烹村2015年刺梨特色产业化基地建设20万元			
	舍烹村2015年“四在农家、美丽乡村”建设启动资金50万元			
	舍烹村2015年岩脚寨至大坝通寨公路硬化建设资金40.94万元			
	舍烹村2015年“十县百乡千村”示范工程249.3万元			
	舍烹村2015年政府置换债券转贷项目吊桥建设工程153万元			
	舍烹村2015年政府置换债券转贷项目格基嘎公路建设工程128.52万元			

续表

<table>
<tr><th></th><th>内　　容</th><th>分红方式</th><th>分红金额（每年）</th><th>入股期限</th></tr>
<tr><td rowspan="5">舍烹村集体资源入股娘娘山旅游公司及银湖农民专业合作社</td><td>出水洞（现为江源洞）至银湖大坝水面</td><td rowspan="5">固定分红</td><td>1.2 万元</td><td rowspan="5">长期</td></tr>
<tr><td>银湖大坝至落水洞水面</td><td>1 万元</td></tr>
<tr><td>舍烹村箐沟头至拨多河沟</td><td>0.5 万元</td></tr>
<tr><td>舍烹村湿地 340 亩</td><td>3 400 元</td></tr>
<tr><td>舍烹村生态林 3 871 亩</td><td>3 817 元</td></tr>
<tr><td>舍烹村大连扶贫资金入股猕猴桃基地</td><td>以到村扶贫资金 50 万元代表 487 户村民（其中贫困户 172 人）入股银湖合作社在本村的 100 亩猕猴桃种植基地</td><td>固定分红</td><td>3 000 元</td><td>长期</td></tr>
</table>

资料来源：根据对六盘水市舍烹村的实地调研资料整理所得。

舍烹村通过将政府资金、村集体资源参股到银湖合作社和旅游公司，充分地发掘沉睡的资源，实现了资源变资产、资金变股金。村集体每年通过固定分红可以获得 48 217 元，使村集体有了固定的收入，增加了村级集体经济积累，壮大了村集体经济。

旅游公司主体依靠娘娘山的湿地资源，娘娘国家湿地公园风景区的建设在保护湿地资源的基础上，拥有特色农业、民族文化、生态旅游和健康休闲的特点。特色农业以刺梨、蓝莓和猕猴桃为主。建有万亩以上高产荆棘园、千亩以上高产蓝莓种植园和猕猴桃园，以及红豆杉育苗园和生态科技示范园。景点拥有可停放 1 000 辆车的环保停车场。已投入运营的旅游产业包括银湖游船和江源洞、观音洞，以及休闲养生的娘娘温泉度假镇和天鹅湖湿地公园。目前即将建成的有娘娘山民族风情街和苗族彝族布依族民族特色村寨，以及娘娘山水坝游客集散中心、湿地观光栈道和娘娘山观光索道等景点。

（五）“三变”改革的“十二种”股权形式

六盘水市以股份合作为纽带，以产业平台为抓手，农户以资源、资产、资金入股经营主体，呈现出多种股权形式“股份农民”，形成了明晰、规范的“十二种”股权形式。

土地股。农户以土地经营权入股企业、合作社等经营主体，按股分红。例如，水城县润永恒农业发展有限公司采取“固定分红 + 收益分红”的方式，农民以 6 700 亩土地经营权入股公司，发展猕猴桃产业，每年每亩获 600 元的固定分红。每五年按收益递增，第二个五年增加收益分红 700 元；第三个五年增加收益分红 1 400 元，第四个五年增加收益分红 1 900 元，到止封顶。受益农户 875 户 3 062 人，其中贫困户 221 户 751 人。

林权股。村集体、农户将林权入股到企业、合作社等经营主体，变林权为股权。例如，盘县胜境街道沙淤村将集体林地 600 亩入股兴胜养殖场，按 500 元/亩保底分红，从第 3 年起有效益后，村集体除保底分红外，再按每年收益的 1% 分红；村集体再把分红的 5% 用于贫困户，受益贫困户 135 户 413 人。

自然风光股。在保护自然风光的前提下，村集体以景区景点所在地的自然风光、风物名胜、古树名木等资源折价入股经营主体，实现农村变景区、农舍变宾馆、农民变导游。例如，盘县石桥镇妥乐村采取“公司 + 村合作社 + 农户”的经营方式；核心景区的农民将 235 棵古银杏树入股村合作社，村合作社与旅游公司进行股份合作，门票收入按村合作社占 30%，公司占 70% 的比例分配。村合作社将收入的 30% 分红给农户，70% 作为合作社扩大再生产，受益农户 453 户 1 300 人，其中贫困户 151 户 335 人。

资金股。以财政资金为引导，撬动村集体资金、农户资金、经营主体资金入股，按股分红，让分散的资金聚起来，提高资金使用效率。例如，六枝特区郎岱镇将财政扶贫项目资金 3 000 万元投入贵州大地人和农业产业发展有限公司（民营企业），公司自筹资金 1.25 亿元，共建猕猴桃基地 4 000 亩，郎岱镇政府作为财政资金投入方代表占股 20%（其中涉及的村集体占股 2%，全镇贫困户占股 8%，土地流转户占股 10%），公司占股 80%，财政资金所得红利注入政府设立的扶贫基金专户，二次分配兑现给受益的贫困农户、土地参与生产经营的农户和村集体。受益农户 3 150 户 10 969 人，其中贫困户 1 755 户 4 986 人。

房屋股。将农村闲置的房屋资源入股经营主体，形成股权和收益。例如，水城县双水街道滴水岩村村民以房屋 1202 平方米入股商业街项目，占股 80%，汇宏公司（民营企业）负责经营，占股 15%，村集体占股 5%，受益农户 9 户 47 人。

水利股。将村集体闲置的水域、水利设施入股企业、合作进行开发，发展水域经济，让村集体及群众成为股东增加收入。例如，盘县两河街道岩脚村将“哈啦仙湖”水面经营权进行资产评估后，入股企业合作开发水上乐园项目。项目规划总投资 5 000 万元，村集体和库区涉及的 1 600 余户农户以水面经营权入股分别占股 10%、40%。项目投入营运后，每年可为村集体增收 110 万元，入股农户每年户均分红 2 500 元，受益农户 1 200 户 2 700 人，其中贫困户

121 户 290 人。

设备股。企业、村集体及农民将设备折价入股到经营主体，实现设备资产股权化。例如，盘县英武镇虎跳河景区采用“公司 + 村委 + 农户”的经营方式，开发水上游乐项目，公司将 6 艘冲锋舟、2 艘观光船入股，占股 50%，库区涉及的 128 户农户占股 40%，村集体占股 10%。每年可为村集体增收 3.5 万元，每户年均分红 1 100 元，并提供河道管护、船舶驾驶员等 20 个就业岗位。

基础设施股。通过引进资金和融资的方式将闲置的村集体基础设施等资产入股到经营主体增加农户和集体收入。例如，盘县亦资街道石家庄村依托资源优势，积极探索“三变”模式，将 4.1 公里通景区公路折价 210 万元、自有 30 万元入股盘州九龙潭森林公园建设项目，占股 28.6%（村集体股权收益的 80% 用于石家庄村 67 户 142 人贫困户分红，20% 用于村集体经济积累），石家庄种养殖农民专业合作社投入约 600 万元占股 71.4%，2015 年村委会分红 8 万元，合作社分红 19.97 万元，带动周边 480 人就业。

劳务股。劳务公司与村集体或其他经营主体签订股份合同，共同承建项目，按比例进行分红。例如，盘县英武镇将 200 万元以下的工程承包给村级劳务公司建设，其中，革纳铺村入股的盘县广浩劳动服务有限公司承建敬老院升级改造、特色小城镇公厕建设和环境整治等项目，公司业务优先安排贫困户；按村集体占 49%（农户占股 80%，村集体占股 20%），公司占 51% 进行分红，受益农户 31 户 104 人，其中贫困户 5 户 19 人。

技术（技艺）股。对有技术和才艺的群众，鼓励和引导他们以技术（技艺）入股到“三变”经营主体，从中获得收益。例如，盘县羊场主张家寨村组织擅长木叶演奏、能歌善舞的民间演员 10 名用技能入股贵州布依文化生态产业有限公司（民营企业），年终参与利润分红；公司负责购买设备、后续资金投入以及运行管理维护，实行“保底薪金 + 收益分红”（保底薪金 2 000 元/月），服务特定对象的单体收益按公司演员比例分成。

管理股。积极引导经营主体吸纳有经验、懂管理的返乡大学生、农民工等就近就业参与企业的经营管理，从中获得管理收益并成为股东。例如，水城县润永恒农业发展有限公司（民营企业）将基地集中分片划包给懂技术、有劳动能力的农户进行管理，按参与管理地块效益 30% 进行分红。农户每亩地可获管理股分红 1.3 万元，受益农户 742 户 2 600 人，其中贫困户 165 户 583 人。

知识产权股。依托知识产权优势，以股权为纽带，充分发挥知识产权激励作用，把知识产权形成产品、形成产业，带动群众致富。例如，水城县保华镇二道坪村农民张忠祥10年来致力于雪凝红核桃品种的研发，2015年9月14日取得植物新品种权证书。自开展“三变”改革以来，张忠祥用获得的雪凝红核桃知识产权入股水城县凉都萌盛苗圃场，采取“公司+农户+知识产权”的方式发展雪凝红核桃种植，水城县凉都萌盛苗圃场负责管理，占股40%；农户以土地入股，占股50%；张忠祥用知识产权入股，占股10%。目前，保华、青林、蟠龙、龙场等10余个乡镇种植雪凝红核桃1万余亩，覆盖群众4 012户13 239人，其中贫困户1 015户3 552人。

（六）“三变”改革的十二种发展方式

“三变”+特色农业。围绕特色产业规划布局，整合国家、集体、农民个人的资源、资产、资金要素，以股份合作方式发展特色农业。例如，水城县阿里镇松绿村采取“公司+村集体+农户”方式，由宏兴公司（平台公司）出资600万元，农民以土地入股，共建猕猴桃基地3 500亩，农民占股90%，公司占股9%，村集体占股1%。受益农户160户480人，其中贫困户140户406人。

“三变”+乡村旅游。在美丽乡村建设中，整合各种资源要素，把村集体、农民的资源入股乡村旅游项目，按股分红，实现增收。例如，水城县水务投资有限责任公司（平台公司）在水城县蟠龙镇木城居委会投资2 000万元建设水上游乐园项目，200户农民以自有10万元资金及土地经营权入股，公司占股50%，农户占股35%，居委会占股15%。带动农户200户773人受益，其中贫困户90户324人。

“三变”+特色城镇。在特色小城镇建设中，利用村集体、农民的可变资源入股合作建设经营服务型项目，实现农民脱贫增收，统筹城乡一体化发展。例如，水城县野玉海管委会在特色小城镇建设中，将三舍镇海坪村351亩集体荒山荒坡入股野玉海山地旅游度假区彝族风情街项目，建成建筑面积1.9万平方米的38座院落。村集体（村民）占股30%、管委会占股70%，村集体将30%股份中的50%分配给农户，受益农户180户780人，其中贫困户65户112人。

“三变”+景区景点。在景区景点打造中引入“三变”模式，以股权为基础，共建共管，按股分红。例如，水城县双水街道滴水岩村，汇宏旅游开发有限责任公司（民营企业）出资115万元，农户以28.6亩土地折价入股，统一打造植物迷宫、玫瑰花园、稻草人主题园等景区景点项目，共建共管，村民占股54%、公司占股41%、村集体占股5%。受益农户38户139人，其中贫困户12户39人。

“三变” +金融。利用财政扶贫资金为贫困户入股到农村商业银行或帮助农户通过贷款融资共建项目，合伙经营获得收益。例如，钟山区通过政府平台公司运作，以684万元财政资金在农村商业银行为“两无”贫困户配股400万股，每股年收益15%，帮助“两无”贫困户542户1 086人，实现人均增收552元。

“三变” +水利。利用丰富的水资源，活化股权要素，发展水域经济，实现股份分红。例如，盘县普古乡舍烹村依托娘娘山高原湿地生态农业旅游园区优势，对村级集体可经营性资产量化，将120亩水域水面入股到银湖合作社，村集体占股10%、合作社占股90%，按股比分享收益。在壮大村级集体经济的同时，农民从合作社中分红，受益农户465户1 370人，其中贫困户91户160人。

“三变” +电子商务。以大数据为平台，盘活乡村人力资源和社会资本，发展电商产业，构建农村电商股份合作体系。例如，钟山区大湾镇山根脚村采取“三变” +电子商务模式，以建设电子商务服务站为载体，出资5万元和70平方米；门面使用权入股西部电商贵州陶之音有限公司，占股25%；每年分红5万元以上，分红资金作为村集体积累，用于发展资金。

“三变” +易地移民。在易地扶贫搬迁中，结合景区景点、乡村农家乐等旅游服务设施的打造，以易地扶贫搬迁财政资金为引导，撬动社会资金参与建设，按股份比例分享收益。例如，水城县海坪千户彝寨易地扶贫搬迁项目，总投资金额2.44亿元，总建筑面积13.5万平方米，野玉海管委会采取“公司+管委会+农户”的方式，开展股份合作，县属8家平台公司以投入装修、经营的资金入股，野玉海管委会下属企业以房屋折价入股，搬迁户以满足居住以外的房屋折价入股，产生收益后按股分红，为保障贫困户利益，每户入股分红不能低于5元/平方米，受益农户1 006户4 123人。

“三变” +城市资源。通过政府统筹，将城市停车场、商铺等公共优质资源通过股份合作让渡给村集体和贫困户参与入股，按股分红。例如，钟山区整合财政资金5 140万元在中心城区为44个村每村购置100平方米商铺，产权属于村集体，交由区物管公司统一经营管理，所得收益分配给村集体和贫困户，每年每村可分红10万元以上，受益贫困农户316户847人。

“三变” +文化产业。利用民族文化资源，以股权经营为载体，引导农户以自有资金、祖传技艺等入股，按股分红。例如，六枝特区落别乡以股份合作为核心，由大观公司（民营企业）投入资金390万元，村集体出资50万元入股，农户以祖传技艺入股。公司、村集体、表演队伍、村公益基金按照86∶10∶1.36∶2.64的股比进行分红，受益农户816户3 636人，其中贫困户83户234人。

“三变”+加工企业。积极引导农民以土地、资金、技术等入股加工企业，按股分红。例如，盘县淤泥乡岩博村整合现有资源，兴办白酒加工，吸引120户村民用资金3 071.2万元和9户村民以17.27亩土地经营权折价50万元入股，农户占股55.1%，让村民享受零风险入股、高效益回报，129户农户真正成为企业的“股东”。

“三变”+生态经济。以保护生态为前提，按照把生态做成产业、把产业做成生态的思路，引导将生态资源入股经营主体，发展林下经济、休闲养生等生态产业，增加村集体和农民收入。例如，盘县普古乡舍烹村将村集体生态林3 817亩入股到娘娘山园区，进行温泉别墅、休闲养生、林下养殖、生态餐旅等产业开发，项目建成产生效益后，舍烹村占股2%，园区占股98%，既美化了生态，又壮大了村集体的经济积累。

（七）“三变”改革的十种模式

资源开发模式。利用可开发的土地、水域、四荒地等自然资源，采取入股企业合作开发盈利分红的方式，增加资源附加值，实现增收。例如，滑石乡岩脚村将180户500余亩闲散土地聚拢，入股贵州农熠农业开发有限公司合作开发七彩花汇项目，公司、农户、村集体分别占股50%、45%、5%，村集体每年可分红30多万元，入股农户每年可增收2 000多元。

资产租赁模式。将闲置的学校、厂房、临街门面等资产租赁给业主经营，收取租赁费或管理费，从而使闲置资产“活”起来，实现集体资产增值增收。例如，柏果镇东风村将村活动室一楼及场地出租给业主兴办洗车场，将活动室二至四楼出租给民营医院，每年可收取租金8万元以上。

发展实业模式。依托本地资源或区位优势，采取股份合作招商引资的方式办实体企业，村集体村民在实体中占有股份，实现利益共享，共同增收，共同富裕。例如，盘县红果镇挪湾村与盘县苗家医院合作新建村办医院362平方米，既方便老百姓看病，又能为村集体增加收入。

产业带动模式。充分利用旅游资源优势、农业特色产业发展机遇，兴办经营实体，带动企业创业、农民就业，实现增收。例如，坪地乡莫西里村围绕乌蒙大草原旅游产业发展机遇新建农家乐、乡村客栈、旅游接待中心等经营实体带动就业200余人，每年可创收50多万元。

劳务创收模式。村集体通过组建劳务公司，为辖区内企业提供劳务、技术、信息和物流服务，在服务过程中实现农户与企业“双赢”。例如，刘官镇刘家湾村成立劳务公司，吸纳村上剩余的劳动人员入股公司，为境内的温泉度假村提供保洁、安保、绿化等服务，每年可增收10万多元。

集中创业模式。在交通区位优势明显的城郊结合部或旅游景区景点创办经济创业园，打造“三变”改革承接平台，推动“三变”改革，实现增收。例如，坪地乡雨格村利用闲置多年的20余亩集体土地，充分整合财政补助资金，并发动65户村民参与入股，共筹集资金2 807万元，建设村集体经济创业孵化园，每年可增加集体经济积累50万元，入股农户实现入股分红1万元以上。

综合服务模式。依托人口密集优势，利用房屋、场所等资产资源入股，并积极吸纳社会资金参与，共同打造集便民服务中心（卫生室、通讯金融代办点）、餐饮商贸等为一体的综合服务体，集中提供便捷服务，在方便群众生产生活的同时实现创收增收。例如，双凤镇龙村、薛官屯等5个村利用双凤镇桥服务中心新型农贸市场门面、场所资源共同出资10万元，并吸纳经营主体及其资金，打造集村卫生室、红月超市、电商平台、客运站等一体化的综合服务体，方便了群众出行、健身，实现了村集体创收增收。

农旅融合模式。农户入股园区某一项目，通过园区变景区吸引游客，从而实现旅游创收分红。例如，哒啦仙谷园区是贵州省重点打造的100个高效农业园区和100个重点旅游景区的“双百园区”之一，单是七彩花田门票收入分红一项就实现30户100余人人均增收3 000元以上。

公司运作模式。政府主导村集体注册成立公司，找到短、平、快的项目载体，与农户进行股份制合作，农户不参与经营，由公司市场化运作，最终实现高效回报分红。例如，亦资街道通过成立公司开发红驿道美食文化国、水上乐园、夜食城的方式，总投资50万元，盘县亦资红驿道投资管理有限公司入股占总投资金额的5%，白岩社区居民入股占总投资金额的30%，六盘水英章劳务有限公司入股占总投资金额的20%。2015年，村民分红30万元，六盘水英章劳务有限公司分红20万元（包括白岩社区村委会分红2万元）。

资金入股模式。村民以自己手里的资金直接入股村集体开发的项目，并成为股东，村集体保证村民和村集体的入股资金得到高效利用，为村民和村集体创造更高的效益，年底按照股比进行分红。例如，翰林街道办事处华屯村通过资金入股，华电村（小冲片）90%的村民参与集资1 260万元，村民变成股东，村集体入股763 038.73元，成为大股东。

二、“三变”改革对村庄发展的影响

（一）“三变”改革的导向影响

1. “三变”改革对资源的导向影响

围绕盘活农村土地、资本、劳动力、技术等资源要素，以集体土地、森林、草地、荒山、滩涂、水域等自然性资产和房屋、建设用地（物）、基础设施等可经营性资产的使用权以及农民的土地承包经营权、房屋产权等进行核查清理、登记备案、评估认定，以股权形式入股经营主体，使集体经济组织和农民拥有合作社、企业、家庭农场等法人经济实体的股权，按股权比例获得收益，让农村分散闲置的资源活起来，发展壮大集体经济，促进农民增收致富。2014 年以来，全市共 83 个乡镇（街道、社区）、881 个村参与“三变”改革，共对 1 416.41 万亩集体土地、70.81 万亩承包地、6.4 万亩宅基地、546.1 万亩林权进行确权登记，共有 36.79 亩集体土地、19.09 万亩“四荒地”、40.9 万平方米水面和 15.87 万户的 56.88 万亩承包土地入股经营主体，通过股权收益，新增村集体经济收入 8 856.3 万元，全面消除村集体经济“空壳村”，村集体经济积累平均达到 23.8 万元，最高达到 1 031 万元，最低达到 2 万元；农民通过股权收益年均收入 1 200 元以上；农民土地入股后共有 27 万以上群众在农业园区、企业、合作社、家庭农场务工，务工人员年均工资收入达到 1.23 万元。

2. “三变”改革对资金的导向影响

农村财政资金具有项目多、额度小、一次性等特点，导致财政资金无规模、财政投入效益低、财政支持不可持续等问题。六盘水市将财政投入农村的生产类发展资金、扶贫开发资金、农村基础设施建设资金、支持村集体发展资金等量化为村集体或农户的股金，在不改变资金使用性质和用途的前提下，按照集中投入、产业带动、社会参与、农民受益的方式，集中投入合作社、企业、家庭农场等经营主体形成股权，按股权比例分享收益，提高资金的集中度和使用效益，形成农民稳定增收的长效机制。2014 年以来，共整合财政资金 4.505 亿元，撬动村级集体资金 3.82 亿元、农民分散资金 1.9 亿元、社会资金 33.96 亿元，集中投入各类产业平台，培育了 189 个企业、280 个合作社、32 个家庭农场等各类经营主体，大力发展猕猴桃、刺梨、核桃、蓝莓等特色农业、高效农业、生态农业、观光农业，建成农业特色产业基地 271.46 万亩，2014 年带动 10 万、2015 年带动 12 万贫困群众脱贫。

3. “三变”改革对劳动力的导向影响

传统的租赁关系难以将经营主体与分散农户紧密联系起来，农户缺乏参与现代农业经营的积极性。六盘水市积极推动农民以土地、资金、技术等入股经营主体，改变了主要通过土地流转发展规模经营的方式，既让经营主体在不增加成本的情况下发展适度规模经营，又让入股农户通过以承包地入股成为合作社、企业和家庭农场的股东，实现在家门口就业，由过去旁观者变为参与者，促进农户与经营主体“联产联业”“联股联心”，推进共建共享发展，有效增加了农民工资性收入和财产性收入，培育了一大批职业农民。2014 年以来，共有 15.87 万户 57.06 万农民变为合作社、企业、家庭农场的股东；共开展新型农民培训 99.6 万人，培育职业农民 2 455 户 5 029 人，成为农民脱贫致富的带头人。

（二）“三变”改革的激励机制

1. “三变”改革对资源的产权激励

农村资源十分丰富，包括耕地、林地、水域、草地、“四荒地”等自然资源，房屋、设备、建设用地、公共基础设施等资产资源，自然风光、区域气候等生态资源，历史文化、民族文化等传统资源，劳动力、资本、技术等要素资源，以及农民土地承包经营权、宅基地使用权、林地经营权、小型水利设施使用权等权利资源。除法律有明确规定的以外，农村资源属村集体或村民个人所有。“三变”改革在确保农村土地集体所有性质不改变、耕地红线不突破、农民利益不受损的前提下，将各种资源整合起来，以集体土地、森林、草地、荒山、滩涂、水域等自然性资产和房屋、建设用地（物）、基础设施等可经营性资产的使用权以及农民的土地承包经营权、房屋产权等进行核查清理、登记备案、评估认定，以股权形式入股经营主体，使集体经济组织和农民拥有合作社、企业、家庭农场等法人经济实体的股权，按股权比例获得收益，让农村分散闲置的资源活起来，发展壮大集体经济，促进农民增收致富。

“还权赋能”是农村产权制度改革的核心。随着农村土地承包经营权、农村集体建设用地使用权、宅基地使用权、小型水利工程产权、农村集体林权、农村集体土地上房屋产权等产权确权登记颁证工作的深入推进，如何让“本本”变“资本”、变“本钱”是深化农村产权制度改革无法回避的问题。“三变”改革新模式就是促进“本本”变“资本”、变“本钱”的纽带，是深化农村产权制度改革的具体实践。

2. “三变”改革对资金的供需激励

让分散的资金聚起来。农村财政资金具有项目多、额度小、一次性等特点，导致财政资金无规模、财政投入效益低、财政支持不可持续等问题。六盘水市将财政投入农村的生产类发展资金、扶贫开发资金、农村基础设施建设资金、支持村集体发展资金等量化为村集体或农户的股金，在不改变资金使用性质和用途的前提下，按照集中投入、产业带动、社会参与、农民受益的方式，集中投入合作社、企业、家庭农场等经营主体形成股权，按股权比例分享收益，提高资金的集中度和使用效益，形成农民稳定增收的长效机制。例如，六盘水市2014年以来，共整合财政资金4.505亿元，撬动村级集体资金3.82亿元、农民分散资金1.9亿元、社会资金33.96亿元，集中投入各类产业平台，培育了189个企业、280个合作社、32个家庭农场等各类经营主体，大力发展猕猴桃、刺梨、核桃、蓝莓等特色农业、高效农业、生态农业、观光农业，建成农业特色产业基地271.46万亩，2014年带动10万、2015年带动12万贫困群众脱贫。

3. “三变”改革对农民主动性的激励

“三变”改革让增收的渠道多起来。传统的租赁关系难以将经营主体与分散农户紧密联系起来，农户缺乏参与现代农业经营的积极性。六盘水市积极推动农民以土地、资金、技术等入股经营主体，改变了主要通过土地流转发展规模经营的方式，既让经营主体在不增加成本的情况下发展适度规模经营，又让入股农户通过以承包地入股成为合作社、企业和家庭农场的股东，实现在家门口就业，由过去的旁观者变为参与者，促进农户与经营主体“联产联业”“联股联心”，推进共建共享发展，有效增加了农民工资性收入和财产性收入，培育了一大批职业农民。2014年以来，共有15.87万户57.06万农民变为合作社、企业、家庭农场的股东；共开展新型农民培训99.6万人，培育职业农民2 455户5 029人，成为农民脱贫致富的带头人。

（三）“三变”改革对农村经济的影响

1. “三变”改革对土地资源的影响

农村的资源型、经营型资产存量巨大，但长期以来财政性收入对农民的收入贡献很小，资产的财产性功能长期被忽视。农村的土地细碎化严重，规模不经济，土地的单位面积经济效益不高，并且农村集体所有的荒山、荒沟、荒丘、荒滩、河流等资源得不到有效的利用，长期闲置。“三变”改革推进以来，将农村的土地资源进行整合，集中开发利用，发挥土地的规模效益，将资源变资产，增加农民和村集体的收入。

第一，土地资源的产权制度。改革开放之初，在农村实行家庭联产承包责任制，将土地所有权和承包经营权分设，所有权归集体，承包经营权归农户，极大地调动了亿万农民的积极性，有效解决了温饱问题，农村改革取得重大成果。2014 年 12 月，中央全面深化改革领导小组第七次会议审议了《关于农村土地征收、集体经营性建设用地入市、宅基地制度改革试点工作的意见》，标志着新一轮土改的开始。现阶段深化农村土地制度改革，顺应农民保留土地承包权、流转土地经营权的意愿，将土地承包经营权分为承包权和经营权，实行所有权、承包权、经营权（以下简称“三权”）分置并行，着力推进农业现代化，是继家庭联产承包责任制后农村改革又一重大制度创新。“三变”改革是对“三权分置”的进一步推广和深化。“三变”改革在农村集体土地承包经营权确权登记颁证的基础上，按照不动产统一登记原则，加快推进集体建设用地和宅基地使用权、农民房屋所有权、集体林权、小型水利工程产权以及其他不动产确权登记颁证，进一步厘清和明晰农村资源资产权属，做到四至清楚、面积准确、产权清晰。

第二，土地资源的价格机制。土地作为农民收入的依靠，土地资源对农民来说尤为宝贵，土地价格的合理关乎农民的生计。“三变”改革在“平等自愿、协商一致、利益共享、控制风险”的原则上，农民自愿以自有耕地、林地的承包经营权、宅基地的使用权通过协议和合同的方式，入股经营主体。一方面，土地经过折价入股，农民享有股金收益；另一方面，农民在经营主体里耕种土地可以享有工资性收益。从而可以最大化地提高农民土地收益。土地价值转化为股金，给农民带来持续的收益，从长远来看，土地的长远收益远远大于土地的现有价格。

第三，“三变”改革对土地资源流转的影响。贵州省土地资源以山地、丘陵为主，平原较少。山地面积为 108 740 平方公里，占贵州省土地总面积的 61.7%；丘陵面积为 54 197 平方公里，占贵州省土地总面积的 31.1%；山间平坝区面积为 13 230 平方公里，仅占贵州省土地总面积的 7.5%。可用于农业开发的土地资源不多，由于人口增多，非农业用地增多，耕地面积不断缩小。2002 年年底，贵州省实有耕地面积 176.94 万公顷，比 2001 年减少 6.29 万公顷，人均耕地面积不到 0.05 公顷，远低于全国平均水平。土层厚、肥力高、水利条件好的耕地所占比重低。“三变”改革极大地促进了土地流转，促进了农业“接二连三”、三次产业融合发展，有效地解决耕地细碎化、投入零星化、发展粗放化、产出低效化等突出问题，走出了一条集约、高效、生态、安全的山地特色农业发展新路。例如，六盘水市盘县在 2018 年农村专业合作社就达 660 个，每个村至少有一个农民专业合作社，农民将土地流转给专业合作社，集中种植软籽石榴、特色食品、茶叶、生姜、刺梨、中药材等优势作物。

2. “三变”改革对资本的影响

第一，“三变”改革对内部资本的整合效应。农村现金存量分散且少，缺乏发展产业的资金，农村承包土地的经营权和农民住房财产权抵押贷款试点的开展，创新和完善林权抵押贷款，扩宽了“三农”直接融资渠道。农村信用体系的完善，加大了农村自有资金的入股，实现了农民“抱团发展”，有助于产业的规模化发展。

第二，“三变”改革对外部资本吸引效应。农村中的资金包括各级财政投入农村的各类资金，村集体和农户拥有的自有资金，以及获得的信贷资金、社会资金等，这些资金的用途和投放存在着点多面广、投入分散、作用发挥不明显、效益外溢等突出问题，尤其是各级投入农村的财政资金具有项目多、额度小、一次性等特点，导致财政资金无规模、投入效益低等问题。通过一定方式将这些资金整合起来，形成合力，有利于放大资金使用效益。财政资金的整体投入大，但是分散到农户就起不到杠杆作用。只有发挥了财政资金的杠杆作用，吸引各类集体资金、社会资金和金融资金融入“三变”改革中，壮大资金规模，才能形成合力。例如，六盘水市坚持在不改变资金（尤其是财政资金）使用性质和用途的前提下，一方面加大财政资金的投入，2016～2018 年，市级和各县财政每年安排 5 000 万元“三变”改革专项资金，支持“三变”改革；另一方面，以县为主整合各级财政投入农村的生产发展类资金、农业生态修复和治理资金、扶贫开发资金、农村基础设施建设资金、支持村集体发展资金等，将其量化为村集体和农民的股金，按照集中投入、产业带动、社会参与、农民受益的原则，作价入股各类经营主体，形成村集体和农户的股份，按股权比例分享收益，从而使分散的资金聚集起来，提高资金的集中度和使用效益，实现农村资金使用效益最大化，形成农民稳定增收的长效机制。

（四）“三变”改革对农村劳动力的影响

1. “三变”改革对劳动力的需求

“三变”提供了守住生态底线的新模式。在“三变”改革中，通过开展多种形式股份制合作和生态产业化、产业生态化发展，充分激活了山地资源、生态资源、政策资源、劳动力资源等各种发展要素，发展体现资源优势、具有市场竞争力的农业优势产业，发展以农产品保鲜、精深加工等为主的第二产业，发展以农业观光旅游为主的第三产业，推动“接二连三”，为生态建设和经济建设同步推进找到了结合点，实现生态价值、经济价值、社会价值、旅游价值“四个最大化”，既保住绿水青山又创造金山银山，促进生态美和百姓富的有机统一。农村第二产业和第三产业的发展就需要大量的劳动力，一方面可以带动农村剩余的劳动力（老年人和妇女）；另一方面则需要大量有知识、有文化的青年劳动力。

2. “三变”改革与劳动力的吸引效应

农村“三变”改革，主要发展的产业是第二、第三产业。以往，由于第二、第三产业的资本密集型和技术密集型特点，使其在农村中很少出现，如果存在也只是一小型的家庭式的公司，而普遍存在的是对农业副业的经营，如农村的餐饮业、养殖业、农产品加工业、食品加工业等，农村劳动力倘若大量外出，则这些部门就会出现人力资源的短缺，现存人口不能满足这些部门的经营需求，从而阻碍了这些部门的发展和规模的扩大，也抑制了农村市场的发展和农村经济的发展，给人们的生产生活带来不便。自“三变”改革以来，农村的旅游业、种植业等产业飞速发展，规模不断扩大，越来越需要大量的年轻劳动力。“三变”改革不仅仅表现在产业发展上，也表现在村庄生活环境、工作环境的巨大变化上，越来越多地吸引着那些在外地务工的农村劳动力返乡务工。

3. “三变”改革对劳动力结构的影响

自20世纪50年代以后，我国逐渐建立了一套城乡分割的二元体制。这一体制的运行，在诸多方面是两套政策：对城市是一套政策，对农村则是另一套政策。几十年下来，逐步固定化，加上有户籍、身份作为划分标准，就形成了“城乡分治，一国两策”的格局。随着我国城镇化水平与工业化水平的不断提高，城乡收入差距不断扩大及对劳动力流动限制政策的放宽，我国出现了规模巨大的“民工潮”，造成农业劳动力结构变化的直接原因在于劳动力的流动。乡村落后的基础设施、贫乏的教育和低下的收入形成的推力与城市完善的基础设施、优质的教育资源和丰厚的收入所形成的拉力共同作用，造成了劳动力的城乡流动。农村青壮年劳动力流向城市，而农村基本上没有年轻劳动力，缺乏经济增长最基本的要素。“三变”改革在培育壮大农业龙头企业、合作社、家庭农场等新型农业经营主体的同时，也支持大中专毕业生、外出务工人员、乡土能人等回乡创业就业，参与“三变”，使农村劳动力结构更加优化，劳动力知识层次提高。

（五）“三变”改革对产业发展影响

随着“三变”改革的进一步深入，联村党委依据“整村发动、一户一人”的准则，建立了舍烹村、嘎木村等8个合作社，并以每个村的合作社为分支机构，银湖农民专业合作社为总社的形式，成立了“1+8”合作社体系，形成了

“总公司+分公司+农户”的运行机制。规范的规划、布局、培训和管理由公司负责。合作社任务是把农户的农地承包经营权参股到合作社，再将农户的股份投资到银湖合作社（总社），同时引导农民做好产业发展，形成了管理由总社负责、实施落实由分社负责和生产靠农户的有效率的分布格局。

同时，2012年，建立盘县娘娘山高原湿地生态农业示范园区，以舍烹村为核心地，是省“5个100工程”里的100个现代高效农业示范园区和100个旅游景区之一。规划总面积275平方公里，计划投资50亿元，涉及盘州市、水城县六个乡镇，覆盖农户1.8万户6.4万人。银湖种养殖农民专业合作社和贵州娘娘山高原湿地生态农业旅游开发有限公司是娘娘山高原湿地生态农业示范园的运营主体。园区负责对合作社和贵州娘娘山公司在决策上进行指导，按照“生态产业化、产业生态化”的规划目标，把生态发展与娘娘山特有的山地气候，以及人文环境和生物多样性等优点相融合，全力开发特色山地农业和旅游行业。农业项目规划种植刺梨和蓝莓，以及猕猴桃和特色经果林等有100 000亩，已经实施完工的有21 800亩。娘娘山国家湿地公园是旅游产业的主体，旅游产业以独具特点的养生度假、农业观光、民族文化体验以及湿地生态旅游为主，已经建成完工的有温泉度假小镇和天鹅湖湿地公园，以及民族特色村寨和江源洞等景区。

盘县娘娘山示范园和娘娘山联村党委的建立，壮大了舍烹村的产业，更有利于实现规模发展、集约化发展。园区与联村党委之间相互协调，对园区进行规划设计，通过对舍烹村（核心区）所属的银湖合作（总社）和旅游公司两个经济实体的指导，对产业进行扩大，增加了产业类型，丰富了产业结构，形成了山地农业与旅游业相结合的农旅一体化的产业发展体系。如图4－4所示，目前娘娘山示范园依托合作社和旅游公司两个实施主体，合作社负责种植业和养殖业，旅游公司则负责景区旅游的规划建设，两者互相互补、相互补充。一方面，种植业为旅游业的发展建立了良好的自然环境和旅游景点；另一方面，旅游业又为农业的发展带来了购买产品的顾客，从而形成了独特的“一体两翼”、协作高效的产业发展方式。其中特色精品农产品种植面积24 700亩，主要包括猕猴桃种植（11 000亩）、蓝莓种植（3 000亩）、刺梨种植（650亩）、甘蔗种植（500亩）、核桃种植（600亩）、杨梅种植（300亩）、火龙果种植（300亩）、石精种植（450亩）、小乌洋芋种植（300亩）、高山杜鹃种植（1 400亩）、竹荪种植（1 000亩）、蘑菇种植（1 000亩）、仿野生天麻种植（200亩）、红豆杉种植（1 800亩）、高山云雾茶叶种植（2 000亩）、雪桃种植（200亩）。旅游业的休闲观光类项目主要包含娘娘山高原湿地公园（2 700亩）、天桥户外运动区（4 500

亩)、五指山奇峰游览区(3 300 亩)、六车河峡谷游览区(2 000 亩)、民族民俗体验区(1 000 亩)、核心旅游服务中心(260 亩)、特色农业观光带及索道等建设。

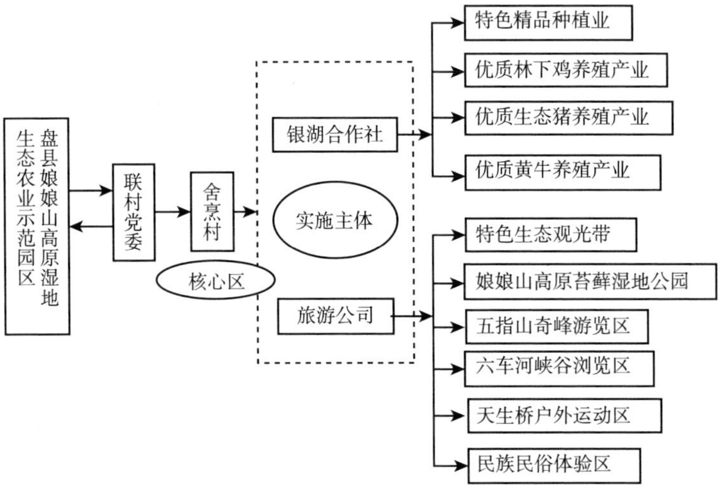

图 4-4 舍烹村产业的扩展体系

通过利用舍烹村周边 7 个村的资源，达到了互相协作、资源共享、繁荣发展。目前，8 个村以及水城县的 3 个村共 2.18 万亩土地入股到银湖合作社，6 128 户 24 000 人成为合作社股东，其中贫困户 2 352 户 5 913 人。核心区舍烹村人均纯收入从 2012 年的不足 4 000 元提高到 14 600 元，其他 7 个村人均纯收入也从 2012 年的不足 3 000 元提高到 2017 年年底的 9 570 元。累计带动 1 117 户 3 962 名贫困人口在“三变”中实现了增收脱贫，现在 8 个村集体经济均达到 30 万元以上，舍烹村的村集体经济达到了 130 万元左右。

三、舍烹村“三变”改革的特点

(一) 乡村精英推动的改革

陶正学是最早从舍烹村走出去的带头人，其从最早的打工仔到百万富翁，又经过创业的失败而负债累累，再经过奋斗成为村民羡慕的亿万富翁。陶正学在不断的磨炼中积累了丰富的经商经验，其开阔的视野和敏锐的洞察力高于普通村民，可以说陶正学是舍烹村的乡村精英。乡村精英通常可以依靠无偿的捐助帮扶，在村庄内建立良好的信任基础，具有一定的威望，可以很好地建立信任机制，拥有良好的组织协调能力，促进村民内部的团结。例如，陶正学在 2012 年以前不断地资助家乡发展，陆续捐助 1 100 多万元为家乡修路、修房等，资助困难学生完成学业，看望村里老人等，在家乡人民中拥有很好的威望。带头人强大的社会网络优势配合其良好的沟通协调能力能帮助村庄更快更准地与外部系统对接，有效减小村庄与外部系统在空间上的区隔①。乡村精英可以依靠自己的人际关系和对整体外部的发展趋势，对市场拥有很好的把控，可以准确地与市场对接。打通内外部系统能量交换渠道，不仅能够帮助村庄节省利用外部资源的成本，而且可以有效减少外部资源系统在目标搜寻中产生的资源耗散，有助于改进社会整体福利水平。乡村精英在村庄发展中有着不可忽视的作用，特别是在村庄发展的前期阶段，乡村精英起着对村庄整体发展的引领和导向作用。

（二）有效率经济组织的培育

美国经济学家诺斯在他的著作《西方世界的兴起》中，书中有一个不同于以往的观点：“有效率的经济组织是经济增长的关键，西方兴起的根本原因在于有效率的经济组织在西欧的发展”②。村庄的资源主要是土地、生态林、河流等自然资源，自然资源分散到农民手中，形成了资源分散、整合利用难的问题。另外，由于城乡经济发展的不平衡，导致大量的农民去城市务工，长期以来导致农村自然资源长期闲置，劳动力资源却不断外流。想要改变村庄与外部资源系统“抽水机”式的交流模式，建立吸引农村劳动力“留守”的产业体系与创造吸引外部资源进入的产业条件缺一不可，城乡产业对接是村庄发展的必要条件③。舍烹村通过成立银湖合作社和旅游公司，不断吸引人才，形成了高效率的经济组织。银湖合作社和旅游公司与单个农户相比，其具有庞大的专业技术人才和高效率的运作模式，银湖合作社有制度规范，旅游公司有自己的公司运营体制。旅游公司不仅带来了资金和人力资源，还通过自身的先进管理经验，对农村产权进行重新分配，发挥产权的激励、约束和资源配置功能，进行规模化发展，降低了产业发展过程中的交易成本，减少了不确定性和外部性，提升了整体的社会福利，增加了村民和村集体的收益。

---

① 郭斌．农村社会网络嵌入与农业企业层级控制结构——以某省 J 农业有限公司为例．中国农村观察，2012（6）．

② 徐传谌，孟繁颖．制度变迁内部动力机制分析．税务与经济，2006（6）．

③ 赵晓峰．“被束缚的村庄”：单向度的国家基础权力发展困境．学习与实践，2011（11）．

（三）以股权为核心的利益联结机制

“三变”改革主要是以股权入股形成的利益分配机制。“三变”改革就是“资源变资产、资金变股金、农民变股东”，舍烹村通过将村集体和农民的闲置资源折股量化到合作社和旅游公司，参与分红，使村民和企业、合作社形成了一个利益整体。既增长了村民的收益，也使村集体经济的积累得到增长，促进了村庄经济的繁荣。农民通过股份参与乡村的发展，改变了以往被动接受、旁观者的心态，增强了农民主人翁意识。农民在资源利用上普遍存在利用率不高和资源浪费的现象，以及个体土地承包经营上的无效率性，公司作为市场经济的产物，在相当程度上拥有更有效率的运作和产出能力。舍烹村通过入股成立公司，将资源进行整合，用公司先进的经营管理进行规划利用资源，在一定程度上克服了资源的无效率利用。

农民将土地等资源入股合作社和公司，参与收益的分红，同时也可以在合作社或者公司务工，获得一定的劳动收入。农民既是股东又是劳动者，股份制将农民的切身利益与公司、合作社的收益联结起来，在提高村民工作效率的同时，也克服了村民自我经营时过于注重短期收益的弊端。公司和合作社通过对农民闲散资金和资源的整合，一方面扩大了规模；另一方面，在产品的销售上有一定的卖方势力优势，克服了外部不经济的问题。

（四）有利的宏观政策环境

村庄的发展离不开宏观的政策环境作用。村庄发展内源性能力建设时，即便村庄内部民众具有了一定的自主发展能力，但是如果没有相应的外部宏观条件作为支持和保障，其发展的程度和效果亦是有限的[①]。政府制定的宏观政策在村庄经济增长中起到了不可忽略的作用，舍烹村最初的发展也是乡村精英陶正学在看到《国务院关于进一步促进贵州经济社会又好又快发展的若干意见》文件后，才下定决心回家乡发展的。舍烹村的发展壮大离不开宏观政策环境的支持，政策的层面有中央、省、县（县级市）。从表4-2可以看出，从中央到地方都对土地流转、农业规模化发展、农村抵押贷款等多个方面对农村的发展制定了相关的政策，为村庄的发展提供了有力的宏观政策支持。

---

① 方劲．乡村发展干预中的内源性能力建设——一项西南贫困村庄的行动研究．中国农村观察，2013（4）．

表 4－2　“三变”改革的相关政策

编号	政策名称	发布单位	时间
1	中共中央关于全面深化改革若干重大问题的决定	中共中央	2013
2	关于引导农村土地经营权有序流转发展农业适度规模经营的意见	中办发〔2014〕61 号	2014
3	深化农村改革综合性实施方案	中办发〔2015〕49 号	2015
4	关于开展农村承包土地的经营权和农民住房财产权抵押贷款的指导意见	国发〔2015〕45 号	2015
5	关于开展农村土地承包经营权抵押贷款试点的通知	国办发〔2014〕17 号	2014
6	关于引导农村产权流转交易市场健康发展的意见	国办发〔2014〕71 号	2014
7	关于组织申报土地经营权人股发展农业产业化经营试点方案的通知	农办经〔2015〕9 号	2015
8	关于促进家庭农场发展的指导意见	农经发〔2014〕1 号	2014
9	关于认真做好农村土地承包经营权确权登记颁证工作的意见	农经发〔2015〕2 号	2015
10	落实发展新理念加快农业现代化实现全面小康目标的若干意见	中发〔2016〕1 号	2016
11	关于落实发展新理念推动三农新跨越实现全面小康目标的实施意见	黔党发〔2016〕1 号	2016
12	关于推进供给侧结构性改革提高经济发展质量和效益的意见	黔党发〔2016〕6 号	2016
13	关于认真做好全省农村“三变”改革试点工作的通知	黔农领办〔2016〕6 号	2016
14	关于全面打赢脱贫攻坚战的决定	盘党发〔2016〕1 号	2016
15	关于改革创新财政专项扶贫资金管理的指导意见	黔扶通〔2016〕9 号	2016
16	关于决战今冬全力推进农业产业结构调整的通知	盘党办发〔2015〕103 号	2015

第四节　难题与建议

一、舍烹村在改革中遇到的难题

难题之一：观念问题（路径依赖问题）

自中国实行家庭联产承包责任制以来，农户有了农地承包经营权，对农地拥有更多的自主权。农民作为一个相对独立的经济个体，具有承包集体土地和其他大型生产资料并按合约自主生产经营的能力。农民在除了向集体支付一小部分营业收入并缴纳税额之外，其所有营业收入都归于自己。从 2006 年 1 月 1 日起《农业税条例》废止开始，农民种地收入有所增加，但是只依靠种地收入远低于第二产业和第三产业的劳动收入，农民普遍存量资金较少。合作社要求农户入股，根据按人配给和按股配给相融合的准则进行收益配给[①]。村民对这种新型农业专业合作社在内容上缺乏了解，存在疑虑和主观路径依赖的影响。农业专业合作社在分配上实行股份分红，由于效益的不确定性和市场风险的存在，农民对于加入合作社是持有观望的态度，对打破原有的制度安排缺乏动力。就投资偏好来讲，年轻人比老年人更偏好于风险投资，而农村多为老年人，农户的投资意愿不强，从而导致农民的入股意愿不强烈。

难题之二：资金问题

村庄资产存量少，农民资金分散，缺乏入股合作社的必要条件。就舍烹村而言，舍烹村在成立合作社初期，农户收入来源于外出打工，粮食作物为主要种植作物，粮食产量仅够自家消费，种地收入几乎没有。农民家中多数没有存款，资金欠缺，缺乏成立合作社必不可少的资金需求。如表 4－3 所示，贵州省 2007～2012 年农村人均年现金收入的平均值为 4 302. 964 元，人均年现金支出的平均值为 4 248. 574 元，人均净现金收入的平均值为 54. 39 元，并且在 2011 年和 2012 年的净现金收入出现了负值，出现了入不敷出的现象。通过调研也了解到当地在当时的生活水平低于全省平均水平，可以初步断定贵州农村居民在 2012 年以前家庭的现金存量很少。舍烹村在 2012 年属于国家级贫困村，因此，就舍烹村 2012 年成立的银湖合作社来讲，原始股为 20 万元一股，对于普通的舍烹村村民来讲无疑是一个天文数字，这就造成了当时农民入股的资金难题。

表 4－3　贵州省农村家庭人均年现金收入和支出　单位：元

年份	2007	2008	2009	2010	2011	2012	均值
人均年现金收入	2 347. 33	3 013	3 188. 31	3 448. 33	4 439. 54	5 078. 31	4 302. 964
人均年现金支出	2 112. 32	2 701. 82	3 039. 16	3 339. 45	4 659. 81	5 390. 31	4 248. 574
人均净现金收入	235. 01	311. 18	149. 15	108. 88	－220. 27	－312	54. 39

注：数据来源于 2013 年《贵州省统计年鉴》。

① 易棉阳. 社区型股份合作社与农民专业合作社的比较研究. 华中农业大学学报（社会科学版），2018（6）.

难题之三：土地问题（产权问题）

农村产权制度直接关系到“三农”问题①，“三变”改革中土地产权划分直接关系到农民的农地流转的意愿。农地问题一直以来都是农村发展的核心问题，土地的稀缺性不可避免地导致了土地要素的重要性。土地作为农村的重要生产生活资源，土地既是生产场地，又是生产资料，其供给总是间接或直接地影响经济发展②，村庄土地的流转对村庄集体经济发展有着不可忽视的作用。舍烹村土地和水田分别占总面积的14.3%、9.7%。农地数量少，农民平均耕地约为1.5亩。土地作为村民的“命根子”，在流转时，农民产生过多的疑虑，对土地流转入股合作社持观望态度和抵制情绪，特别是年龄在60岁以上的老人，对流转的意愿低，担心土地流转后的温饱、养老和收入问题。老年人的农地流转意愿不仅决定农地流转能否实现，也决定农地流转效率③。舍烹村土地主要种植玉米、小麦等粮食作物，粮食产量基本仅满足自给自足。入股后土地要进行产业调整，种植经济作物，农民更多的担心还是土地流转后的温饱问题。

另外，土地的收益和风险问题也是农民所关心的，虽然农民的土地不多，但是农民对流转土地也有一定的期望收益，如果不能产生收益或者是风险太大，农民还是偏向于不流转土地。

二、化解对策

对策之一：解放思想

为了让村民了解农民专业合作社，了解规模化发展带来的经济效益，解放村民思想，扩宽农民增收渠道。陶正学自己出资，先后五次带村民代表、村干部等人去外地考察。每次参观去60多人，主要是一些对土地入股合作社有疑虑的老年人。第一次去云南参观蓝莓、石榴种植；第二次也是去云南，参观了石榴和设施农业；第三次去云南参观设施农业；第四次去丽江参观雪桃种植；第五次去贵阳龙里参观刺梨种植。这几次的参观调研，不仅拓宽了村民的眼界，也为今后舍烹村的产业发展指明了方向。在两个月的考察后，村民对农业专业合作社有了新

① 洪名勇．马克思土地产权制度理论创新研究——兼论中国农地制度改革与创新．人民出版社，2011.

② 徐枫，王占岐．中部6省土地要素投入对城市经济增长效率影响研究．中国土地科学，2015（10）.

③ 拜茹．适度规模经营何以可能？——基于农村老年人土地流转意愿的角度．华中农业大学学报（社会科学版），2019（2）.

的看法，对入股合作社，进行规模发展、抱团发展持有积极的态度。银湖合作社由刚开始入股的 7 人陆续壮大到了 465 户。

对策之二：入股方式多样化

舍烹村村民少且分散，而舍烹村农业专业合作社要求股金为 20 万元一股，对于普通村民来讲，完全没有入股的能力。农民入股方式：一种方式是陶正学出借自有资金给村民，陶正学出资 10 万元给村民，村民可以以一户或多户共同出资 10 万元，总共以 20 万元入股合作社，占 1 股份，享受收益分红；另一种方式是村民以土地折价的形式入股，即将土地折算成一定的资金，入股合作社。这两种方式是主要的入股方式。另外，舍烹村还有通过其他的方式入股，如将自己的货车折价 10 万元入股合作社和将误工费折价入股等。

积极争取信贷资金，增添农户资本存量。经过多方面的争取，由贵州银行按照 80 000 元每户的金额向当地 625 户农民提供信用贷款，合约期限为 3 年，用来扶持当地农户把住房改建成乡村旅馆或者农家乐，改建后作为农户自有资产参股到银湖合作社。625 户农民的贷款金额由盘州地方企业信用担保有限公司担保，同时政府为农民提供贴息，农民前两年的银行利息由政府偿还。总共贷款资金 5 000 万元。

对策之三：保障土地收益和农户生活

合作社为了解决农民最关心的温饱问题，不种粮食作物了，粮食是不是还要自己去买。合作社为此专门建立了食堂，入股的农民可以免费在食堂吃饭，解决了农民的温饱问题。另外，合作社为了解决农民关心的土地收益和风险问题，专门制定了相应的收益机制和风险承担机制，即保底分红。合作社采取保底分红，给予农民高于原土地收益的 130% 的保底收益，并规定了收益涨幅为每五年涨 1%。保底收益机制保障了农民土地的收益，同时运营风险也不用农民承担。农民一方面可以在合作社工作；另一方面可以获得保底收益，增加了农民收入。

对策之四：加强风险防范机制

参与“三变”的企业、公司的经营成效对“三变”的成功起着决定性的作用，“三变”中的企业、公司的经营状况直接影响到了“三变”的成效。“三变”改革中农民、村集体将资源入股不承担资金投入和市场运作的风险，而企业则承担着投资风险。在市场经济中，企业不可避免地受到市场经济规律的影响，面临产品销售、经营盈亏等风险。因此，在“三变”改革中应当加强风险防范应对机制。经过建立龙头企业、企业家协会和新型经营主体带头人交流会，构建企业家深造提高的平台、支持以区域特色产业建立的产业同盟等形式，进一步对新型运营带头人深造提高的机制①。在提升带头人培训提升的同时，政府也要为企业提供正确的引导，保障企业发展的外部环境，制定相关的政策方针，以及建立风险监督机构，保障农民的收益。“三变”改革可以说是振兴乡村的重要举措之一，对村庄经济的繁荣发展有着不可忽视的助推作用。

对策之五：加强基础设施和网络平台建设

“三变”源自于村庄，在村庄建立了一套增加资产性收入的产业发展模式。“三变”改革的产业主要是旅游业和种植业以及农产品的加工，这些产业的发展离不开与之相配套的基础设施建设。完善的基础设施建设，一方面可以增进旅游业的发展，方便游客的游览，使旅游业的收益得到增长；另一方面可以减少农业产品的产出运输成本，增进种植业的收益。另外，在农业品以及旅游业的发展中，应该充分发挥互联网的优势，建立互联网营销平台，加强多元化市场，以及高端产业和特征的发展，细分市场，以防销售通道垄断或销售发展空间的不足，导致销售停滞的“瓶颈”。

对策之六：发挥政府主导作用

“三变”改革作为土地制度变革的产物，其产生和发展离不开诱致性制度变迁和强制性制度变迁双重作用。“三变”的制度创新起源于自下而上的诱致性制度变迁，但“三变”的完善和发展更多的是诱致性制度经验累积到一定程度后形成的强制性制度安排。因此，农村改革和村庄经济的繁荣离不开政府的宏观指导和调控作用。

政府应当在农村资源、资金整合和确权登记，以及产权股权交易和风险防范等方面，制定更多的政策扶持文件，促进村庄经济的发展。另外，“三变”改革中的增加联合村党委的创新乡村治理领导体系，在村庄发展中起到了不可忽视的作用。在农村发展中是否需要创新领导体系，还需要进一步讨论。在村庄发展和乡村振兴的进程中，地方还应该因地制宜，符合当地的实际情况。

① 姜长云，芦千文．贵州六盘水乡村“三变”改革实践经验及后续完善建议．西部论坛，2018（3）．

第五章　农地制度效率递减与村庄低水平均衡陷阱

贵州安顺市关岭县的常家寨是较早进行农地制度改革的村庄之一，从某种程度上讲，常家寨是20世纪70年代贵州农地制度改革的发源地。这样一个较早进行土地制度改革的村庄，从理论上具有制度先发优势，应该是贵州发展较好的村庄之一。但2013年和2014年我们多次深入村庄考察，通过对村民的访谈，发现这个村庄仍然是一个相对贫困的传统村庄。因此，我们这里就该村庄的情况进行分析和探讨。

第一节　改革前的常家寨

一、缘起

2014年笔者带领研究组到关岭县原顶云公社调研农地流转问题，我们在村委会看了有关介绍，同时也去陶家寨了解有关情况。在陶家寨陈高忠还专门带到村里的一座小山顶，这里有“蹲窝坨”，介绍说这是他们当年私下协商农地承包的地方，并告之我开始的具体位置，“放风”者所站的地方等。当时非常之感动，在这个组调查之后，又去到与陶家寨紧密相邻的另一个组，即常家寨组。到这个组进行调研，当谈到农地承包之起源时，村委意见非常大。说承包地发源于常家寨而非陶家寨，带着疑问与村子进行交流。希望他们能够拿出有力的证据来说明问题，于是就将当时参与承包会议的老会计叫过来，与我们交流。他并没有给出直接的证据，也没有当时的契约。他说有当时生产队时间的一些会计资料，于是我们去他家找当时的会计资料。我们在他家的猪圈里终于找到一些当时的账本，我想这是很有用的材料，对于我们理解当时生产的运行很有帮助，我们带回了学校进行了全部扫描，之后让研究生将原件返给了老会计。为研究顶云农地改革，我查了相当多资料，发现在纪念农村改革开放 30 年时，当时亲自参与顶云改革的中共原关岭县委干部肖辑之发表在《当代贵州》上的回忆文章，他回忆说：“1976 年金秋，关岭县委正式明文任命我为县委政研调查组组长。1978 年春，有一次我随县委书记李清泉下顶云公社调查。在车上他对我讲：前些年由于‘四人帮’的严重干扰、破坏，农业生产一直上不去，现在党的政策这么好，为了适应‘四化’建设的需要，我们要解放思想，想方设法闯新路，尽快把农业生产搞上去。你是经历过战争的老兵，现在你又专门负责政策调研，应该闯出点经验来。当时，我在车上就愉快表态，决心下去试一试。顶云公社离县城近，是我们常下区社的必经之路，算是全县 22 个公社中自然条件较好的公社之一，而且规模小，田多地少，全社总共才两个大队，28 个生产队，便于掌握情况。在逐步恢复过去行之有效的‘三基本’‘五定’小包工等经营管理办法后，粮食已有所回升。1975 年增了产，但仍未达到过去年产 270 万斤的最高水平。我们到公社住下后，首要的任务就是选好点。经过一段时间观察，我才确定把这次试点定在常家寨生产队。这不光是看上了这个队山清水秀，田土集中，上下队集中住在一个偏坡上，主要是看上了这个队有一个精明强干的好领导班子老队长罗文昌个头不高，性格开朗、为人坦诚。他不仅对全队社员情况，田土好坏、远近了如指掌，而且在经营管理上很有见地，在群众中威信高”[①]。根据肖辑之的回忆，我们可以认定村民反映的情况应该是对的，即贵州农地承包制改革最早应该是从常家寨开始而不是从陶家寨开始的，更何况我们在常家寨进行调研时，映入眼帘的是依旧传统的耕作方式和卫生状况较差的生活环境，更为深刻的是在同他们的交流中所感受到的与其身份和地位紧密相连的悲观和无奈。然而，与计划经济时期相比，这里自然可算是飞跃了，可并未看出眼前的这个农民群体究竟有何与众不同之处，更想象不出正是眼前这群人早在 1978 年那个对任何形式的“责任制”实行严酷打压的年代，秘密参与并实施了以“五个统一”为具体生产办法，以“包产到组、超产奖励”为分配措施的生产责任制。这么多年过去了，村庄还是没有发展起来，很容易忘掉这曾经是在全国产生较大影响的村庄。因此，我们有非常充分的理由，对常家寨的发展进行反思。这就是我们为什么选择常家寨进行调研的原因。

在调研过程中，我们对在家的村民进行了访谈。这种访谈有两次，即 2014 年 8 月和 2015 年 5 月。在与这些曾经的亲历者进行了一对一深入的访谈后，之

① 肖辑之．“顶云经验”的由来．当代贵州，2008（17）．

前的疑问才慢慢得以解开，每一位受访者对改革开放前生产生活的细致描述为我们提供了变革在这里悄然发生的直接证据。在这一章，我们根据调研所获得的访谈记录、搜集相关历史资料以及其他有价值的文献，从农业生产、人口、家庭生活以及乡村治理四个方面对当时常家寨生产队“秘密”变革之前的生产与生活状态进行较为全面的描述。需要说明的是，从1978～2015年已有37年的时间间隔，改革时许多重要的参与者早已离开我们，如今能够采访到的参与者中大多生于1949年之后，对20世纪50～60年代的记忆早已模糊，但令我们欣慰的是，参与访谈的21人中，绝大多数人都可以较为详实地回忆起70年代中期发生在常家寨的改革，即便这些回忆在很多方面无法准确定量而述，但我们依然可以通过综合、总结的方式对常家寨“秘密”变革前的整体情况有一个较为直观、全面的了解。

二、农业生产及条件

就农业生产条件而言，常家寨所在的顶云公社是关岭县农业生产条件较好的一个公社，但也是最小的一个公社，1978年全社共有859户4 574人，稻田3 508亩，其中旱地1 671亩，距县城6公里，320国道贯穿全社，地势平坦，交通便利，是全县自然条件较好的公社之一。顶云公社有两个大队，28个生产队，常家寨生产队就是其中之一。早在1967年公社全年粮食总产量就达到历史上最高的135万公斤，这之后，由于受到严重干扰破坏，农业生产一直上不去，粮食产量长期徘徊在125万公斤上下（1978年11月11日《贵州日报》）。顶云公社尽管自然条件比较好，但由于在“一大二公”的体制下，农民生产积极性不高，干和不干一个样，加之农业生产技术十分落后，大家同吃大锅饭，因而顶云公社的农民与全县大多数农民一样，无法解决自身的温饱问题。

常家寨生产队有田70亩，大季亩产150公斤谷子，年产1万多公斤；小季麦子亩产40公斤；地60～70亩，大季亩产100公斤玉米；小季种油菜，比较粗放，随便撒点种子在土里，任由生长，没有肥料施肥。生产队主要种玉米、谷子、小麦等主粮，也种植大豆、高粱等杂粮，农业种植结构比较单一。除粮食作物外，很少有经济作物；农业中非种植业，如养殖、畜牧业的发展几乎停滞，只是每家养几只鸡鸭用于过年时食用，主要原因是没有足够的饲料。

冰雹是关岭县的主要灾害，一年四季各月都可能出现冰雹，以4～5月最多，占64%，影响范围广，成灾率高，危害严重。《永宁州志》① 多处记载有“雷震雹击损田苗”“大雨雹晚禾无收”等语句。1959～1980年的22年中，出现冰雹的年份，平均每年损失粮食几十万公斤，这期间年均发生4.9次，最多的一年发生过12次。1978年4月28日的大冰雹，持续10～19分钟，造成地面积雹9～15厘米，并伴有9级左右的大风，受灾18个乡，168个村，377个村民组，损失粮食278.9万多公斤，房屋倒塌损坏8 673间，损失十分严重。

地区降水量大且集中，洪涝灾害频繁，往往形成泥石流，冲毁作物、田地以及房屋等，对生产生活造成了十分不利的影响。

春冬干旱和夏干旱，前者又可分为冬末初春干旱（2～3月）及春旱（4～5月），都会造成作物减产或绝收。1959～1980年，春冬干旱和夏旱几乎年年出现。

春季低温，俗称“反春”，往往造成烂秧、烂种，也被称为“烂秧天气”，每年3月中旬出现的概率较大。同样是在1959～1980年，共出现29次，年均1.3次，每次持续4.8天，最长可达12天。

夏秋寡照现象常发生。在7、8月水稻扬花期间，阴雨天多，日照较少，导致水稻空壳率高，即常说的“寡照”，在1959～1980年发生12次，发生率达54.55%。

关岭地区秋季绵雨频繁，往往造成水稻倒伏和因不能及时收获而发生霉烂。常家寨所在的中部地区平均每年要出现2.4次，每次持续大约7.6天。

一般的农业生产工具如锄头、镰刀等由自家购买，同劳动力一并出工计算到工分，其实当时的“工分”包括人和工具两部分的贡献。生产队有仓库一座，龙骨车一架，秋收的粮食采用“蚊帐晒粮，一户出一幅”，并计算2个工分。农业生产中常用的运输工具是“鸡公车”，这种运输工具是适应山区地陡坡多的客观条件而存在的，直到现在，许多村民还在使用，有着适应性的存在价值。

农业机械还未出现之前，农民最为重要的生产工具当属耕牛。常家寨大概有20头耕牛，放牛采取轮班方式，同时计算工分，主要由寨子里面年纪较大的劳动力来做。当时牛圈自己建，喂牛的农家肥也需要计算工分。

改革开放前，完全采用自留种方式获得下一年耕种的种子，当时生产的粮食被分为“公粮、余粮、分配粮、种粮、贮备粮”等共计五种，其中“种粮”所

① 关岭县因关索岭得名。相传三国蜀丞相诸葛亮南征，部将关索曾驻此地，广得民心，上人感之，遂称此岭为关索岭。明置关索岭守御千户所。清顺治十八年（1661年）改置永宁州。1914年设关岭县。1958年并入镇宁县，1961年复置。1981年改关岭布依族苗族自治县。后有《永宁州志》存世。

占比例比较大。

作物施肥主要采用“农家肥 + 尿素”的组合，农家肥是最为重要的，即使到现在也是庄家打底肥的关键，对他们而言，底肥是“韩信用兵，多多益善”的，因而耕种时也最为农民所重视，农民少部分用尿素，其他肥料很少。

常家寨的农田绝大部分都处于坡地，地势较高，雨水和灌溉用水难以被贮存于农田中，大多依地势而流走，属于较为典型的工程性缺水地区，这里绝大部分望天田只能依靠老天爷帮忙，农田有效灌溉率很低。大约在 1976 年，修建了云盘水库和龙口水库。生产队也购买抽水机，甚至有些还是比较传统的龙骨车来灌溉，但灌溉能力有限。直到包产到户后，缺水灌溉的家庭一般都购买了抽水机，生产灌溉的条件得到明显好转。

只是现在情况比较特殊，以农业为主的家庭主要购买抽水机来满足灌溉，但是不以农业为主的家庭，尤其在当前谷子和玉米价格差不多的情况下，甚至倒挂时，这些家庭采用旱种玉米的方式来解决。

三、人口

劳动力大概男、女各占一半。男劳动力主要从事犁田、犁土、挑谷子、挑玉米、挑水、放牛、割草等。女劳动力主要从事点麦子、菜籽、玉米、割麦子、掰玉米、煮饭、喂猪、其他家务等。男女都做的事：栽秧、担粪、薅秧、薅草等。

为了获得常家寨在 20 世纪 70 年代中期的人口规模与人口结构方面的情况，通过各方努力，我们从当年生产队会计常明全家的厕所中找到了许多早已辨识不清的历史资料。在对这些资料的整理过程中，我们找到了 1974 年、1975 年的人口资料。从这份名为“常家寨生产队 1974 年分配本”中可以得到 1974 年常家寨生产队的人口数为 130 人，而该账本中对“1975 年人口统计情况”的记录使我们对当时的人口情况有了准确的掌握（见表 5 - 1）。

表 5 - 1　　常家寨的人口　　单位：人

姓名	合计	男	女
常明才	7	3	4
常明友	6	3	3
常明权	5	2	3
常明富	2	1	1

续表

姓名	合计	男	女
常开华	3	1	2
王国先	8	4	4
罗明户	7	3	4
罗木兰	4	3	1
王永福	3	2	1
常开涉	8	3	5
陈祖良	4	1	3
常开兰	3	0	3
陈祖祥	4	2	2
常开法	8	5	3
常明贤	6	3	3
陈开荣	7	5	2
周镇全	3	1	2
周一良	2	1	1
冯永祥	7	2	5
冯彰武	3	1	2
冯清龙	2	1	1
罗明涉	9	3	6
张兴昌	8	2	6
罗光华	7	4	3
罗光忠	7	2	5
常罗氏	1	0	1
总计	134	58	76

资料来源：常家寨生产队会计记账资料。

从表5－1可得，常家寨生产队在1975年人口总数为134人，全队共有26户，平均每户5.15人，男性平均每户2.23人，女性平均每户2.92人，全队男女人口比例为0.76∶1，女性人数占总人数的56.7%，男性占比43.3%。此外，通过访谈中受访者的回忆，我们对20世纪70年代中期全队人口的年龄结构也有了一个大致了解，其中60岁以上的有10余人，劳动力有60～70人，小孩50～60人，从中可以推出总人口抚养比大致为1∶1。统计数字表明，常家寨生产队是名副其实的“妇女能顶半天”，这也在一定程度上解释了其“秘密”变革时期全队所划分的三个生产小组中组长均为女性的原因。生产队及家庭中劳动分工自然是存在的，但不是十分明显，这与民族传统密不可分。许多男劳动力主要从事犁田、犁土、挑谷子、挑玉米、挑水、放牛、割草等。女劳动力主要从事点麦子、菜籽、玉米、割麦子、掰玉米、煮饭、喂猪、其他家务等。男女都做的事：栽秧、担粪、薅秧、薅草等。

总体而言，改革开放前，常家寨生产队的人口数量和结构相对稳定，村寨人口生育能力充足，妇女劳动参与率高。20 世纪 70 年代起，我国开始全面推进计划生育，并于 1973 年明确了“晚、稀、少”的旨在限制人口生殖的政策方针（吴忠观，《人口学》），但 70 年代的人口政策同时也明确强调：“除人口稀少的少数民族地区和其他地区外，都要加强对人口计划工作的领导，深入开展宣传教育，使晚婚和计划生育变成群众的自觉行为”①。人口政策在常家寨这样的少数民族地区出现变化并得到严格执行是在 80 年代初期。20 世纪 70 年代政府对少数民族地区采取不宣传不提倡计划生育的政策，1980 年则改为实行比汉族较宽的计划生育政策。访谈中，66 岁的陈祖良就是在 1980 年因第四个孩子（男）的出生而遭受处罚，家中的耕牛被扣，直到上缴 500 元罚款后才得以牵回。由此可见，当时的政策是十分严格的，而与陈老汉境况相似的农民并不少见，农民的生育观有着一系列物质与非物质层面的影响因素，少数民族又因其文化习俗的特殊性使生育观与计划生育政策在一开始就埋下了冲撞、对抗的种子。有关计划生育政策对常家寨所产生的影响，我们将在后续展开深入讨论。

四、医疗教育

在顶云公社都没有医疗机构，只有县城有医院。石板井大队只有一名医生周文丽（男，当时 40 多岁），由顶云公社任命，主要采用中、西医方式看病。由于经济困难，看病艰难，后来顶云设立医院。

集体时期，20 世纪 70 年代（“文化大革命”后），常家寨有一所小学“小凳子小学”，只有一年级、二年级，有郭荣兵和莫成新两位老师，主要接纳簸箕寨、常家寨、陶家寨、云乐寨等四个寨子的小孩读书，大概办了 3 年。还有石板井大队小学，只有 1～3 年级，4～5 年级需要到顶云公社读书，现在有石板井小学 1～6 年级。

① 彭佩云．中国计划生育全书．中国人口出版社，1997：136.

五、知青

“知青”作为一个时代的文化符号，带着稍许激荡和浪漫，而这份激荡和浪漫是时髦洋气的青年同乡土成长的农民之间最好的交流。1968 年从上海来了四位男知青，1974 年左右回上海。小严、小吴（荣华），个子大，都称他为“大炮”，小贾（右如），小张（志强），与村民一起劳动，一样分工分，参与粮食分配，同时民政局经常来关心他们，给予一定补助，住在仓库的一间房子里，自己做饭。知青给常家寨的影响：（1）小张从上海带来了味精，当地当时没有，给当地人调味品带来了较大影响；（2）小贾从上海带来了一件毛领大衣，很时尚，经常拿给会计穿；（3）干活苦但锻炼人，同时空气好，山清水秀，但不懂农业生产，由当地老百姓教；（4）衣着明显比较时髦一点。

第二节　突破“生产队”的制度藩篱：定产到组

在县委领导的默许下，常家寨较早进行了农地制度改革，从而开启了农村改革的新篇章。

一、生产队的运行

生产队是如何运行的？虽然相关文献有一些介绍，但我们对生产队的运行体制及运行还是不完全了解。就这个问题，我们对常家寨进行了调查，还记得，我与生产队时期的老会计进行访谈时，他介绍了一些情况。为深入了解有关情况，笔者问他有没有相关的文献资料，他介绍说有一些，但放在猪圈里。于是我与他一起去找，想看看是否能够找到一些资料。说实在的，自己并没有抱太大的希望，毕竟几十年过去了，找到有关资料的可能性还是比较小的。有幸的是，我们确实找到了部分生产队时期的会计记录资料。我们通过这些会计记录资料，基本上可能对生产队的运行作一些简单的了解。

每个生产队大概有五个专职或兼职的行政人员：队长、会计、出纳、记工员和仓库管理员。工作分配也比较明确，队长负责决定生产队的生产计划和工作分派，能做活路的男女都在公有的田里工作，按照每天的工作时间和性质取得工分；记工员负责记录每人累计工分；到了收成时，会计便按全队收入除以全队累计工分；生产队成员再从出纳那里领取自己的那一份现款或谷物。每一家的所得就是这样算出来的。

根据生产队时的队干部讲，生产队会定期开会讨论农业生产组织及安排，每片土地或者每一块土地具体生产什么？如何生产、如何组织生产、如何组织管护、什么时候收获，等等，都不用农户操心，生产队均会有组织。在进行相关决策时，农户虽然可以提建议，但农业生产决策的控制权还是在生产队干部尤其是生产队长手里，农户只需要按时出工即可。

对于生产队农业生产成果，一般是按照以下方面进行分配：一是确保当年国家下达的公粮数、余粮数；二是第二年生产所需要的种子数量；三是适量的饲料量；四是在农户之间。

在农户之间进行分配时，一般考虑人口和劳动两个因素，通过人口和劳动进行加权后再来分配剩余的粮食等产出成果。图 5 －1 左边是会计记录本的封面，右边是 1977 年籼谷和小麦的分配情况。从 1977 年会计记录提供的资料来看，常家寨对于这两种粮食的分配基本是按照以人口为主、每个家庭参加劳动为辅进行的。1977 年全生产队分配给农户的籼谷 2 807. 5 公斤，其中按照人口因素分配 1 965. 5 公斤，占 70%，按照家庭出工因素分配 842 公斤，占 30%；小麦分配 2 923. 5 公斤，其中按照人口因素分配 2 085 公斤，占 71. 32%，按照家庭出工因素分配 838. 5 公斤，占 28. 68%（见图 5 －2）。

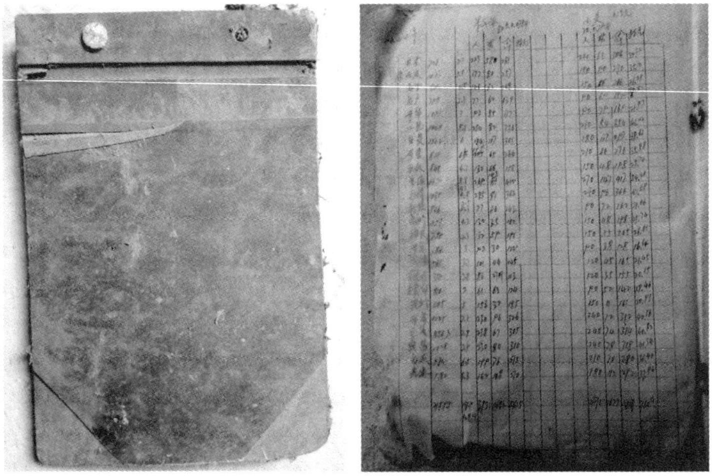

图 5 －1　常家寨 1977 年籼谷和小麦分配情况

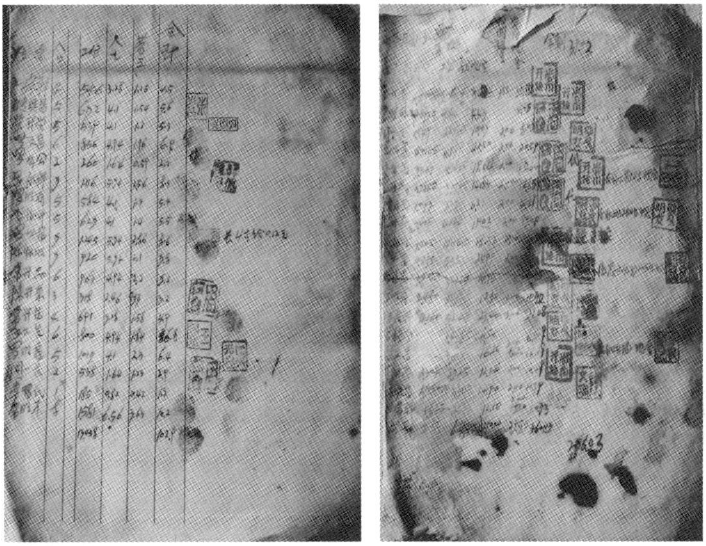

图 5－2　农户分到粮食后的签章情况

二、生存推动改革

如果说改革开放前农民的日子苦，最为直观的变量就是与农民生活息息相关的食物、衣服和住所的情况究竟如何，它们足以反映生活的水平高低。“苦”已是事实，除了通过“衣、食、住”计量当时的生活水平外，我们有必要认真探究一个相关的经济问题，即在那个物资短缺、收入匮乏、以阶级斗争为纲的物质资料广泛稀缺年代，以农业生产为主业的农民们是如何根据外界条件的安排而做出对这些有限资源的安排的？

在常家寨，这种“苦”不是我们今天所谓的“谁比谁吃的高档、穿的时尚、住的高端大气”，而是根本连这种比较的基础都不复存在，一年到头手上攒了几个钱可以买几尺布，也大多没有什么选择的空间，做衣服就是为了“蔽体”，几乎每一家受访者都讲到过自己当年没有衣服穿的窘境，家里仅有的为数不多的衣服都是给父母和年长一些的可以参加劳动挣工分的家庭成员穿。除此之外，布，对于农民生活而言，有外用和内用之分，外用就是衣服，内用指的是被子。关于“被子”的历史就更让人心酸了，在访谈中，有村民就直言，由于当时家里太穷，家中只有父母和大哥有被子盖，自己 15 岁之前就没有盖过被子，那总是要睡觉的吧，也是有办法的，就用麻袋替之。

民以食为天，对于从事体力劳动的农民而言，在那个“饿饭”的年代，为应对食物不足采取了一定的家庭“食物管理办法”。我们以一户村民为例，在“人民公社”时期，由于孩子较小，家里能挣工分的只有2人（男子在“打田”时比女子的工分高，其余农活相差不多），一年到头能分得300公斤粮食，但是这要供家中5个人吃，除了过年时的“盛宴”外，大多时候都是萝卜炒饭，肉是绝对的奢侈品，以往用来当作饲料的玉米也成为日常的主食。一般而言，家庭计划如图5-3所示。

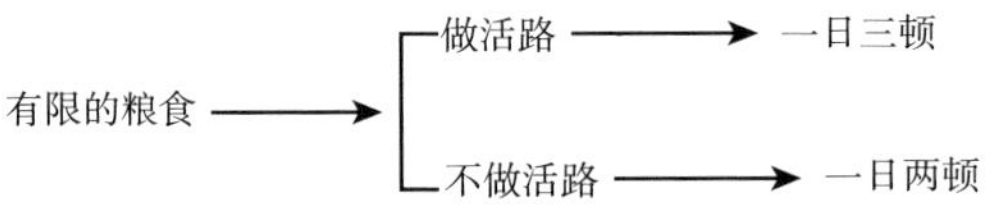

图5-3 改革开放前常家寨每天饮食安排

生存压力让村民们不得不进行改革。常家寨（生产队）作为农村改革的先行者，早在1977年秋收后便在当时的生产队长罗文昌的主导下，与其他四位队员一道共同签订了一份定产到组的秘密协议，而后由于历史原因致使这一重要历史片段被遗忘。与当年安徽省滁州地区凤阳县①梨园公社的小岗生产队相似，促使生产队队员达成集体行动的直接原因是物质资源的匮乏，尤其是食物资源的极度匮乏所带来的饥饿。在同常家寨的村民进行广泛交谈后，我们也可以更加认为，农民们守着土地却填不饱肚子，“饿饭年代”成为常家寨里曾生活在那个年代的人对于那个年代最直接的表达。

如果说“饿饭”的切肤之痛是常家寨变革的直接动力，那么我们就需要沿着常家寨的历史变迁去找寻产生变革的本质原因，探寻变革动力的根源所在，这便不得不提到人民公社制度，特别是我们所关心的，即常家寨生产队在人民公社制度的约束下是如何在实践中产生突破原有制度规范的念头，最终冒着巨大的风险做出变革的决定。

三、智慧式变革

至此，常家寨的变革动力机制的主要框架已清晰地呈现在我们面前，这时，如果再有一位集体中具有相当威信的带头人的出现，变革就有可能成为坚定的集

① 改革开放前，凤阳县是有名的“生产靠贷款、生活靠返销、花钱靠救济”的“三靠”县，农民生活贫困，每年都有一批批农民外出讨饭。

体行动。除此之外，农民作为“理性人”，其长期积累并传承的生活经验、知识和智慧也会于此时被充分激发，为变革的发生形成合力。

常家寨的变革正是多方因素综合考量后的集体行为，如果说小岗生产队勇敢，那常家寨生产队就应属智慧。这其中最妙的也当属“定产到组”生产责任制的选择。1977 年，对于生产队长罗文昌等 5 名社员提出的搞内部分组试验的做法，许多社员心里一直没有谱，主要是因为前些年隔壁村的生产队因私下搞“责任田”而被批斗，因而大家心里有很大的顾虑，担心出了问题怎么办。如果简单来看当时罗队长等 5 名社员所签订的协议，我们自然也会简单地认为这是一群“勇敢”的农民，事实上，勇敢的背后是智慧的力量。当我们同当年 5 位按手印者之一的陈祖良交谈时，他轻松且幽默地讲出了当时内心的真实想法：“当时大家都害怕，怕出了事要遭批斗，但我们几个人都很清楚，只要不搞分田到户，就算是上面追查下来也不会有太大的关系，咱农民怕个啥子哦?”紧接着又说道：“当时罗队长我们几个人一合计，看大伙想干而又不太敢，我们 5 个就带头画个押、签个协议，出了问题算我们五个的，这样大家才放心”。我们进一步问道：“那就不担心有人会告密吗?”陈祖良以及身旁几位前来凑热闹的村民都“哈哈”地笑了起来，并解释道：“那个时候天天饿饭，一年也得不了几个现钱，大伙都想吃饱饭，谁又会说出去? 况且，都是一个寨子里的人，祖祖辈辈都在这里生活，没有人会讲出去的。”几番交谈，我们总算是清楚地弄明白了变革发生的具体细节，尤其是变革中主要参与者的真实想法，这与我们之前的臆想相去甚远，也让我们真实地感受到了农民的智慧所在。

在这样的智慧式变革下，罗文昌队长在“五个统一”的前提下[①]，将生产队一分为三，实行“五定一奖惩”[②]，并借用毛主席的一句“妇女能顶半边天”，分别由生产队中叶文珍、左伦昌和朱玉琴三位女同志担任第一、第二、第三组组长，变革就这样戏剧性发生了。

四、常家寨的改革行之有效

如今到常家寨，可以找到一些农户珍藏着一份宝贵的文字资料，以作为自己

① “五个统一”指：a. 主要生产资料归生产队所有，由队统一调配；b. 生产计划、经营范围和增产措施由队统一制定；c. 种子、肥料等生产费用由队统一计划开支；d. 劳动定额由队统一制定；e. 粮食农副产品和现金收入由队统收统分。

② “五定一奖惩”指：一定劳动力，二定生产资料（包括土地、耕牛、农机具），三定当年生产投资，四定各种作物生产指标，五定分工报酬；超产奖励工分等，减产照样扣减。

的荣誉和骄傲，这份资料便是1978年11月11日发表于《贵州日报》头版头条的一篇《“定产到组、超产奖励”行之有效》新闻稿，在当时那个政治氛围较为微妙的年代，贵州各个战线的同志从“实事求是”的基本指导思想出发，毅然决然地表达了对“定产到组”的认可和支持，贵州的农村改革第一次亮相于世人的眼前。先将当时的两篇报道呈现于读者面前，既有利于帮助我们更为清晰地回顾历史，也算是表达对冯先受、陈朝禄两位记者同志的深情敬意吧。

专栏5-1 “定产到组、超产奖励”行之有效①

顶云公社16个生产队实行联系产量的作业组生产责任制，调动了社员的积极性，集体经济巩固发展，粮食产量比去年平均增长三成。

长期以来，被当着“资本主义黑货”进行批判的“定产到组、超产奖励”的作业组生产责任制，最近在关岭县顶云公社已作为社会主义经营管理的一项办法，得到了肯定。广大干部和社员拍手称快，信心百倍地说：这样搞下去，农民就有奔头，高速度发展农业就有望头！

顶云公社是关岭县自然条件较好的一个公社。全县只有两个大队，28个生产队。田多地少。早在1967年全年粮食总产量就达到270万斤。以后，由于受到严重干扰破坏，生产一直上不去，粮食产量长期徘徊在250万斤上下。粉碎“四人帮”以后，逐步恢复了过去行之有效的“三基本”“五定”小包工、作业组等经营管理办法，粮食产量有所回升。去年，虽然增了产，但仍然没有达到历史最高水平。为了尽快把农业搞上去，适应四个现代化的需要，今年三月，经县委主要负责同志同意，全社有16个生产队实行了“定产到组、超产奖励”的劳动管理办法，结果，尽管夏收作物遭受了严重冰雹，大秋作物遇到了干旱、涝灾的侵袭，但这16个队仍然队队增产，平均产量比去年增长三成，其中最高的常家寨生产队比去年增长一倍。生产队长罗文昌逢人便说：“这个办法灵验得很。我当了十多年的队长，从来没见过今年这么好的收成，过去遭灾就是减免，今年还多卖了2 500斤粮食给国家。”小河水满大河涨，今年全社粮食总产量也比去年增长一成多，一举突破了十年徘徊局面，创造了历史最高水平。顶云公社实行的“定产到组、超产奖励”的管理办法，是一种联系产量的作业组生产责任制。生产队明确要求坚持

① 本文发表于1978年11月11日《贵州日报》，由通讯员冯先受、记者陈朝禄报道。

“五个统一”，即①主要生产资料归生产队所有，由队统一调配；②生产计划、经营范围和增产措施由队统一制定；③种子、肥料等生产费用由队统一计划开支；④劳动定额由队统一制定；⑤粮食农副产品和现金收入由队统收统分。

在“五个统一”的前提下，把生产队划分成若干个作业组，生产队对作业组实行“五定一奖惩”。即一定劳动力，二定生产资料（包括土地、耕牛、农机具），三定当年生产投资，四定各种作物生产指标，五定分工报酬；超产奖励工分等，减产照样扣减。

今年的实践证明，顶云公社16个生产队实行这种联系产量的作业组生产责任制，好处是明显的。最根本的是有了产量指标，有了奖惩制度，就能通过作业组的经营效果，把生产队的集体收益与社员个人所得更加紧密地结合起来，奋斗目标更加明确，责任更加具体。社员做活就必须注意数量的同时注意质量，否则就会因完不成产量指标而受惩，减少个人收入。这样既体现了“各尽其能，按劳分配”原则，又运用了经济制裁手段。因此，社员集体生产积极性非常高涨。往年犁田犁地要甩半边，今年旮旮角角都犁到，又犁得深，真正做到三犁三耙，精耕细组。新寨生产队过去是全社有名的“尾巴龙”，上午8、9点还出不齐工，做活路是混工分，栽的是“卫生田”，田头的杂草比秧子还高。今年他们分组定产之后，人的精神面貌和生产面貌大为改观。天麻麻亮，社员就四处捡野粪，出工出力，确实做到了三犁三耙、三薅两锤，粮食产量比去年猛增两成，一举跃入全社先进行列。广大干部群众深有感触地说：“有了指标就有了奔头，做活路就有劲头”。超产有奖，蚀产有惩，既鼓励了大多数劳动踏实的社员，又管住了少数混工分的闲人懒汉，这比干部催种催收的命令灵验得多。

在顶云公社，这类联系产量的作业组生产责任制并不是什么新鲜事。早在“文化大革命”初期，央井一队就这样搞过四年。后来，许多生产队也或明或暗地搞过，但都因被扣上“资本主义”的帽子，一一“纠正”了。上级机关不让搞的理由是担心这样做会导致生产队有名无实，以致大化小、小化了，造成所有制倒退。事实真的如此吗？顶云公社以自己的实践做了很好的回答。今年，这16个生产队由于坚持了“五个统一”，无论粮食作物还是经济作物，大宗的包谷、水稻，小宗的杂豆、高粱、蔬菜、红薯，全部纳入统收统分。生产队对生产资料拥有绝对的所有权，对生产计划、劳动力的临时调配和生产投资的处理也持有领导和支配的权利。例如，常家寨生产队管水就由队统一抽调劳力，打破组与组的界限，按水头合理分配灌溉，报酬也由生产队的机动工分付给。有个作业组卖掉剩余的秧子得了十元，也纳入队的收入。这样，既确保了人民公社“三级所有、队为基础”的制度，又调动了社员的积极性，有力地促进了农业生产。这不仅不会导致资本主义，反而还会使集体经济更加巩固和发展。八角岩是个有64户人家的生产队，由于队大，经营管理跟不上，过去生产搞得不好，年年有人提议分队。今年划分了作业组，定了产量指标，各组你追我赶，人人干得带劲，生产搞得红火，在雹、旱、涝灾的袭击下，粮食产量仍然比去年增产近两成。社员收入增加，也就无人再提分队了。实践证明现在坚持以队为基础，统收统分，作业组不过是个劳动组织，虽然定有产量指标，主要是个奋斗目标，是执行奖惩的依据，根本谈不上所有制倒退，资本主义的罪名又如何扣得上去。

专栏5－2 “定产到组”姓“社”不姓“资”
——顶云公社部分干部座谈纪要[①]

在现阶段，农村人民公社的生产队能不能搞联系产量的生产责任制？这种责任制到底是社会主义的经营管理办法，还是资本主义的复辟倒退？这是农村基层干部和社员群众极为关心、领导机关长期争论不休的一个问题。最近，关岭县顶云公社党委和县委工作队专门召开了一次有部分大小队干部参加的会议，就这个问题进行了深入座谈。下面是座谈会的纪要。

增产效果非常明显

卢泽江（原工作队队员，现任公社党委书记）：今年三月，根据广大群众的要求和农业生产的实际需要，在县委工作队的支持下，经县委主要负责同志同意，我们公社有16个生产队试行了“定产到组，超产奖励”的作业组生产责任制。这种责任制的最大特点是联系产量，其基本做法是以生产队统收统分为前提，生产队划分成若干常年作业组，实行“五定一奖惩”。即定劳力，定生产资料，定当年生产投资，定各种作物的产量，定工分报酬，超产奖励，蚀产惩扣。

---

① 本文曾发表于1978年11月11日《贵州日报》上，记录整理者：冯先受、陈朝禄。

实行这种生产责任制，社员的社会主义积极性高，出工状况、生产进度、活路质量同往年大不一样，增产效果非常明显。今年，尽管夏收作物遭了冰雹，秋季作物旱涝夹攻，这 16 个队个个队增产，平均产量比去年增长三成，其中增长一倍的一个队，增长五成的一个队。由于这些队粮食增长幅度大，全社在大灾之年创造了历史最高水平，粮食产量比去年增长一成多。不仅如数完成了公余粮的征购任务，还多卖了五万斤粮食给国家。

现在的问题是要看看方向。也就是说要通过我们的实践来回答，这种联系产量的生产责任制到底是姓“社”还是姓“资”。

坚持生产队的“五个统一”

伍正才（八岩角生产队队长）：“定产到组，超产奖励”这种责任制到底是姓“社”还是姓“资”？这个问题提得好。思想上不拨乱反正，就不敢放开手脚干。大家知道，今年三月的党训班扩大会上，我是头一个放炮，要求实行“定产到组，超产奖励”的。其实，这也不是我个人的意见，而是社员群众的迫切要求。我们八角岩，有 64 户人家，324 人，172 个劳动力，同规模小点的大队差不多。林彪、“四人帮”横行那阵，连劳动管理也不让搞，挂工分是点人头，出工一条龙，干活一窝蜂，鸭子翻田坎，生产怎个搞得好！粉碎“四人帮”以后，我们把过去行之有效的经营管理办法翻出来，定“三基本”，保证劳力归田；分作业组，搞定额管理，推行“五定小包工”解决出工不出力的问题，对生产起到一定作用。但是，活路的质量依然难以保证，偷奸躲懒的沾光，埋头苦干的吃亏，工分开得多多的，活路做不到家，还是得不到好收成。队委会组织人专门检查活路质量。这下可热闹了。农业活路的质量不像工业生产那样有个固定卡卡，有些问题硬要到庄稼成熟才看得出来。检查时，往往闹得只差打架，哪个也不愿意去。今年正月刚过，我就同群众商量，怎个能把积极性调动起来，搞好生产，多打粮食。许多老年人出主意说，给作业组定个产，涨产就奖，蚀产就惩，看他积极不积极。当时揭批“四人帮”第三战役已经开始，报刊上登了许多拨乱反正、落实农村经济政策的文章。我学了这些文章以后，慢慢琢磨出一个道理，只要坚持生产队所有，坚持统收统分，分组作业做活路，定个产量指标，有个奋斗目标，有个奖惩，鼓励多埋头苦干的社员，也管住少数闲人懒汉，再怎个也不是资本主义的大化小、小化了。认准了这个理，我就大胆地在党训班上提出来，还给省、地、县委写了信。后来，县委负责同志来搞调查，我也同他谈了这个理，还详细拟定了“五统一”作为定产到组的前提，来保证“三级所有、队为基础”的制度。这就是主要生产资料归队所有、由队统一调配；生产计划、增产措施和经营范围由队统一制定，作业组负责完成；种子、化肥等生产费用由队统一计划开支；劳动定额由队统一制定，由作业组评工记分；粮食农副产品和现金由队统收统分。

现在，实践已得出结果。我们队分成四个作业组，全部收入纳入了统收统分。个别作业组想单独放人出去搞副业，生产队说不行就不行。生产队长的权力也没有削弱，倒是从催种催收和晚上开会熬瞌睡中解放出来了。往年群众看见生产上不去就怪队大，吵着要分队。今年，搞了责任制，产量拿上来了，哪个也不再提分对了，集体经济反而更巩固了。

要相信群众的社会主义觉悟

卢朝柱（原公社党委书记、现任区委常委、区粮管所所长）：听老伍这么一讲，我心头的石头落地了。说老实话，当初县委负责同志同意试行定产到组时，我就立马想到暂时困难时期一些搞包产到组，结果分组就分队了。我担心明是定产到组，暗是变相分队。现在看来，今年搞的定产到组责任制是以“五统一”为前提的，同当年把核算单位下放到组的做法有本质的不同。只要掌握得好，就不存在资本主义的大化小、小化了的问题。

这件事也给我一个教训。我们当领导干部的要把事情办在农民的心坎上，就要开动脑筋，正视实际，敢于从实际出发。特别是这些年来，林彪、“四人帮”搞假左真右，沾到碰到就说是资本主义，我们是挨整又中毒。挨了整就心有余悸，中了毒思想就僵化。今年春天，我对试行定产到组的责任制犹豫不决，根基就在这里。

罗文昌（常家寨生产队队长）：我们队今年试行“定产到组、超产奖励”，粮食生产打了个翻身仗，总产量比去年增长了一倍。我做了五十多年的活路，没见过这样好的收成。家家的箩筐都装得满满的，个个心头都是热乎乎的。社员说，这个法子，早几年搞就好了。其实，这个办法能调动社员的社会主义积极性，粮食能增产，农村干部哪个不晓得。主要是上头的人不准搞，我们自家也不敢搞，怕说成是资本主义，也怕真正搞成分组分队不好交差。今年这样搞，开始我心里还有点七上八下。在队里，再三交代，不要分组就分心，要坚持“五个统一”。一些老者就批评我，说你这个人到现在还不相信群众。大家都是从旧社会过来的人，吃过地主剥削的苦头，也尝过小农经济单干的苦头。合作化那阵，顶着办“黑社”的帽子，都要一心组织起来，走共同富裕的道路。想走回头路的人是少数。现在回过头来想想，这些老者的话确实不错。从互助组算起二十多年了，如果少数人还钻头觅缝想搞单干，那么多年的革命岂不是白干了吗。要相信群众的社会主义觉悟是高的，个别人想大化小、小化了，群众自有办法。比如，为防止私收私分，秋收时各组交叉验收，还规定私分一百斤，不仅要如数归还，还要另扣十斤。无论粮食作物、经济作物，大宗的包谷、水稻，小宗的杂豆、高粱，甚至三几百金葵花也纳入统收统分。有个组卖剩秧的十元钱，也交给队里。夏天那阵，讨论水管，大家说：一个组的田在几个田坝里，一股水头下有几个组的田，最好队里统起来管。我们就打破组与组的界限，抽出三个劳动力，按田坝统一分片负责，由队里的机动工分付给报酬。所以说，只要我们真正相信群众，那些不必要的顾虑就没有了。

定产到组有利于巩固集体经济

刘正全（石板井大队党支部书记）：联系产量的生产责任制到底会不会造成资本主义，我们大队的秧井一队的情况很能说明这个问题。从 1966 年到 1969 年，秧井一队偷偷摸摸搞了四年的产量指标到组、工分定额稻田、收入和分配由队统一。那时，生产是搞得出色，社员吃粮水平又高。后来被公社晓得了喊纠，我说是统收统分的。公社说那也是“变相分队”，只好硬着头皮纠了。一纠正之后，社员们积极性低落了，出工拖皮，收工冲锋，做活路摆龙门阵，生产一年不如一年，缺粮户越来越多。没得吃的，强壮劳力跑出去抓钱，搞甩手副业，剩下些老者和妇女在屋头，生产做不出来。向队交了钱的分不到粮食，有的干脆就不交了，这样一搞，集体生产越加差火，今年上春家家缺粮，弄得个大田坝地区吃稀饭都成问题了。三月间实行了“定产到组、超产奖励”的生产责任制，面貌立马改变，外流劳力回来了，出工出力了，怕蚀产遭扣，做活路讲质量了，秋天下来比去年增产两成多，大家情绪更高了。最近秋种，队长因脚跛了没出工，各个作业组照样按质按量地完成任务。

事实是明摆着的，只要坚持“五个统一”，实行定产到组非但不会造成大化小、小化了，反而能巩固集体经济。依我看，到时不定产，吃大锅饭，搞假左真右，把群众的社会主义积极性都卡死了，生产搞不好，集体经济巩固不了，优越性显示不出来，反而会造成资本主义泛滥呢。

吴明昌（云乐生产队会计）：全公社数我们云乐生产队条件差。前些年林彪、“四人帮”干扰破坏，政策不落实，社员懒心无肠，当干部的无可奈何。生产搞不好，全队半数以上的人家靠借储备粮过年，连我都是向群众讲干了口水才得五十斤。讲起来真是既伤心又害羞。今年分组定了产，规定了奖惩，社员来劲了，连边头角脑都挖得光溜溜。人勤地增产，今年收下来比去年硬增产五成多。最近我估算了一下，今年每人平均吃粮可达五百斤以上。大家高兴得嘴都合不拢了。有一天擦黑了才分谷子，分到鸡叫，看到爱人的谷子，哪个都不肯去睡，都说：往年连包谷杂粮都不够吃，今年大米都够吃了，日子更好过了。社员收入增加了，集体经济也巩固了，以往借出去的储备量，这回一次扣清，再也不是空账了。

定产到组明明对集体、对个人都有好处，有利于发展集体生产，过去为啥把它看作洪水猛兽不让搞呢？想起来硬觉得荒唐。世界上哪有这种既巩固集体经济，又能让社员过共同富裕生活的资本主义？这就说明了，林彪、“四人帮”假左真右修正主义路线的流毒和影响还是很深的。只有深入揭批“四人帮”，肃清假左真右的流毒，是非界限才能弄清楚，思想才能真心解放，党的政策才能落到实处。

殷琼珍、刘伯渊（县委工作队正、副队长）：听了大家的发言，很受教育。同志们以生动的事例，批判了林彪、“四人帮”的假左真右修正主义路线，弄清了定产到组的本来面目。我们同意大家的说法，“定产到组、超产奖励”的生产责任制是当前一种行之有效的社会主义经营管理办法，而绝不是什么资本主义黑货。八个月的共同战斗也使我们体会到：实践是检验真理的唯一标准；群众是真正的英雄。确实，如果领导机关真想把农业搞上去，思想就得解放，作风就得转变，敢于从实际出发，走好群众路线，真正倾听农民的呼声，尊重客观经济规律，让生产队这个基本核算单位在生产安排和经营管理方面拥有真正的自主权。

第三节　常家寨的变化

在顶云公社的经验得到推广后，各个地方选择了适合本地实际的生产责任形式，常家寨采用了分产到组责任形式进行农业生产。自此之后，居民的生活开始发生改变。在分产到组之前，常家寨和全国很多地方一样是一个极度贫穷的状态，基本的温饱问题都难以解决。在落实分产到组之后，常家寨的群众丢掉了贫穷的帽子。粮食得以大丰收，温饱的问题得到了解决，而且这样的状态日渐好转，村民们的生活呈现出稳定提高的态势。常家寨率先进行土地制度的改革成功经验得到了政府的肯定。通过这样的土地制度的改革，村民获得了生产资料，生产的热情不断被激发出来，生产力不断发展，村民们的生活出现一片欣欣向荣的景象。村民的收入总体来说得到了提高，衣、食、住、行等各个方面都发生了巨变。

一、服装消费质与量的变化

为了更好地了解常家寨村民的收入、消费的质与量的变化，我们两次深入寨子里面和年老的村民们进行深入的交谈，在言谈的过程中虽然没能得到相关的数据，但是得到的相关信息告诉我他们对现有的生活十分满意。在谈到土地改革之前的生活，他们的言语中提到最多的就是苦、累、饿。为什么这么说呢，这些老人回忆说，那个时候吃不饱、穿不暖、劳动强度大，基本上没有什么收入可谈，但是经过土地改革之后几十年的发展，现在的生活与那个年代相比是极其幸福，粮食够吃，衣服够穿，钱够花。谈及现在的生活，老人们都是满脸的笑容。

居民的服装从灰蓝色的民族服饰到五颜六色的流行服饰。常家寨的村民基本都是黎族。20 世纪七八十年代，他们都是穿着自己的民族服装，色调单一，以灰色、蓝色为主。不过，虽然寨子里的人是黎族，但是因为长期和汉族人打交道，基本上都被汉化了。寨子里有个村民叫陈学明，他们一家祖祖辈辈都居住在常家寨，但是，他们没有穿过本民族的服饰，却穿过苗族的服饰，家里即使有黎族的上衣也是很多年没有穿过了。他们告诉我黎族的服装只有女性才有，男性没有民族服装。在他们的上一辈人里，穿本民族的服装还是比较流行的（见图 5 - 4）。

图 5 - 4　服装（上衣）

陈学明在采访中告诉我们，20 世纪六七十年代，家里的被子很少，那个时候连饭都吃不饱，每年每人可以领到一张布票，可以换取一块 5 尺 7 寸长的布，这些布都是自己给自己做了衣服，因为那个时候没钱买衣服，即便有钱也买不到衣服。现在的生活好多了，家里有各种被子，每年新添的衣服就有好几套。现在，箱子里还有很多新衣服都没有穿过。

在访谈中，村民罗光忠告诉我们，20 世纪六七十年代家里比较贫困，被子不够用，衣服也没有换洗的，直到改革开放以后，生活逐渐才好起来，被子也够用了，衣服也够穿了，尤其是还可以选择各种各样的款式，基本上什么都不缺。原来衣服破了都不敢扔，会一直打补丁穿，在 2009 年之前还将破了的衣服打了补丁后接着穿。在那个时候，能有件新衣服穿，那更是了不得的乐事了。

随着经济和社会的发展，现在寨子里的人很少穿民族服饰，家里的民族服饰基本上都是闲置着，当作一种念想。走进寨子里，他们的衣着鲜艳，各种流行的服装在这里也能看见。不管是白发苍苍的老人，还是年轻力壮的年轻人，以及那些在家带孩子的年轻妈妈，或是那些漂亮的小姑娘和俊小伙，或者那些还在上学的孩子，他们衣服款式各异，看不到一点民族的气息，他们身上的服装五颜六色，透露着现代化的气息。

二、食物消费的变化

在分产到组之前，食物种类单一而且吃不饱；分产到组后，粮食丰收，五谷丰登。寨子里的老年人基本上都是饱尝饥饿，经历了风雨，他们对现在这个社会的发展赞不绝口。因为社会的改革和进步，他们吃饱了饭，而且吃得好，对社会有一颗感恩的心。

在 20 世纪六七十年代，食物种类单一，主要是以大米、玉米、土豆等为主，水稻很少，其他作物的产量也很少，家里人口较多，吃不饱饭，天天都是饿着肚子。分产到组之后，粮食丰收，水稻的产量在人们释放出极大的生产力热情后得以大幅度提高，粮食开始有了结余，天天白米饭。随后，开始种植各种作物，像玉米、小麦、黄豆、芝麻等，家里的粮食开始吃不完。随着改革开放的进行，蔬菜的品种也开始多了起来。到现在，他们不再担心吃不饱、吃不好的问题，而是在担心每天吃什么好的问题。寨子里的居民好多年开始就没有出现营养不良的情况，也没有出现吃不饱饭的情况，靠自给自足或是外出务工都能保证食物的丰富性和多样性。但是，在搞分产到组时罗光忠等人心里是极其害怕的，甚至还协商着把后事都交代好了，那两年，晚上睡觉心里都不踏实。当时搞分产到组后，像牛一类的大型生产工具都是平价分配的，其他的小工具都是各个家庭自己购置。三个生产小组各个生产，但是也要遵循当时定下来的“五个统一”原则。当年分产到组，粮食大丰收（见图5－5），还向国家赠送了2 500公斤的粮食。

图5－5　丰收的粮食

不过在分产到组之前，村民们几乎都过着饥寒交迫的日子，吃了上顿没下顿，衣服不够穿。1959～1968年，村民陈学明回忆，在寨子里有20多户，120多口人，约60个劳动力，平均口粮只有200公斤上下，有些年份150公斤不到，没粮可吃的时候，会挖野菜、草根、郎洁根（音译）。在那个艰苦的年代也会养猪，不过，养的猪自己一般是不能屠宰的，必须完成生产队分配给自己的任务后，才能杀掉自己的猪，所杀的猪也不能拿去卖，只能自家享用了，毕竟那个时候还是计划经济，市场经济还没有萌芽，随便买卖，是要被扣上资本主义帽子的，是会被批斗的。在三年自然灾害那几年，生活窘迫，生病了也没钱买药，只能自己上山采些草药，或是拖着不医治，能好就好，不能好就任其发展了。那个时候，寨子里有户人家生了16个孩子，但是活下来的只有5个，这其中还有一个孩子小时候患了眼疾，没钱医治，眼睛一直睁不开，时间久了，近乎失明。但是，在常家寨，没有饿死人的现象出现。在划定成分时，户主陈学明家被划成了贫下中农，那个时候尽管有贫富差距，但差距都很小，也没有所谓的低保户或是贫苦户的说法。

村民罗明学告诉我，在三年自然灾害期间，他有个兄弟体弱，加上一直吃不饱穿不暖，最终生病后去世了，家里人都觉得他是饿死的，那个时候，他才五六岁的样子。在罗明学的记忆中，那个时候能吃上肉就是最高兴的事情，一般只有在过年时才能吃上一点点的肉。

在大集体那段时间，搞集体生产，挣工分，虽说人多力量大，可是，很多人只是出工不出力，当时罗明学担任的是记分员一职，对这类出工不出力的现象也很头疼，直到后来分产到组，分产到组后这样的现象才得以缓解，加以控制，粮食也增产了，肚子也可以吃饱了。之前，只能吃洋芋片、红薯片等杂粮、粗粮，后来才逐渐有足够的大米可以吃。现在家里算得上是小康水平了，吃喝不愁。尽管当年吃不饱，营养跟不上，还是得天天到田地里劳作，不过，每天还是能吃上三顿饭，午饭大多时候只能在地里或是田里吃，因为来回的距离较远，吃完午饭再回到田地里劳作会浪费很多时间。在粮食很少时，家里吃的主粮是玉米，后来被大米取代。

从被访谈的人讲述中可以想象到他们记忆中曾经的苦与难。在他们那个年代，食物的匮乏让他们对现在丰富的食物有了感恩的情结。他们是时代变迁的见证者，是制度变迁的见证者，他们从饥不择食到现在有丰富食物，其感情是真挚的、复杂的。从这些村民主要食物的变化可以看出当时分产到组之后的效果是非常令人满意的，从另一侧面也说明了居民生活质量的不断提高。

三、住房消费的变化

过去居住在又矮又小的又拥挤的木板房，后来是红砖黑瓦房，现在是钢筋混凝土的小洋房。在寨子里对村民进行访谈时，村民们告诉我们，在分产到组之前，他们每家都是六七个孩子，住的房子都很小，有些家里都是一家人睡在一个大床铺上或是所有的孩子都挤在一间房子里，那个时候，房子是又矮又小又拥挤的木板房，房子的通风也不是很好，室内比较黑，冬天还很冷。那个时候，吃不饱，穿不暖，住的地方还很破旧。村民们回忆说，那个时候，家里面的粮食杂物都是放在一个大房间里，养的鸡、鸭、猪、牛等也和人的卧室距离不远，甚至是相邻的。这也是我们常说的“人畜不分离”的一个典型例子。

在20世纪80年代之后，村民的生活日渐变好，收入水平也得到一定的提升。这个时候，有些村民开始拆掉了原来的老木板房开始修建砖瓦房，所用的砖头是自己烧的红砖头，瓦是以前旧房子的黑瓦。这个时候，房子也变得宽敞了，卧室的数量也变多了，再也没有之前那般拥挤了，房间也明亮起来了。不过，“人畜不分离”的现象还是比较严重。

现在走进寨子里我们可以看到的是，家家户户都是小洋房，有两层的也有三层的，有少部分还只修建一层楼。有些家的楼房修建得比较时尚也很漂亮，有些家里的房子设计方面就比较古板，装修方面各家各户都有一定的差异。

从他们的房子来看，他们的收入水平和周边的村或是寨子还是有一定的差距的。但是在20世纪八九十年代之前，寨子里村民的收入水平还是可以的，但是，现在不一样，尽管村民都修建起了楼房，这些楼房大多是在政府征地后给予了补偿款，部分村民才有能力修建这漂亮的小洋房（见图5－6），却不能反映他们生活条件有较大改善。通过对寨子里的调研，我们发现寨子里的老人和小孩居多，年轻人很少，村民们告诉我们，年轻力壮的人基本上都外出务工了，老人则在家里带孩子和种地、种粮、种菜。这也说明了一点，他们生活上相对富裕和满足，因为通过务农可以自给自足还能出售一些多余的粮食，但是在经济的发展方面相对欠缺，表现在收入水平上就是收入偏低。

图5－6　住房

四、交通工具的变化

生活的变化主要表现在交通方式的变化上。在寨子里走访得知，以前他们的出行都是靠步行。现在出行方式多种多样，可以选择的空间也很大。以往去种地时，只能步行，现如今可以坐公交或是自己骑摩托车或是自己开车去；以往赶集都是步行到集市上，现如今大多是坐公交或是自己开车过去。最方便的还是进城，以往进城只能步行，现在公交很多，非常方便。村民常明权介绍说，以前步行出行也是无奈，种的农作物都是靠着扁担挑到家里或是拿去卖，现在都是直接用车子运输的，节省了劳动成本，也提高了劳动效率。

20世纪80年代，这里的村民很多都没有见过汽车，使用最多的就是牛车，更多的还是步行。根据村民的介绍，2010年前，寨子里还是条泥巴路，2010年在政府的“村村通”的政策扶持下，水泥路修到了家门口。有了水泥路之后，这里的村民就开始买摩托车、小型汽车，个别的家庭还有货车。当然也不是所有的家庭都有条件买车，这也反映了经过几十年的发展和变化，家庭之间的变化差距开始表现出来，总体来说，这个寨子的村民如今还以务农为主，一部分村民的土地被征收失去了收入的来源。与20世纪七八十年代相比，生活条件有了一定的改善，但是，与现在周边农户相比，这些村民依然相对落后和贫困。

五、家庭能源的变化

在做饭方面的能源变化。寨子里的村民在20世纪六七十年代一般都是烧火做饭，所用的材料有秸秆和柴火（是否使用牛粪还需确认），到了八九十年代开始使用煤炭，一直使用到2010年前后，直到近两年，村民才开始使用电磁炉和电饭煲。尽管各种电器得到了普及，不过很多家庭还是把煤炭作为主要能源。

在取暖方面的能源变化。在20世纪六七十年代很多家庭还是以煤炭为主，后来开始使用。现在虽然电器得到了普及，不过大部分家庭依然使用柴火取暖或是用煤炭取暖。

在照明方面的能源变化。在通电之前，常家寨村民用的都是煤油灯或是蜡烛，现在家家户户都开始使用电灯照明，很多村民家里都不再使用老式的电灯泡而是使用白炽灯或是节能灯泡。走进常家寨的巷子里，我们还能看到充满现代化气息的太阳能路灯，个别家庭里还有发电机设备。不过经过我们的观察，这里的电路设备都比较破旧，部分线路已开始老化。

六、文娱消费的变化

在我们深入常家寨各家各户进行入户调查和访谈的过程中，我们深深地感受到村民们的质朴和纯真。

谈及文化娱乐，年老的村民说得最多的是看电视，年轻人说得最多的就是手机上网，而小孩子都说看动画片。不过，他们介绍的这些情况都是现在存在的情形，因为经过几十年的发展，生活条件逐渐改善，家里购买了电视等电器，空闲时都会和家人、好友一起看电视。通过我们的走访可知，村民们平时都喜欢看些战争题材的电视剧，尤其喜欢抗日战争系列的电视剧。此外，还有很多村民喜欢看中央电视台的新闻联播和贵州电视台的新闻节目，村民们对地方电视台的新闻特别有好感，如关岭县一些地方电视台的新闻节目、安顺市一些电视台的新闻节目等。虽然寨子里没有多少娱乐设施，但是年轻人的娱乐方式和老一辈们的娱乐方式还是有着显著的区别。年轻人的娱乐方式主要以手机上网、电脑上网、看电影、去 KTV 唱歌等形式为主。

但是，说到几十年前的文化娱乐的消费情况时，年长者都感慨，那个年代都没有这个概念，除了吃饭睡觉外其他时间基本上都是在干农活，有点空闲的时间都上山割草或是在家里做些简单的农活或是家务。他们回忆，20 世纪 70 年代，他们会组织寨子里的人一起去县城看露天电影，但是这样的情况存在的时间不长，几年后就没有了，到了现在县城里有了现代化的电影院，但老人觉得这都是年轻人去的地方，他们对这些场所也没有什么兴趣。现在，政府考虑到常家寨村民们平时的活动和锻炼身体的问题，特意划拨资金在寨子里修建了一个运动场，供村民们使用（见图 5－7）。

图 5－7　寨子里的运动场

七、生活基础设施改变

农村基础设施建设，是加快转变农业发展方式不可或缺的首要条件，是发展农村经济、改善农民生活不可替代的基础支撑，具有很强的基础性和战略性。党的十八大以来，我国农村农业发生了重大变化，农村农业工作取得了巨大成就。党中央、国务院始终遵循发展规律，与时俱进，加强“三农”工作，先后发布了 14 个以“三农”内容为主题的中央一号文件，每份文件均涉及农村基础设施建设。[1] 农村基础设施建设，不仅事关农业农村发展，而且事关经济社会发展全局[2]；不仅符合广大农民群众的迫切要求，也是实现国民经济社会快速发展的现实选择。

从基础服务设施的改变看，生产生活设施涵盖道路、教育和通信设施等。常家寨在近几十年的发展过程中，生产生活设施不断改善，村民的生活质量不断提高，通往寨子里的水泥路上经常可以看见各式小汽车。

第一，道路。常家寨所在的环境以山地和丘陵为主，道路交通发展极其缓慢。从镇上的主干道到常家寨的这段路在2010年之前都是泥巴路，2010年在政府的“村村通”的政策扶持下，这条路才被修建成了水泥路（见图5－8），路通到寨子里之后，很多家庭还自己花钱把水泥路修到了自己家门口。

图5－8 去常家寨的路

修了这条水泥路之后，村民的生活便利了很多，赶集时可以自己开农用车或是乘坐公共交通车或是面包车，这样节省了很多时间，也提高了农产品的运输效率。

从落后的泥巴路到先进的水泥路，给村民带来最大的便利就是进城方便了，节省了很多的时间，同样也给村民们把自己的粮食作物运到市场提供了极大的便利，减少了很多的运输成本，促进了农村经济的繁荣。常言道，要致富，先修

① 魏跃军．我国农村基础设施建设现状与对策．北京林业大学学报（社会科学版），2011（2）：45－49.

② 吕文娟，刘保东，李鹏飞．关于新农村基础设施建设现状的研究与思考．南方农村，2013（6）：65－70.

路。据村民介绍，这条路修起来之后，常家寨村民的实际收入都有一定的提高。

第二，通信。俗话说："天无三日晴，地无三尺平。"在贵州这块90%以上面积为山地和丘陵的土地上，通信的发展有极大的困难，开放程度也难与其他省份相比，不过常家寨离县城不远，电话、移动电话的普及早于其他乡镇。而在20世纪六七十年代和八九十年代时，这里的村民还很少用电话。村民说，那个时候通讯基本靠吼。后来家里的人口数量逐渐增加，家里的土地不够种植，就开始有人外出打工，他们出去就一年到头没个音信，亲人们相互牵挂。不会写字，书信来往也困难；打工的地方电话都很方便，但是常家寨这里要通话的话还要到几里外的县城，接电话都是要收费的，收费还比较高，家里人为省点钱都不怎么通话。

再后来，电话开始普及，随后移动电话开始普及，现在寨子里还有4G信号。个别家里用起了网络电视、连接了移动互联网，买了电脑、智能手机，还学会了网上购物。如今，信息通畅，外出打工再也不会为听不到亲人的声音而苦恼。

生产服务设施的改变。生产服务设施主要是指如水利设施、农业科研和技术推广服务机构，与农业相关的技术协会和专业合作社等。但是，通过对常家寨的调查和访问，了解到这里农田水利设施的建设情况和农业技术的服务情况的一些变化。

第一，水利设施的变化。农田水利建设是指为发展农业生产服务的水利事业。基本任务是通过水利工程技术措施，改变不利于农业生产发展的自然条件，为农业高产高效服务。通过兴修为农田服务的水利设施，包括灌溉、排水、除涝和防治盐、渍灾害等，建设旱涝保收、高产稳产的基本农田。水利是农业的命脉，农田水利设施的好坏，直接影响农业生产和农民的收益。农田水利设施建设关系到农业的发展，关系到"三农"问题的顺利解决。常家寨的农地、水田等很多都是处于一种长期干旱的环境，缺水严重，但是村民介绍说，政府在这方面的投入有限，在土地改革之前，自然环境较好，缺水的现象不是特别突出，随着社会经济的发展和自然环境的恶化，缺水的问题日益突出。政府于2013年在寨子附近修建了一条水渠（见图5－9），这条水渠在一定程度上缓解了缺水的问题，但是因为土地零碎化严重，还是有部分土地的缺水问题得不到解决，所以常家寨村民各家均备有抽水机和发电机。

第二，农业技术推广服务的变化。20世纪六七十年代，寨子里还有专门出售种子、化肥、农药等专业的服务站，通过服务站，村民可以获得如何选中、施肥等技术。随着务工人员的老龄化日趋严重和从事农业生产的人数减少，这样专

图 5-9 寨子里的水渠

业的服务站也渐渐消失。如今，寨子周边有专门从事出售化肥的商店。但是，涉及专业的农业技术问题，以往还有人可以咨询下，随着经济的发展，基本上找不到专业的技术人咨询农业技术问题，遇到问题只能找“土专家”或是凭借自己的生产经验去解决。以往村民们做农活时，都是依靠简单的工具如耕牛等，很少使用农业机械，劳作很辛苦，生产效率也不高。如今，常家寨的村民们都购买了常用的农业机械，在干农活时，带来了很多便利，不仅节省了劳动力还提高了农业生产效率。

生活服务设施的改变。生活服务设施是村民生活质量的一个象征。生活服务设施包括医疗卫生、文化娱乐、购物条件等方面。常家寨的收入水平一般，生活服务目前正在完善，与以往相比还是有较大的发展和进步。生活服务设施的完善，给村民带来了很多便利，如医疗设施的改变给村民买药看病带来了便利，文化广场的修建提高了村民的精神风貌等。

第一，医疗卫生。常家寨的医疗卫生情况在最近几十年的发展过程中不断完善，给村民们的生活带来了很大的便利。20 世纪七八十年代，寨子里有赤脚医生行走，村民们要是生病了，可以得到及时的诊断和治疗。2000 年左右，政府为了更好地给村民创造便利的医疗卫生环境，在村子里设立了一个诊所，这个诊所常年有医生上班。2003 年前后，常家寨也开始实施农村医疗保险政策，在干部的宣传和带头作用下，常家寨的村民都积极购买了农村医疗保险。在走访的过程中，村民罗光忠告诉我，在 20 世纪 60 年代前后，要是生病了是没钱去买药的，即便有点钱也买不到药，到了 90 年代，可以买到药品，但是，由于交通不便，也不方便去买药。现在有了新农村医疗合作保险，购买了保险后给生活带来很大的保障，不过除了一些伤风感冒外，一直就没有别的病痛，一家人都平平安安，老伴两人都挺开心和满足的。现在如果有点小感冒，在寨子附近的诊所里就能看，就能治，十分方便。

村民罗明学回忆，自从前几年有了农村医疗保险，家里每一个人都购买了保险，现在每年每人是 70 元钱，虽然家里人很少生病，但还是很愿意购买这个。陈学明还说起自己家里因为购买了农村医疗保险受惠的事情，他的妻子吴敏珍在 2008 年因为肠胃的病，多次住院和转院，先是在关岭县人民医院住了 8 天院，然后转院到了安顺 301 医院住了 7 天院，接着在安顺地区人民医院住院 9 天之后才出院，一共花了 3 万多元，政府报销了 50%。户主陈学明感慨，20 世纪七八十年代，他们要是生了病，就只能任其发展了。

第二，购物条件。常家寨的寨子比较小，还有不少外出务工的人员，剩下的大多是老人，这个群体的生活需求比较低，对日常生活所需的物品需求也低，所以这个寨子里没有小商店或零售店。但是，在离常家寨不远的村子里有小卖部，在这里既可以购买到常见的生活用品，也能买到常见的食品等，生活还是非常便利，购物条件虽然不能与城镇相比，但这样的环境还是非常适合他们，毕竟在土地改革之前，物质极其缺乏，这样的商铺都没见过，想购买商品都是自己步行到城里面或是自己等待上门来出售商品才购买些物品。如今，村民想购买些生活用品可以直接在附近的商铺购买，也可以坐公交去城区的商城购买，在农村电子商务逐渐发展起来的今天，常家寨的村民们还可以通过网络在网上购买一些自己所需要的物品，这样的例子也不少。

第四节　村庄发展为什么处于低水平均衡陷阱：制度效率递减

一、低水平均衡陷阱

通过多次在常家寨调查，我们发现常家寨虽然解决了吃饭、穿衣问题，每个农户过上了安稳的生活，依靠 20 世纪 70 年代末进行的农地制度创新走上了脱贫之路。

进入 21 世纪之后，村庄内农户的收入主要来源于两个方面：第一，农民生产收入。从我们调查情况来看，村庄内的经济基本上以种植业和养殖业为主，没有工业、商业及服务，种植业主要解决吃饭、吃蔬菜问题，养殖业主要是解决吃肉问题，同时还饲养少量鸡、鸭和耕牛。第二，外出务工。对于青壮年、文化程度较高的农民来讲，他们一般会选择外出务工，每个外出务工劳动力可以获得1万~2万元的纯收入。

可以这样讲，近10多年以来常家寨经济运行基本上没有太大的变化，农业与务工成为村庄经济之支柱。农民能否从农业上获得更多的收益，主要取决于：第一，农业产品价格，对于部分农产品有剩余尤其是蔬菜生产有剩余的农户来讲，蔬菜价格对于家庭收入有较大影响。第二，气候与灾害。如果气候较好，没有自然灾害，农业就能够获得丰收，农民收入就会增加。农民能否通过外出务工获得相应的工资性收益，不仅取决于个人能力，还取决于务工地经济发展的态势。如果沿海地区或者务工地区经济发展较好，对劳动力的需求较为强劲，那么务工人员就可以获得较多的工资性收入，相反，务工获得的工资性收入就会下降。如果外出务工人员具有较好的素质，同时还具有某种技能，那么就可以获得较多的收益。所以我们说，常家寨的发展已经陷入了低水平发展的均衡“陷阱”。

二、制度效率递减

以家庭承包为核心的农地产权改革，对于在村庄之内的农户来讲，其核心在于除了上交给国家和集体之外，其他的剩余农产品都是自己的。对于常家寨来讲，实施土地承包之后，1986年县政府规定应该上交国家的粮食为5 948公斤，1987年常明全上交的粮食为142公斤（见图5－10）。另外，如果农户不上交粮食，还可以选择上交农业税的形式（详见图5－11），农户常明文当年收入为196元，上交农业税31.56元，占农业收入的16.10%。

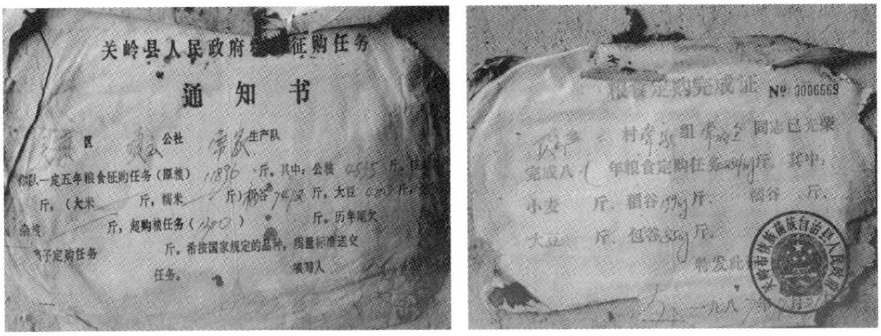

图5－10 常家寨和村民上交的粮食

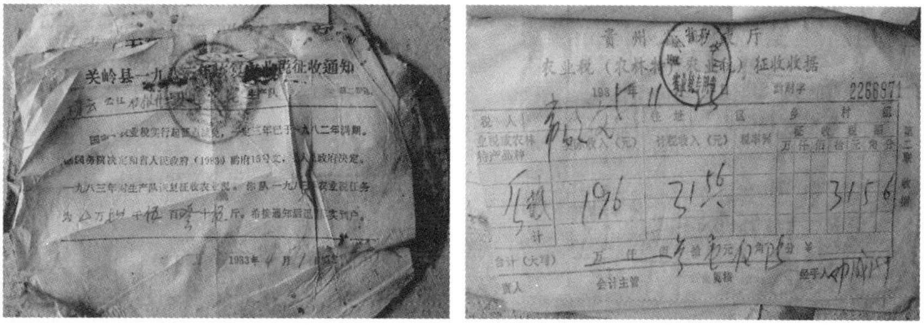

图 5－11　常家寨和农户上交的农业税

在农地家庭承包制度安排下，交足国家的，剩余的是农户自己的这一剩余索取权制度安排，给予农户非常大的激励。在制度实施前几年，可以说制度的边际效率是上升的，在图 5－12 中处于 A_1点之前，即曲线 OA_1段，到 A_1 点农地家庭承包制的边际效率最高，之后开始下降，这就是我们所说的农地家庭承包制度边际效率递减规律。

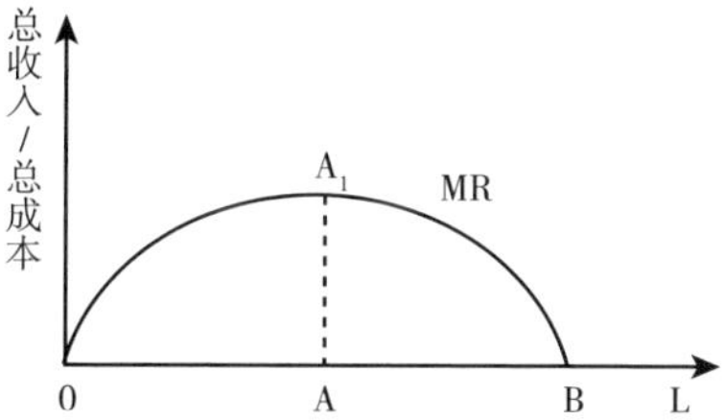

图 5－12　农地家庭承包制度边际效率变化

由于很难找到村庄农地制度变化前后的统计资料，我们用调查村庄所在县关岭的统计资料进行分析和说明。表 5－2 给出了关岭县 1977～1989 年农民人均纯收入和全县粮食总产量及年边际变化情况，用表 5－2 中农民人均纯收入往年边际变化数据绘制了图 5－13，从表 5－2 和图 5－13 可以看出，农地家庭承包制度边际效率递减规律可能是存在的。在进行农地家庭承包的前几年，例如，1978～1980 年，农民人均纯收入的年边际变化不断增加，至 1980 年达到最高点，然后开始下降。

表 5－2　关岭县农民人均纯收入、粮食产量变化　单位：元、吨

年份	农民人均纯收入（元）	粮食总产量（吨）	年边际变化量	
			农民人均纯收入（元）	粮食总产量（吨）
1977	86	52 708		
1978	110	53 397	24	689
1979	130	59 758	20	6 361

续表

年份	农民人均纯收入（元）	粮食总产量（吨）	年边际变化量	
			农民人均纯收入（元）	粮食总产量（吨）
1980	176	54 870	46	-4 888
1981	199	67 885	23	13 015
1982	211	59 920	12	-7 965
1983	201	59 735	-10	-185
1984	313	58 935	112	-800
1985	296	55 250	-17	-3 685
1986	262	46 590	-34	-8 660
1987	320	32 083	58	-14 507
1988	331	41 029	11	8 946
1989	362	51 429	31	10 400

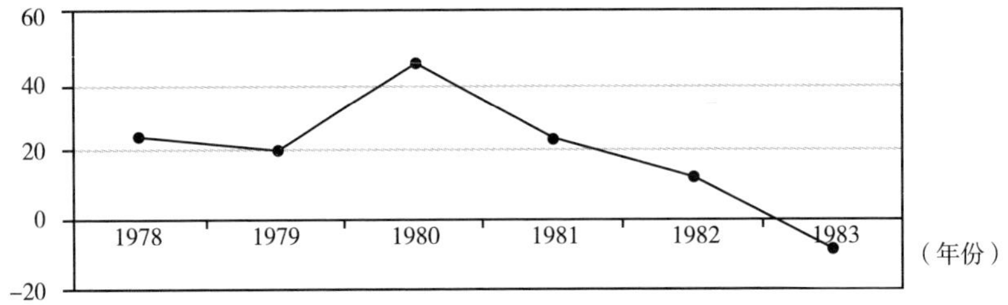

图 5-13 关岭县农民人均纯收入年边际变化

对于村庄发展来讲，农地家庭承包制度已经将其制度效率做了最大释放，这种释放主要体现在两个方面：一是单位土地的产出已经达到或者接近最大，如果仅靠过去的生产方式很难增加土地产出；二是家庭生产潜力得到最大释放，每个家庭在自己可能增加农业产出的范围已经做出或者接近了自己的最大努力。因此，村庄的持续发展必须进行持续的制度创新，如果不进行持续的制度创新，一是很难引进新的生产要素，对传统农业进行现代化改造；二是难以培育有效率的新型农业经营组织，从而推进村庄的发展。而在常家寨调查时，我们发现，虽然该村庄是贵州最早进行农地制度改革的村庄，但由于其没有进行持续的制度创新，因此，村庄在解决脱贫之后，并没有解决致富问题。结果，村庄陷入低水平均衡发展陷阱。

第六章 农地制度两次改革与小岗村发展

中国农业必须发展，农村必须改革，土地产权制度是核心问题。村庄的发展离不开制度的安排，小岗村自 1978 年实行家庭联产承包制后，制度效率得到了释放，帮助小岗人民解决了温饱问题。但是，随着时代的进步、制度效率的降低，家庭联产承包制的弊端逐渐显现，小岗村人民开始探索新的小岗模式寻求发展。故本章选择中国农村改革的发源地——小岗村为例，研究村庄发展中农地制度变革的原因、改革的方法及取得的成效，以求寻找中国农村土地产权制度改革与村庄发展的内在联系。

第一节 引言

党的十九大报告提出了农村振兴战略和“繁荣产业，生态宜居，农村文明，有效治理，繁荣生活”的总体要求，加快农业和农村现代化建设。一方面为乡村发展指明了方向；另一方面，它表明“农业，农村和农民”问题在党中央的工作中发挥着重要作用，“农业，农村和农民”问题一直是一个根本问题。党中央继续加强农业强化、造福农民、丰富农民的政策，坚定不移地推进农业现代化和新农村建设，全面深化农村改革，实现农业和农村发展的历史性成果。五年来，粮食生产能力已达到新的水平，农业供给方面的结构改革迈出了新的步伐。农民收入持续增长，农村人民生活得到全面改善，扶贫的决定性斗争取得了决定性的进展。农村生态文明建设得到明显加强，农民意识明显增强，农村社会稳定和谐。农业和农村发展取得的巨大成就，以及“三农”工作积累的丰富经验，为农村振兴战略的实施奠定了良好的基础。

改革开放 40 多年来，中国的农业和农村领域取得了历史性成就，实现了农业的繁荣发展、农民收入不断提高和农村社会的和谐稳定。在此期间，我国农地制度的变迁主要有以下四个阶段：第一，1978～1992 年的“家庭承包”阶段。“两权分离”等的第一次调整和改革：家庭联产承包责任制的出现和逐步完善成为这一时期最重要的农地使用制度的创新。它的特点是农地的所有权和使用权自新中国成立后的首次开始分离。1982～1986 年，新中国历史上首批中央一号文件相继出台。在肯定了家庭承包制合法性的同时，也证明了当时农业和农村地区发展中遇到的问题得到了高度的重视。第二，1992～2005 年“土地流转”阶段。“三权分离”和“人地关系”进一步调整，1992 年邓小平“南方讲话”后，中国开始进入大规模的工商业时代。市场经济发展迅速，对土地的需求急剧增加。农地流转是为了解决土地资源的合理配置，促进农村土地的规模经营。第三，2005～2013 年的“土地确权”阶段。继党的十六大首次提出“城乡统筹发展”战略之后，2005 年，中共十六届五中全会强调了“社会主义新农村建设”。为了更好处理土地流转和“土地整治”过程中产生的一些突出问题，2008 年召开的中共十七届三中全会提出，“现有农村土地承包关系要保持稳定，并长久不变”“健全严格规范的农村土地管理制度”“搞好农村土地确权、登记、颁证工作”。2013 年中央一号文件则明确提出，全面开展农村土地确权登记颁证工作。第四，2013 年至今的“新土改”阶段。2013 年，中央政府首次提出了“经济新常态”和“建设美丽乡村”，并正式写入中央文件。同时，党的十八届三中全会提出要全面深化农村改革的任务。在全国范围内开展了几项农村土地制度改革试点，如“三农”分权改革和“两权”抵押融资。农村集体建设用地建设进入市场，宅基地流转等，被称为“新土改”。

2018 年中央一号文件指出，推进农村集体产权制度改革有利于增加农民财产收入，提高农业生产率。农民的集体成员是集体经济的主人。维护和发展好农村，实现农民的权益，是农村改革的出发点和落脚点。

党和国家一直以来始终高度重视农村的发展。村庄具有维护中国乡村当地社会秩序的重要作用。村庄不仅是一个地理空间，而且是一系列制度和规则的载体，其中包含着各种社会经济关系（费孝通，1998）。随着工业化和城市化的不断推进，中国正处于从“中国本土”到“中国城乡”的历史转型期。村庄制度是村庄发展的核心安排，土地产权制度是村庄制度安排的核心。农业是国民经济的基础。土地制度不仅是农村制度的基本制度，也是农村经济制度的基础和核心。土地制度的合理性与农业发展，经济增长和农村稳定直接相关。农村土地制度安排不仅关系到农业现代化的实现和农村经济的整体发展，而且对整个社会经济的发展起着决定性的作用。从特定意义上说，农村土地及其产权的存在限制了

“三农”问题的解决和城市化的步伐。

从改革开放初期农村发展严重滞后到如今农村土地制度逐渐得到完善，小岗村历史性地开辟了改革新道路，实行了家庭联产承包制，解决了温饱问题；南街村、华西村发展集体经济，走出了贫穷的困境；塘约村、舍烹村通过对农地旧制度的创新重新释放了制度效率，助推了村庄的加速发展。

可见，土地制度是制约农业和农村经济发展的最基本制度，农村土地产权制度是农村土地制度的核心。本章通过回顾小岗村农地制度的变迁，归纳和概括有用的逻辑启示，探索村庄系统运行规律，为未来农村发展方向提供有益的启示。中共十九大报告提出了农村振兴的战略。该村已成为中国建设现代化国家的重要领域。土地制度改革对实现这一战略具有重要意义。谈到农村，有必要提到小岗村。“财富看华西，改革看小岗”，小岗村已成为中国农村改革的代名词。

在中国经济转型期间，非公有制经济从未被允许，其发展经历了一个明显的转折点。制度环境的变化促使中国经济环境的变化。这一变化反映在农村地区，即农村城镇化和新农村。建设过程一直在加快，农民的生产和生活方式发生了变化，农民的创业活动也变得更加活跃。

小岗村是中国农村改革的发源地。它拥有“中国十大名村，安徽省历史文化村”的美誉。它曾经是一个贫穷的村庄。1978 年冬天，18 个农民在小岗村冒险在土地承包责任书的红手印以“托孤”的形式实施了“大包干”。它改变了中国农村发展的历史，拉开了中国改革开放的序幕。小岗村人一直本着自强不息、实事求是的精神，敢于不断地创新。小岗村也从普通的村庄成为中国第一个实行农村改革的村庄。2004 年，沈浩来到小岗村任党支部第一书记，带领全体党员和人民群众进行创业，先后为村里修了公路，并在村里建立了大宝岗纪念馆。这样，小岗村也实现了跨越式发展。2008 年 9 月 30 日，在改革开放 30 周年之际，胡锦涛访问了小岗村。40 年前，小岗村成为全国农村学习的典范，40 多年后的今天，小岗村仍然是社会主义新农村建设的模范村庄，是什么造就了今天的小岗村？为何小岗村在改革开放 30 年后又重新走上了集体的道路？在当今激烈的竞争中，小岗村应该采取什么样的态度迎接新时代的挑战？

第二节 分析框架

在制度经济学的分析框架中，每一种制度都有一定的生命周期，即每一种制度都有“生”有“长”，也有“死亡”，这意味着制度效率不是一成不变的。不同时期，制度效率是不一样的。制度效率变化的“生命”曲线与生物体的生命曲线非常相似。也就是说，在效率沿着曲线达到一定条件之后，效率随着生存时间的增加而下降①。经济学的常识告诉我们，在一定条件下，要素收益存在边际报酬递增递减规律，那么，制度是否也存在这一规律。笔者曾经以道德为例进行过分析和讨论，认为作为一种制度安排的道德存在边际报酬递增递减规律②。那么，我们是否也可能说，与生产要素的效率一样，制度效率也存在边际报酬递增递减现象。李怀（1999）认为制度、人、环境三者是有机统一，要研究制度效率，必须从三者之间的互动及相互影响中去探寻。从制度供给的视角看，初始的制度即使有效，其改进的余地也相当大，只要从制度改进中获得的收益大于制度改进的成本，这个过程就会延续下去。一旦制度变迁的成本等于其收益，即使制度本身仍有改进的余地，也不会再改革，这时，制度效率“生命”曲线就达到了最高点，制度的效率就处于相对稳定的状态。但制度效率处于峰值的时间不会太久，因为从长期来看，人和组织以及环境并不是恒定的，只要它们变化了，制度的改进没有跟上，还是“以不变应万变”，就会出现适应性效率下降的趋势，从而导致制度效率“生命”曲线下滑，直到趋向于零甚至负效率③。从需求的视角来看，一项制度的效率如何，首先取决于需求者的接受和适应程度。既然制度既是一种“产品”需求者也是制度的“消费”者，那么制度“消费”的过程也一定符合“边际效用递减”规律④。从我国农地家庭承包制的实施来看，1978 年开始实施，1983 年推广完成，之后没有进行大改革，保持着承包制以后形成的基本格局。我国农业的增长也自 1978 年开始，到 1984 年达到了增长高峰，之后曾出现徘徊不前的状态⑤。因此，农地制度同样存在边际报酬递增递减规律。

问题在于，制度创新与变迁是持续的。当某制度效率过低之后，经济生活中有关主体可能会推进制度创新，从而获得制度创新的新收益。这样，我们对某种制度的分析和研究，就不能用静止的观点和方法来进行思考和研究，而必须用动态的思维进行分析。因此，我们说，制度变迁、创新的周期是持续的，不可能仅有一个周期，而应该具有多个周期。这样，制度边际效率曲线就是一条在波动中

---

①③④ 李怀．制度生命周期与制度效率递减——一个从制度经济学文献中读出来的故事．管理世界，1999（3）．

② 洪名勇，龚慕霞．经济增长与以德治国：一个分析框架．财经问题研究，2001（10）．

⑤ 黄少安．关于制度变迁的三个假说及其验证．中国社会科学，2000（4）．

上升的曲线（见图6-1）。

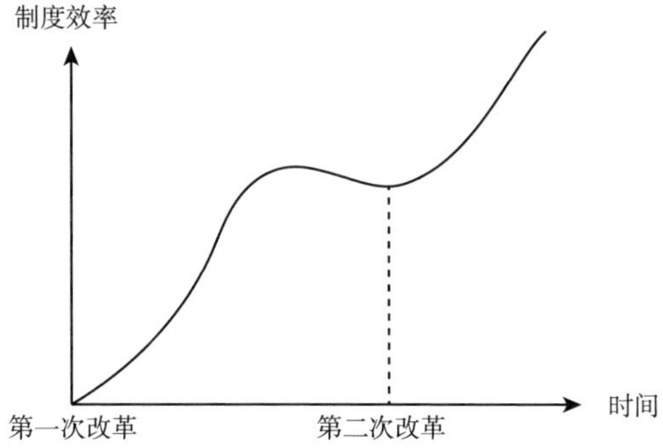

图6-1　制度效率变化

就改革开放后中国农地制度变迁来讲，除农地家庭制度之外，后来推进农地流转、农地“三权”分置等改革，可以说均是在过去改革基础上的持续创新。每一次农地制度创新，可以获得相应的制度效率。舒尔茨在《改造传统农业》中证明了传统农业在资源配置方面是有效的，但由于传统农业原始生产要素的投资回报率低以及缺乏足够的储蓄和投资经济刺激措施，传统农业仍然停滞不前，不能成为经济增长的源泉。这时，只有通过引入现代农业生产要素才能打破传统的农业平衡，也就是技术创新和制度创新。

小岗村的发展分为两个阶段的改革：第一个阶段是1979年开始进行第一次“土改”实行家庭联产承包制；第二个阶段是21世纪初，进行的第二次“土改”。

从图6-1可以看出，小岗村在经历了第一次制度改革后，实施家庭联产承包制，农民生产积极性得到了极大的释放，困惑了多年的“温饱”难题迎刃而解，制度效率持续上升，上升到一定条件之后，资源配置效率就会遇到一个“瓶颈”，这个时期效率可能会开始下降，或者是经过一个平稳期后持续下降。后来小岗村在相对长的一段时间内长期不发展，制度效率就开始下降，而其不发展的原因就说明制度释放的潜能已经到了极限，要再进行改革。这时，就需要重新调整生产要素，引入新的生产要素对制度进行创新。例如，在该系统引入新技术、新品种、新资源和新生产要素之后，需要进行新的制度改革，所以需要进行第二轮体制改革。因此，第二轮体制改革再一次重新释放制度效率。

第三节 小岗村的改革与发展

一、选择小岗村的原因

小岗村位于江淮流域的安徽省沧州市凤阳县小溪河镇境内。其属典型的江淮丘陵，境内地形起伏不平，田块小，坡度较大，高低落差3~7米，村庄和居民点分散。根据土地调查统计，小岗村土地总面积22 539亩，其中耕地面积15 640亩、园地995亩、交通用地464亩、水面1 654亩。在耕地中承包地面积8 713亩，余下耕地是“大包干”以后村民自发开垦，分别由开垦人耕种。主要农作物是水稻、小麦，主要耕作制度是一稻一麦，间作少量黑豆、花生等作物。村庄占地面积为2013亩，户均宅基地2.37亩，根据调查，村民房屋结构60%为砖瓦结构，建筑年代80年代左右；20%为砖混两层楼房，建筑年代90年代左右。2008年3月，凤阳县进行村级行政区划调整，小岗村与相邻的石马、严岗村合并，成立了新的小岗行政村。新的小岗行政村下辖23个村民小组，有20个自然庄，84户3 823人。

2004年，安徽省委组织部派遣到凤阳县小岗村的党委书记沈浩在向安徽省委就小岗村的发展状况进行汇报时说：小岗村这些年几乎没有发展。“联产承包责任制”改革之前是“贫穷落后”，现状是“温饱有余”。小岗村的经济发展和基础设施建设主要依靠政府、企业和社会的帮助。小岗村还没有真正依靠自己的能力“脱贫和致富”。2003年，小岗村出现了一个尴尬的局面，所在村的人均收入只有2 000元，低于全县平均水平，而村集体欠下3万元。小岗村的发展再度陷入泥潭，而小岗人仍然在努力探索发展的道路。

2008年，小岗村农民人均纯收入4 880元，主要收入来源靠传统农业和外出务工；2009年，小岗村农民人均纯收入5 500元，是2003年的近两倍。小岗村“大包干”拉开了中国农村改革的序幕，“分田到户”大大刺激了农民的生产积极性，在“大包干”实施的第一年，小岗村发生了巨大的变化，结束了小岗村20多年来吃“救济粮”的历史，同时带来了20世纪80年代农村发展的高潮。然而，随着时间的流逝，农村的发展一直处于低迷状态。“一年超过温饱线，二十年没过富裕坎”，这是“大包干”荣耀之后的小岗村的真实写照。“大包干”改革三十年后，小岗村再次扮演了改革先锋的角色。2008年，小岗村以土地转让的形式，以每亩500元的价格将小岗村承包户的土地返租到集体，由集体进行土地整理，出租给外地，并利用这些土地吸引外国企业。当企业建成后，农民被重新雇佣回到土地上耕种。从小岗村发展的历史来看，过去30年来经历了两次重大改革。第一次与集体分离，集体分权到农民手中，“大合同”农民摆脱贫困，为中国农村经济的发展带来了巨大的推动力。第二次是30年后，获得承包权的农民自愿将承包的土地归还集体，并在集体领导下进行规模经营。小岗村两次作为农村改革的先行者，改革方向完全相反，但两者的结果似乎相似。第一次改革已被历史证明是正确的选择，那么为什么会产生第二次改革是已被证明是正确的改革成果？是否原有的产权制度已经无效？

二、小岗村的改革

（一）“大包干”背景

著名的《凤阳歌》形象地反映了小岗村所在的凤阳县的状况。凤阳曾两次名扬万里：第一次是出了中国第一位农民皇帝朱元璋，虽然凤阳出了“民间皇帝”朱元璋，但是凤阳的穷，全国少见。第二次则是40年前小岗村率先实行“大包干”，小岗村也被誉为“中国农村改革开放第一村”。新中国成立后进行“土改”时，按照政策划成分时，小岗生产队有24户人家，划来划去，小岗生产队竟然划分不出一家地主、一家富农，最后只划出了一户中农、一户贫农、一户雇农和两户佃中农，其他的二十户全是中下农。然而，土地改革之后互助组陆续出现，随之而来的是中国农业合作运动的不断进步，后者成为一个低级农业合作社。小岗村直到1955年年底都没有一个低级别的团体，甚至互助组也没有。最后，被迫无助地建立了一个四户互助小组，其余20户仍坚持单独行动。在“穷冒进”和“文化大革命”年代，小岗人和全国人民一样，满腔热情地加入了“人民公社”。可是“自打入了社，日子没好过，天天放卫星，肚子没饱过”。1977年11月7日，安徽省委下发了《关于当前农村经济政策几个问题的规定》（以下简称“六条”）。强调生产团队必须具有自主权，建立健全农村生产责任制，甚至允许生产队组织的运营团队，负责到人，并鼓励农民经营预留土地和家庭副业。这为农业大省安徽的发展注入了活力。小岗生产队有自己的自主权，并已开始实施“分组作业、以产计工”。然而，这场春风所带来的希望却遭遇了安徽省百年难得一见的特大旱灾，高温蒸发了安徽农民耕种高涨的热情。小岗人刚喜庆地庆祝完春节，三月便出现了干旱的迹象，这场百年不遇的大旱持续十个月，这让本就处在“江淮屋脊”上常年缺水的小岗村内所有的河沟池塘全干涸了、大片农作物成片枯死、人畜用水也变得紧张。不仅是小岗村，全省大部分地区水库也被蒸干、河流也相继断流，甚至连我国五大河流之一的淮河的水流量仅仅只有正常流量的0.5%，眼看着也要枯竭了。

专栏6-1 凤阳歌

说凤阳，道凤阳，
凤阳本是好地方，
自从出了朱皇帝，
十年倒有九年荒。
大户人家卖骡马，
小户人家卖儿郎，
奴家没有儿郎卖，
身背花鼓走四方。

安徽省受影响农田面积超过6 000万亩。该地区人口400万，恶劣的条件使农民白白努力工作一年。从省委“六条”下达到“借地度荒”这个饱受争议的应急决策实施，不仅帮助安徽省农民安然度过了大旱之年，还大大地提高了广大农民的生产积极性和创造性，孕育了小岗生产队推行包干到户的农业改革。

（二）大包干”制度安排

1978年，在取消公社牌子恢复乡时，小岗村仍然属于梨园乡，隶属于凤阳县板桥区梨园公社。当时的小岗村是安徽省凤阳县中最穷的地方，是著名的“吃粮靠返销，用钱靠救济，生产靠贷款”的“三靠村”，全村只有20户，110口人；517亩农田，10头耕牛和几把犁耙。根据记载，1958～1978年的20年间，小岗村没有向国家交过一粒粮食；1966～1978年，吃国家返销粮11.5万公斤，每年秋后，家家户户都要外出讨饭。全村没有一间砖瓦房，许多农户的茅草屋破烂不堪，家徒四壁，有的穷得全家只剩下一床棉被。1978年发生的大旱荒更加剧了小岗村的贫穷程度，习惯于背着凤阳花鼓外出讨饭的小岗人几乎是连出去的气力都没有了。

据当时担任小岗村“十八位好汉”之一的严俊昌后来回忆说：“我那时30

多岁，那些年就没吃过饱饭，当上队长也没让村里人吃过饱饭。实在看不下去了，就找老头儿们讨论，怎么能吃上饭。”面对贫穷，小岗人真有点无所适从了。

在如此艰难的情况下，小岗人想起了村里一个走南闯北、见过世面的年轻人，希望他能回来当干部，把他们带出困难的境地。这个人就是“大包干”的发起者——严宏昌。不曾想，严宏昌一开始并不愿意接受，在他看来，自己只干过 20 多天的农活，对农业生产一无所知。他觉得自己不能胜任。为了拒绝这个请任，继续在外面干活，严宏昌向生产队提出条件，每月给队里上缴 15 元。但生产队这次是铁了心要让他回去，金额一直被抬升到最初的 10 倍达到了 150 元也没有得到队里的批准。一番波折之后，严宏昌了解到小岗村的状况，牵挂起了对他寄予厚望且正处于水深火热之中的乡亲父老，他动摇了，最后放弃了挣大钱的机会回到了小岗村。

1978 年秋收后，公社将小岗生产队根据住家户在村东和村西的社员划分成了东西两个作业组，实行“包干到组”。但严宏昌认为仍然是在吃“大锅饭”，为了能调动大家多干活，提高生产积极性，试图改变粮食产量低下的状况，严宏昌向公社写了份报告要求将生产队进一步分成四个作业组。这时，正值县、公社贯彻落实省委“六条”精神，要求农村搞以队为基础、一组四定。趁着这股东风，深知农民生活艰苦的公社书记张明楼破例同意了严宏昌的请求。

出乎意料的是，经过几天，分成四个工作组后，各组内部矛盾持续不断，“大包干”的弊端不断出现。虽然集体责任明确，但个人责任并不明确，个别家庭也不清楚，使冲突变得更加激烈。当时，正值秋种，如果问题不解决，小岗村就会继续穷下去，为了让小岗人团结一心，严宏昌等人经商议决定再次将生产队由原来的四个组再划小成八个组，划分原则是按照亲戚关系划分的：“作业组”变成了“兄弟组”“父子组”还有“邻居组”，这样可能解决组内的纠纷。就这样，小岗人秘密地将整个队伍分成了八组：

一组：严立付、严立华（兄弟俩）

二组：严国昌、严立坤、严立学（父子三家）

三组：严家芝、严金昌、关友江（关为严家的女婿）

四组：关友申、关友章、关友德（兄弟三家）

五组：严宏昌、严付昌（兄弟俩）

六组：严家其、严俊昌、严美昌（父子三家）

七组：韩国云、严学昌（邻居）

八组：关友坤、严国品（邻居）

然而，事情并没有按照严宏昌等人的预期发展，小岗人长期贫穷饥饿，各自顾命，再加上其他原因，即使分成8个组的小岗，组内矛盾也愈演愈烈。虽说都是兄弟、父子亲戚关系，但由于两家劳动力人数不一样，两家人为了如何出勤、如何计工产生分歧，时常发生口角。

严宏昌发现，当生产队将组划分得越来越小后，各家对自己的利益看得更加直接。虽然那一年损失不小，但小岗人心里都明白，“责任田”里长出的庄稼产量相比以前有了很大的提升，“包产到户”能够极大提升小岗人的增收效益。以前大家种自家的“自留地”时都种的很好，合在一起就弄不好了，其中原因大家都心知肚明。随即严宏昌等人开了队委会，队干部达成了统一认识后召开了社员大会。

1978年12月，党的十一届中央委员会第三次全体会议召开，吹响了改革开放的号角。与此同时，18个农民在小岗村聚集在严立华破旧茅草屋内秘密举行了改变小岗村命运的一次会议（见图6－2）。为了能吃上饱饭他们决定冒着杀头的风险偷偷地实行包干到户。并签订契约约法三章：第一，不能向任何人透露有关土地分配到户的真相；第二，上交公粮时，先保证国家的，然后是集体的，剩下的都是自己的；第三，如果领导干部因此坐牢，村民就必须负责抚养孩子。

图6－2 小岗村的红手印

资料来源：王圣志、刘美子、水金辰的《小岗村的四次红手印》。

从此拉开了中国农村改革的序幕，改变了中国农村发展的方向。该契约也成为中国农村改革的第一份宣言。小岗村秉着自强不息和实事求是的精神创造了特有的小岗精神，这样，贫穷偏远的小村庄一跃成为中国农村改革第一村。

就这样，签完这份生死契约后，小岗人一夜之间测量了土地，迈出了“大包干”的第一步。在回小岗村的路途中严宏昌看到一个老头在路边卖花生，种花生不需要什么肥料、种子成本低、对土地的要求也不高，即使是旱地也会有好的收成，严宏昌提出了种花生的想法，随即便召开了社员大会，说出了自己的想法。于是，小岗村每家每户都种上了花生，人均三亩，就这样，有150人人口的小岗村共种了350亩的花生。

俗话说：没有不透风的墙。隔壁的村看到小岗人辛苦劳作的阵势，过去一瞧就明白了他们搞了分田到户。消息立马就传开了，公社便找到小岗村的几个干部质问、下令让他们将地合回来。小岗人顶着上面的压力，依然继续搞了下去，公社甚至停止向他们供应粮食等。所幸的是，小岗村农民的行动得到安徽省凤阳县委的支持，这让他们放下了心里的石头，摆脱了思想顾虑，踏踏实实地继续各家各户的耕作。

（三）“大包干”成效

1979年是小岗人实行家庭联产承包责任制的第一年，小岗人民在过去一年中苦苦挣扎，生产积极性空前高涨，农业生产得到了快速发展，农民收入大幅增加。“大包干”为小岗人带来了新的活力。小岗人摆脱了长期困扰他们的饥饿和贫困，迎来了前所未有的收获。据当时担任县委农村政策研究室研究员的吴庭美对小岗村调研的记载：1979年秋收时，“大包干”后的粮食总产量由1978年的1.75万公斤增加到6.62万公斤，相当于过去五年的产量总和。除此之外，还将退还首批800元的全国贷款；人均口粮由93公斤增至400多公斤；全队农副业总收入达到47 000多元，人均收入由上年的22元翻了18倍跃升至400元，远远超过全国人均收入水平。

小岗村包产到户大丰收的消息传遍了全国，全国各地不少农村开始学起了小岗村分田到户。1980年5月31日，邓小平在同中央负责人对农村问题的重要谈话中，盛赞小岗村，并确认承包在农村发展中的积极作用。1982年1月1日，中共中央历史上第一个关于农村工作的一号文件出台。该文件明确指出，包产到户、包干到户或大包干，都是社会主义集体经济的生产责任制，是社会主义农业经济的组成部分。1982年年底，全国80%的农民实施了“大包干”，“三级所有、队为基础”的人民公社体制逐渐被县乡镇政府取代。1982～1986年，中共中央连续发布了五份关于农村工作的中央一号文件，逐步将农村改革推向全国。小岗人冒着生命危险创造性地实施了家庭联产承包责任制终于得到中央肯定，并正式推行普及至全国。根据国家统计数据，1979～1984年，农村经济发展的速度，不仅是新中国成立以来发展最快、最好的历史时期。这也是历史上最好的时期，农户种植收入增长是最快的。农业总产值增长迅速，而粮食总产量继续大幅上涨。同1978年相比，1984年农业总产值增长218.5%，达到2 815.6亿元；粮食总产量增加1亿多吨，增长133.6%，达到40 731万吨；农民人均纯收入增加221.8元，增长266%，达到355.33元。在短短的几年期间，广大农村一直充满活力。

（四）改革原因

自1978年以来，小岗村实行了家庭联产承包责任制。18位村民冒着生命危险，按下红色手印，在当时极大地调动了生产积极性。但四十年来，小岗村的经济却未见大起色，是家庭联产承包责任制出的问题，还是因为别的什么原因？

小岗村改革的原因从新制度经济学的理论进行分析，进行改革的目的有以下两种可能的情况：

第一，农地制度的变化可能导致潜在利润的变化。首先，小岗村的改革模式是从家庭联产承包制到集体领导下的规模经营。这扩大了农业生产规模，具有一定的规模效应。但土地的所有权仍然属于集体所有，土地转让是在集体和农民之间自愿支付的，土地租赁的价格是固定的，这样减小了交易的摩擦，降低了交易成本。集体使用土地资源和其他利益集团进行交易，避免了单户农民与企业之间的交易，降低了信息成本和交易成本。这属于市场规模的变化，改变了制度安排的利益和成本。其次，由于小岗村采取的原有制度安排是小规模的经济运行，分散的土地，以及无法使用现代农业机械，新技术的获取和使用也受到很大限制。根据新制度经济学理论，技术是制度变迁的重要因素。小岗村改革的基础是引入第一产业，国外产业进入小岗村也为小岗村带来了相关的信息和技术，小岗村通过流通收集了大面积的土地，农业机械和技术的应用提供了物质基础。这是技术的变化，更容易获得制度安排的变化。最后，小岗村的目标是通过土地转让将土地集中在集体手中，然后利用这些土地资源吸引国外产业进入小岗村，带来技术和资金。

第二，制度安排的变化降低了小岗村的改革成本。首先，在改革之前，农业生产的成本由集体和农民共同承担，农民是最大的成本承担者。然而通过这次改革，小岗村将农业生产成本转移到企业的手中，集体农民和单户农民只是土地供应者和管理者，一些农民仍然是土地工人，所有农业生产成本都转移到企业，一旦生产失败，就避免了农民损失改革成本的问题，因为企业已将土地取得费和各种相关费用交付，才可进行生产，换句话说，在制度安排发生变化之后，集体和农民的利益得到了企业的保障。如果改革成功，集体和农民将获得更多的利益。

如果改革失败，所有损失将由企业承担。这降低了制度变迁的成本，使这项改革变得有利可图。其次，小岗村的改革是建立在农民自愿的基础之上的。一般而言，自愿安排是个人之间的合作安排。所有参与者都应有权退出。改革只需要支付组织成本，不需要支付强制性费用，这不仅在小岗村，而且在国内，农民无权退出，他们必须支付组织成本和强制性费用。由于这项改革是以集体农民和一户农民为基础的，因此所有参与农民都没有必要在做出决定时达成一致。只要每个人都遵循某些组织程序，这在经济上就被视为支付的组织成本，低于自愿安排。因此，小岗村在尊重农民意愿的同时进行自愿改革是正确的。这在我国当前的政治和经济框架下，改革的成本已经被有效降低。

三、陷入困境的小岗村

自从 1978 年小岗村实行家庭联产承包制后，安徽小岗村作为中国改革第一村的历史烙印深深地植入全国人民的心中，但是，小岗村全村仍处于温饱阶段，从未进入小康。在仅仅经历短暂几年的快速发展后，小岗村便陷入了发展停滞的困境。2003 年，全村人均收入水平只有 2 300 元，低于市县平均水平，集体欠款 3 万元。小岗村被毁了，有些人还住在茅草屋里。也就是说，虽然小岗村很快解决了温饱问题，但长期没有发展，也没有致富。“一步跨越温饱线，多年没进富裕门”。这与同样作为明星村的华西村和南街村等其他村庄相比存在着比较大的差距。被安徽省委组织部选派到凤阳县小岗村担任党委书记、村民委员会主任的沈浩（安徽省财政厅副处级干部），在向安徽省委领导如实汇报小岗村的发展现状时说：这些年来小岗村几乎没有发展。在“合同责任制”“贫困落后”改革之前，现状是“充足的温饱”。小岗村的经济发展和基础设施建设主要还是依赖于政府、企业和社会的帮助，小岗村仅有的 800 多亩地在分田单干后产生的经济效益几乎达到饱和。小岗人还没有真正依靠自己的能力“脱贫致富”。“大包干”使原有的生产关系重新组合，从根本上解决了小岗村的温饱问题。然而，27 年后的今天，小岗村的经济发展并没有如预期般的改变。从经济结构的角度来看，它仍然以农业为主。从生产方式的角度来看，它仍然是村集体的单一传统农业耕作模式。在收入方面，它仍然是一个“空白”之乡。为什么“大包干”没有使小岗村成为新时代同样富裕的华西村和南街村？为什么小岗村人没有走出自己的发展之路？很多人已将安徽的小岗村慢慢遗忘，小岗村的品牌也慢慢被淡忘。小岗村的发展陷入停滞，该如何发展以摆脱发展不足的困境？

四、改革再出发

2004年，作为安徽省第二批农村干部，沈浩担任凤阳县小溪河镇党委副书记，小岗村党委第一书记，村委会主任。在他任职期间，沈浩同志努力工作，带领小岗村村民创新土地使用模式，开始了新的土地转让。他着力改变小岗村贫穷落后的局面。事实上，早在2001年，小岗村就开始尝试土地转让。同年，江苏省张家港市长江村通过租赁和建造葡萄园，在村里转移了80亩土地。在长江村建设葡萄园的目的不是要从中受益，而是要为小岗村村民示范，带领小岗村调整产业结构。借鉴农村生产合作社发展模式，加入现代企业管理模式，农民将土地作为股份持股，从事中等规模经营。由于在“大包干”时期分田单干时土地分配并不集中，小岗村土地大多分散在众多小岗村村民手中，并没有做到土地所有权的集中连片。正是由于小岗村耕种土地所有权过于分散、细碎化严重的局面，造成土地无法实行大规模机械化作业，土地耕作过于依赖于人工，使生产效率长期得不到提高。而这个因素也成为土地流转实行的催化剂。

改革方案的计划是在全村选取1 800亩耕地，扣除前几年的400亩葡萄园，包括合作社内的所有其他土地。村民建立了土地合作社，建立了商品养猪基地。合作社的资金为305万元，由小岗村、漳州粮食局和上海大龙畜禽养殖有限公司共同投资，分别占股10%、5%和85%。合作社成立后，村民参与养猪业分红。此外，他们可以选择外出打工或成为企业的工人，并可获得600元的月薪。由安徽省凤阳县下岗村发展合作社领导，并通过租赁给养殖公司统一管理。根据初步合同，第一年种植的青苗为每亩800元，第一年的平均土地为每亩500元；从第二年到第五年，统一为每亩500元。土地租赁合同签订5年。按照加入自由、民主管理、适度资本报酬和收益回报的原则，小岗村通过土地流转，适度规模经营，对外租赁，引进资金和项目，建立工厂。

然而，小岗村发展合作社遭到了当年按下红手印实行大包干的严宏昌等人的极力反对，在会议召开前后近两个月讨论这项改革。4月20日下午，小岗村只有23名农民与合作社签订合同，集中200亩土地，发展合作经济，租金为每亩每年500元。规划的200亩土地将用于建设五个标准化的商业养猪基地和种植牧场。合同期限为20年。合同内容设定：租金调整为5年。5年后，农民可以使用土地红利或选择继续租赁。如果200亩土地的经营效果良好，合作经济的范围将逐步扩大到加入小岗村的农民。但是大龙公司最后流转的200亩地在之后很长的一段时期内都处于荒芜的状态，流转来的土地并没有被好好利用。小岗村发展合作社也就这样不了了之了。其原因可能是：一方面，小岗村发展合作社中的股份构成主要是一个资本企业，占据的股份高达85%，小岗村民的股份占据了很小的一部分，可见，合作社俨然更像是一个股份公司。另一方面，在小岗村参加合作社的村民进入后，小岗村承包商的土地被租回集体，集体统一土地整理，对外租赁收取固定租金。村民可以选择在家外工作或每月在合作工厂领取固定工资。

总体来说，小岗村的改革模式是在村委会的带领下，采取农民自愿的原则，以每亩每年500元的价格进行承包。同时规定，一旦土地返还给集体，最短期限为十年，这充分保证了改革的稳定性。之后，将收归的土地进行土地整理，用廉价的土地资源吸引外来企业的加入，而交地农民则分为两类：第一类，被外来产业返聘务农，成为产业工人，生产当地适宜种植并且能够深加工的农业产品；第二类，成为外出打工人员。

虽然合作社最后不了了之，小岗村的第二次农村改革却没有因此落下帷幕。2007年，小岗村通过招商引资使美国GLG生命科技集团落户，建立高新技术产业园。2008年，凤阳县建立了农村土地流转交易中心，帮助农民将自己的土地流转给企业或个人，以促进农村土地利用方式的改变。此举使小岗村看到了新的土地经营方式。许多村民在土地流转初期都有所保留，但他们在村委会的推动下逐渐参与了土地流转，转移了更多土地的农民的利益也越来越大。2012年春，小岗村成立了小岗村创新发展投资有限公司，专门对流转土地进行经营开发。

小岗村这家公司是在尊重农民自愿基础上成立的，全村11个村民组300多户加入公司，每个人都是股东。公司成立了股东大会、董事会和监事会，由村支部书记兼任董事长，总经理从外部聘请。小岗村创新发展投资有限公司直接对接农户，从农户手中租赁土地，期限至2025年，支付给农户每亩土地的租金是350公斤二级粳稻按国家规定的粮食收购保护价折算的资金，租金每年根据保护价调整而调整，土地流转过程中支付农民每亩土地多少租金，“上面”没有“统一规定”，小岗村此前支付过每亩500~600元不等的租金，一些农民不愿意，因为粮食价格每年都在上涨。经过多次探索和与农民们深入沟通协商后，才找到农民们都愿意接受的这种确定租金方式。

村里流转农民土地时，给农民算了一笔账，流转土地的农民，除了得到租金外，还可到公司干活，一天可得60元，一家两个劳动力，一天可得120元；一个月就算干活20天，一家可得2 400元；一年除掉两个月，干活10个月，一家可得24 000元。而在以前，即便在风调雨顺时，一亩地一年才有300~400元的收入。一开始小岗村有少数农户不同意流转土地，后经过反复算账，这些农民思想上“通了”，90%以上的农户愿意把土地流转给公司。

五、再改革之效果

在小岗人的努力下，小岗村已经今非昔比了，展现在我们面前的，是一个全新的小岗村。

（一）包产到户，包产到组

包产到户，包产到组，在一定程度上让农民对于自己的土地有了使用权，充分调动了农民的积极性和主动性。包产到户，包产到组伊始，当年小岗村的粮食产量就超过了前二十年的总和。曾对小岗村所取得的成就作过深刻研究的专家王郁昭，在其所著《尊重农民的选择》中说，包产到户，包产到组体现了小岗村的人民已经得到了相应的土地使用的权利，这在全国都是进步的。1978年以后，包产到户，迅速在全国推广。当“大包干”在整个中国掀起热潮时，我们的小岗村开始了“第二次创业”，实行土地出租流转，调整产业结构。随着有效的土地出租流转规模扩大（目前达到60%），出租流转集中起来的土地用于发展蘑菇、花卉、葡萄规模种植及家禽养殖等，极大促进了土地合理使用，产业结构渐趋合理。

（二）城乡结合

以前的小岗村只是一个小小的村庄，当今天把周边的其余两个村并入其名下时，小岗村已经具有一个镇的规模。小岗村农村向城镇转变的同时，也改变了小岗村发展方式。在沈浩同志的带领下，小岗村引进了一批投资者，如有名的GLG高科技园区，就在小岗村落户，建成后一年产值就达到60亿元。小岗村通过加快现代农业的建设，促进生产发展、农民增收，为新农村建设奠定了坚实的产业基础。同时实施一批农业重点工程建设，促进发展方式的改变。高科技园区GLG就是其发展布局中重要的项目，建成后的高科技园区实现就地取材、就地加工、就地销售的模式，为小岗村及凤阳县带来不可小觑的经济效益。而小岗村也将逐步形成农村向小城镇发展，工业小区集中发展。

（三）产业化经营

农业产业化经营，是在坚持家庭承包经营基础上推进规模经营和农业现代化的有效途径，也是加快农业结构战略性调整的重要带动力量。从信息、技术、资金等方面为龙头企业搞好服务，支持龙头企业建设农产品生产、加工和出口基地，引进、开发和推广新品种、新技术，支持农产品加工企业、销售企业和科研单位带动农户进入市场，与农户形成利益共享、风险共担的经营机制。合理调整农业生产区域布局，发展特色农业，形成规模化、专业化的生产格局。推进农业机械化，提高劳动生产率，降低农产品生产成本。小岗村的大学生创业基地和GLG 高科技园区就是产业经营的代表。除此以外，小岗村还充分发挥自己在全国的知名度，发展小岗村绿色旅游业，为小岗村带了更多的投资者和游客，带动了小岗村乃至凤阳县的快速发展。产业结构的调整给小岗村带来了极大的经济效益，小岗村正以坚定的步伐向前迈进。

（四）资源优化

积极有序地转移富余的劳动力，促进农村富余劳动力逐步从种植业向多种经营、乡镇企业和小城镇转移，是提高农业劳动生产率的必由之路，也是使农村丰富劳动力资源得到充分利用、多渠道增加农民收入的客观需要。当小岗村将大部分土地流转出去之后，许多的农民面临“失业待家”的局面。小岗村引进多家企业进来投资，并安排专门的技术人员指导，让待业在家的农民有一技之长，可以在本村现有的投资企业就业，也可以在小岗村以外的地方工作，而且小岗村自有的种植园也给小岗人民提供了另一条就业途径。在小岗村取得一系列的成绩之后，现在的小岗村正蓬勃发展着。

六、结论

1978 年，中国的农村改革始于小岗村的“大合同”。历史证明了这一改革的成功。但经过 30 年的改革，小岗村再次进行了改革，取得了合同权。农民回归集体，彻底改变了以前的制度安排。从新制度经济学的理论分析了改革的原因。改革的目的是获得潜在的利益。但是，只有两种情况可以发生制度变革或创新：第一，潜在的利润会发生变化。这在集体所有制的框架内是可能的，特别是当中国的市场化发展良好时。农村地区拥有资源，特别是土地资源，可以产生利润。但问题是中国的农村土地分散，资源的分配仅限于集体范围。如果这些问题得不到解决，潜在的利润就不会改变。第二，改革成本的降低使制度安排的变化有利可图。这需要通过实证来研究。在集体所有制框架内，集体改革的成本非常高，包括建立一个所有成员都满意的改革体系。农村地区不符合改革的技术条件，农民无权退出。这需要进行改革以解决这些问题。小岗村农地产权制度改革的目的是从土地上获取利益。小岗村改革安排的重点是通过土地流转进行土地流转，然后利用土地资源吸引外国工业，为外国工业带来新技术。潜在利润已经改变，采用农民自愿原则，允许外国产业分担主要成本，降低改革成本，使制度变革有利可图。这充分满足了制度变革和创新的必要条件，改革的条件与其具有的潜在的利益相契合，所以才会导致小岗村的第二次改革。

参 考 文 献

[1] 阿瑟·刘易斯. 经济增长理论. 北京：商务印书馆，1999.

[2] 拜茹. 适度规模经营何以可能？——基于农村老年人土地流转意愿的角度. 华中农业大学学报（社会科学版），2019（02）：144－152，170.

[3] 蔡继明，苏俊霞. 中国征地制度改革的三重效应. 社会科学，2006（07）：133－138.

[4] 陈芳惠. 村落地理学. 台北：五南图书出版公司，1984.

[5] 陈桂棣，春桃. 中国农民调查2：小岗村的故事. 北京：华文出版社，2010.

[6] 陈林. 习近平"三农"思想发展脉络. 人民论坛，2015（30）：16－19.

[7] 陈林. 习近平农村市场化与农民组织化理论及其实践——统筹推进农村"三变"和"三位一体"综合合作改革. 南京农业大学学报（社会科学版），2018，18（02）：1－11，157.

[8] 陈诗宗. 省人大代表、六盘水市委书记李再勇：依靠"三变"改革助力拔"穷根". 贵州日报. 2016－01－26（08）.

[9] 陈锡文. 实施乡村振兴战略，推进农业农村现代化. 中国农业大学学报（社会科学版），2018（01）：5－12.

[10] 程恩富，张杨. 新形势下土地流转促进"第二次飞跃"的有效路径研究. 当代经济研究，2017（10）：55－61.

[11] 戴维·皮尔斯. 现代经济学辞典. 北京：北京航空航天大学出版社，1992.

[12] 戴维斯，诺斯. 制度变迁的理论：概念与原因. 科斯等. 财产权利与制度变迁——产权学派与新制度学派译文集. 上海：上海三联书店，2004.

[13] 党国印. 论农村集体产权. 中国农村观察，1998（04）：3－11，24.

[14] 道格拉斯·诺斯. 制度、制度变迁与经济绩效. 上海：格致出版

社，2008.

[15] 方劲．乡村发展干预中的内源性能力建设——一项西南贫困村庄的行动研究．中国农村观察，2013（4）：31－41，95.

[16] 费孝通．乡土中国生育制度．北京：北京大学出版社，1998.

[17] 费孝通．云南三村．天津：天津人民出版社，1990.

[18] 郭斌．农村社会网络嵌入与农业企业层级控制结构——以某省J农业有限公司为例．中国农村观察，2012（6）：22－30，89，93.

[19] 韩长赋．大力实施乡村振兴战略．人民日报，2017－12－11.

[20] 贺勇．对建设和完善中国特色农村土地制度的思考．西南大学，2011.

[21] 亨利·乔治．进步与贫困．北京：商务印书馆，2010.

[22] 洪名勇，龚丽娟．“三资转换”与农地产权制度改革——基于贵州凤岗县改革的调查与思考．农村经济，2015（02）：47－51.

[23] 洪名勇，施国庆．农地产权制度与农业经济增长——基于1949～2004年贵州省的实证分析．制度经济学研究，2007（01）：31－53.

[24] 洪名勇．城乡二元土地制度：逻辑起点、演进与未来改革．经济研究参考，2018（38）：31－41.

[25] 洪名勇．论马克思的土地产权理论．经济学家，1998（01）：28－33.

[26] 洪名勇．习俗元制度与农地习俗及实施机制探析．宁夏社会科学，2006（2）：117－122.

[27] 洪名勇．制度经济学．北京：中国经济出版社，2012.

[28] 洪名勇．马克思土地产权制度理论创新研究——兼论中国农地制度改革与创新．北京：人民出版社，2011.

[29] 洪名勇，龚慕霞．经济增长与以德治国：一个分析框架．财经问题研究，2001（10）：3－7.

[30] 黄少安，孙圣民，宫明波．中国土地产权制度对农业经济增长的影响——对1949～1978年中国大陆农业生产效率的实证分析．中国社会科学，2005（03）：38－47.

[31] 黄少安，韦倩，杨友才．引入制度因素的内生经济增长模型．学术月刊，2016，48（09）：49－58，83.

[32] 黄少安．关于制度变迁的三个假说及其验证．中国社会科学，2000（04）：37－49，205.

[33] 黄祖辉，黄宝连，顾益康等．成都市城乡统筹发展中的农村土地产权

流转制度创新研究. 中国土地科学, 2012 (01): 21 – 26.

[34] 冀县卿, 钱忠好. 中国农业增长的源泉: 基于农地产权结构视角的分析. 管理世界, 2010 (11): 68 – 75, 187 – 188.

[35] 姜长云, 芦千文. 贵州六盘水乡村“三变”改革实践经验及后续完善建议. 西部论坛, 2018, 28 (03): 86 – 93.

[36] 蒋永甫, 胡孝雯. 制度变迁与农民发展: 农村改革 40 年的政策逻辑. 学习论坛, 2018 (10): 5 – 13.

[37] 靳涛. 马克思经济社会发展观的内在逻辑与实证检验——透过转型对马克思经济社会发展观的再认识. 东南学术, 2006 (03): 70 – 77.

[38] 孔祥智. 村“两委”是乡村振兴的关键. 农村工作通讯, 2017 (22): 44.

[39] 拉坦. 诱致性制度变迁理论. 科斯等. 财产权利与制度变迁——产权学派与新制度学派译文集. 上海: 上海三联书店, 2004.

[40] 李怀. 制度生命周期与制度效率递减——一个从制度经济学文献中读出来的故事. 管理世界, 1999 (03): 68 – 77.

[41] 李锦柱. 继续发扬敢闯敢试、敢为人先的小岗精神. 党建, 2018 (4): 12 – 13.

[42] 李小云. 普通发展学. 北京: 社会科学文献出版社, 2005.

[43] 李义平. 农业与城市化——重读舒尔茨《改造传统农业》. 中国民营科技与经济, 2012 (9): 66 – 70.

[44] 李周. 全面建成小康社会决胜阶段农村发展的突出问题及对策研究. 中国农村经济, 2017 (9): 17 – 25.

[45] 李佳, 郑晔. 乡村精英、社会资本与农村合作经济组织走向. 社会科学研究, 2008 (2): 82 – 85.

[46] 厉以宁. 最先变革的小岗村为何没富裕起来. 中国乡村发现, 2017 (1): 15 – 20.

[47] 刘合光. 乡村振兴战略的关键点、发展路径与风险规避. 新疆师范大学学报 (哲学社会科学版), 2018 (03): 1 – 9.

[48] 刘俊杰, 张龙耀, 王梦珺等. 农村土地产权制度改革对农民收入的影响——来自山东枣庄的初步证据. 农业经济问题, 2015 (06): 51 – 58.

[49] 刘沛林. 古村落: 和谐的人聚空间. 上海: 上海三联书店, 1997.

[50] 刘守英. 新一轮农村改革样本: 黔省三地例证. 改革, 2017 (8):

16－25.

［51］陆益龙．大寨与小岗：农村典型建构及意义的再认识．南京农业大学学报（社会科学版），2014（5）：1－7.

［52］陆益龙．引导性制度变迁与农村市场发展——安徽小岗村的经验分析．天津社会科学，2013（1）：85－91.

［53］罗必良．明确发展思路，实施乡村振兴战略．南方经济，2017（10）：8－11.

［54］马克思．资本论（第一卷）．北京：人民出版社，1975.

［55］苗娟．关于小岗村经济发展的调查报告．安徽农业大学，2014.

［56］聂洪辉．村庄自然消失、重组与新生代农民工返乡置业．福建行政学院学报，2016（02）：106－113.

［57］乔治·拉姆赛．论财富的分配．北京：商务印书馆，1984.

［58］曲福田，田光明．城乡统筹与农村集体土地产权制度改革．管理世界，2011（6）：34－46.

［59］萨伊．政治经济学概论：财富的生产、分配和消费．北京：商务印书馆，1982.

［60］邵传林，冯振东．中国农地产权制度60年：历程回顾与变迁评判．经济与管理研究，2009（10）：22－28.

［61］史晋川，沈国兵．论制度变迁理论与制度变迁方式划分标准．经济学家，2002（01）：41－46.

［62］舒尔茨．制度与人的经济价值的不断提高．科斯等．财产权利与制度变迁——产权学派与新制度学派译文集．上海：上海三联书店，2004：257.

［63］宋亚平．“分田到户”改革的辩证性反思．华中师范大学学报（人文社会科学版），2016，55（05）：1－12.

［64］唐明勇．民主革命时期毛泽东农村基层民主建设的思想．学术交流，2003（08）：23－27.

［65］王丰．新时代中国特色农业现代化“第二次飞跃”的逻辑必然及实践模式．经济学家，2018（03）：82－88.

［66］王佳宁．中国经济改革30年：源头沧桑．重庆：重庆大学出版社，2008.

［67］王金红．告别“有意的制度模糊”——中国农地产权制度的核心问题与改革目标．华南师范大学学报（社会科学版），2011（02）：5－13,159.

［68］王磊．我国农地产权制度变迁的逻辑及动力．吉首大学学报（社会科学版），2016，37（02）：68－73.

［69］王维国，杜修立．新经济增长理论、新制度经济学与经济增长的收敛性——中国经济增长的经验分析．统计与信息论坛，2005（04）：5－9.

［70］王翔，张洪．从小岗村看农村土地制度改革．经营管理者，2010（4）：49－50.

［71］王翔．我国农地产权制度改革研究．云南财经大学，2010.

［72］威廉·罗尔雪．历史方法的国民经济学讲义大纲．北京：商务印书馆，1981.

［73］王中标．"乡村精英"发挥作用的制约因素及对策．特区经济，2007（10）：136－138.

［74］吴次芳，谭荣，靳相木．中国土地产权制度的性质和改革路径分析．浙江大学学报（人文社会科学版），2010，40（6）：25－32.

［75］西奥多·舒尔茨．对人进行投资——人口质量经济学．北京：首都经济贸易大学出版社，2002.

［76］西斯蒙第．政治经济学新原理．北京：商务印书馆，1977.

［77］习近平．决胜全面建成小康社会夺取新时代中国特色社会主义伟大胜利．人民日报，2017－10－28.

［78］肖辑之．"顶云经验"的由来．当代贵州，2008（17）：40－41.

［79］新华．新时代小岗村再启改革新局面．小康，2018（8）：78－79.

［80］徐传谌，孟繁颖．制度变迁内部动力机制分析．税务与经济（长春税务学院学报），2006（06）：15－20.

［81］徐枫，王占岐．中部6省土地要素投入对城市经济增长效率影响研究．中国土地科学，2015，29（10）：4－11.

［82］徐美银，钱忠好．农民认知视角下的中国农地制度变迁——基于拓扑模型的分析．农业经济问题，2008（05）：61－67，111.

［83］徐美银．制度模糊性下农村土地产权的变革．华南农业大学学报（社会科学版），2017（01）：1－11.

［84］严俊昌，严宏昌，严德友等．从"讨饭村"到"小康村"——凤阳县小岗村改革历程回顾．江淮文史，1997（5）：4－12.

［85］杨慧莲，郑风田，韩旭东，孔玮．如何唤醒"沉睡资源"助力村庄发展——贵州省六盘水舍烹村"三变"案例观察．贵州社会科学，2017（12）：

140－148.

［86］杨圣明．论资本的二重性问题．学术探索，2005（4）：19－26.

［87］姚洋．非农就业结构与土地租赁市场的发育．中国农村观察，1999（02）：18－23，39.

［88］姚洋．农地制度与农业绩效的实证研究．中国农村观察，1998（06）：3－12.

［89］叶兴庆．新时代中国乡村振兴战略论纲．改革，2018（01）：65－73.

［90］易棉阳．社区型股份合作社与农民专业合作社的比较研究．华中农业大学学报（社会科学版），2018（06）：48－54，153.

［91］约翰·穆勒．政治经济学原理（上卷）．北京：商务印书馆，1997.

［92］张光南．制度、基础设施与经济增长．南方经济，2007（03）：70－80.

［93］赵树凯．小岗故事考究．中国发展观察，2018，No.191（11）：49－51，64.

［94］赵晓峰．"被束缚的村庄"：单向度的国家基础权力发展困境．学习与实践，2011（11）：71－80.

［95］郑明武．希望田野：小岗村包产到户与中国改革开放起步．长春：吉林人民出版社，2011.

［96］中共中央国务院．关于实施乡村振兴战略的意见．人民日报，2018－02－05.

［97］中国社会科学院语言研究所词典编辑室．现代汉语词典（修订本）．北京：商务印书馆，2000.

［98］钟钰．实施乡村振兴战略的科学内涵与实现路径．新疆师范大学学报（哲学社会科学版），2018（05）：1－6.

［99］周锟．通过农业改革实现共同富裕——以小岗村实践为例．毛泽东思想研究，2018，35（06）：52－57.

［100］周其仁．产权界定与产权改革．发展，2017（6）：5－12.

［101］周其仁．增加农民收入不能回避产权界定．发展，2002（03）：44.

［102］周勤．制度变迁对广东省农村经济增长影响的实证研究．广东商学院，2012.

［103］Arnot C D，Luckert M K，Boxall P C. What Is Tenure Security?：Conceptual Implications for Empirical Analysis. Land Economics，2011，87（2）：

297 - 331.

[104] Coase R H. The Problem of Social Cost. Journal of Law and Economics, 1960, 56 (4): 837 - 877.

[105] Janet Currie and Firouz Gahvari, Transfers in Cash and In-Kind: Theory Meets the Data. Journal of Economic Liter-ature, 2008, 46: 2, 333 - 383.

[106] Lawry S, Samii C, Hall R, et al. The impact of land property rights interventions on investment and agricultural productivity in developing countries: a systematic review. Campbell Systematic Reviews, 2014, 10 (1).

[107] North D C. Institutions and Economic Theory. American Economist, 1992, 36 (1): 3 - 6.

[108] North. D., R. P. Thomas. The Rise of West World: A New Economic History. Cambridge: Cambridge University Press, 1973: 5.

后　记

党的十九大报告提出乡村振兴战略之后，2018年2月4日发布的中央一号文件（《中共中央国务院关于实施乡村振兴战略的意见》）指出：实施乡村振兴战略，是党的十九大作出的重大决策部署，是决胜全面建成小康社会、全面建设社会主义现代化国家的重大历史任务，是新时代“三农”工作的总抓手。村庄是乡村的基本组织单元，乡村发展、乡村振兴最为根本的还在于村庄的发展和振兴，没有村庄的发展和振兴就谈不上乡村的发展和振兴。在制约乡村振兴、村庄发展的诸多因素中，制度是最为关键的因素；在乡村振兴中，什么是短板？制度不合理就是最大短板。因此，实施乡村振兴战略，我们应该从最短的短板入手，只有这样才能收到事半功倍之效。对于生活在村庄的农户来讲，在各种各样的制度中，土地制度是最为根本的制度。这不仅在于农户每天都要与土地打交道，农户的生计依赖于土地，而且土地还是农户生存的保障性资料，土地为农户的生存提供了最为根本的保障。同时，对于一些农户来讲，土地还可能是进行农业生产经营的宝贵财产。一些农户希望通过对土地财产的经营，实现自己财富的不断增加和积累。因此，对于村庄来讲，土地制度影响了农户的生产、生活和行为选择。例如，“队为基础，三级所有”的土地制度将农民捆在土地上，不仅生产效率低下，而且村庄也没有办法发展。农地家庭承包不仅激发了农户生产潜力，提高了农民劳动的努力程度，而且还释放了家庭剩余的劳动力。这些劳动力不仅成为城镇低成本发展的重要来源，而且也为农户收入的增加开辟了新的渠道。家庭除了农业生产收入之外，还可能获得另一种收入，即工资性收入。如果我们将农户家庭承包经营权进一步分置成为“承包权”与“经营权”，如果农户将经营权以股权的形式入股到农业企业或者合作社，或者说将经营权流转给企业或者合作社去经营，那么，农户还可能获得股权收入或者租金收入。这样，农户家庭财富的积累又多了一种渠道，即将土地作为财产的财产性收入。这种改革不仅丰富了农户的收入渠道，开辟增收门路，而且对于农业企业或者合作社来讲也具有吸引力。因为这些经营主体在一定时期和条件下拥有土地的经营权和控制权，能够按照市场需要进行农业生产经营，让自己在从事农业生产经营的过程中发展壮大。因此，我们说，恰当的农地制度改革与制度安排能够培育有效的经济组织，从而促进村庄的振兴与发展。正是基于以上想法，我们组织农业大学的研究生，从农地制度这一视角，分析、调查和研究农地制度对村庄发展的影响。本书的研究是在全国文化名家暨“四个一批”人才工程项目（产权制度、农地流转与农民收益权益保护的路径研究）、贵州省社科基金资助项目（18GZLH01）和贵州大学创新团队资助项目（GDT2017001）的资助下进行的。项目研究还得到贵州大学经济学院、管理学院及土地制度研究中心的大力支持。第一章由龚丽娟、洪名勇完成，第二章至第四章分别以王霞、谢楚楚、赵培焱的硕士论文为基础修改而成，赵杭玉参与第六章撰写。在初稿完成之后，笔者对稿子进行了进一步修改和完善。农业大学研究生刘洪、周欢、王霞、赵培焱、谢楚楚、赵杭玉以及当时在北京航空航天大学经济管理学院就读的洪霓同学参与了调查和研讨，应该说，我们虽然发现了一个选题，并进行了调研，但目前提供的成果还是不成熟的。其中缺点和错误可能还比较多，请各位同仁批评指正。本书能够顺利出版，中国财政经济出版社给予了大力支持。在此一并致谢！书中的缺点和错误由笔者负责，与他人无关。

龚丽娟　洪名勇

2019 年 8 月 16 日